U0653533

中证中小投资者服务中心
CHINA SECURITIES
INVESTOR SERVICES CENTER

# 投资者

第 26 辑
（2024 年 12 月）

卢文道　主编

**图书在版编目(CIP)数据**

投资者. 第26辑 / 卢文道主编. -- 上海 : 上海交通大学出版社, 2024. 12 -- ISBN 978-7-313-31994-4

Ⅰ. F832. 48; D922. 280. 4

中国国家版本馆CIP数据核字第20248A0R38号

**投资者(第26辑)**

TOUZIZHE(DI26JI)

主　　编: 卢文道

出版发行: 上海交通大学出版社　　地　　址: 上海市番禺路951号

邮政编码: 200030　　电　　话: 021－64071208

印　　制: 常熟市文化印刷有限公司　　经　　销: 全国新华书店

开　　本: 787 mm×1092 mm　1/16　　印　　张: 13.25

字　　数: 225千字

版　　次: 2024年12月第1版　　印　　次: 2024年12月第1次印刷

书　　号: ISBN 978－7－313－31994－4

定　　价: 78.00元

# 卷首语

为了进一步加深对资本市场投资者保护热点、难点问题的研究与探讨，提升研究的广度与深度，投资者服务中心面向社会各界长期征稿，共同探讨。本辑共设 6 个栏目，收录专家学者、市场实务人士等的 16 篇文章，与读者共享。

**【政策解读】收录 3 篇文章**

杨成长、龚芳、袁宇泽、王婧文的《强化制度衔接配套　发挥资本市场制度改革集成效应》一文认为，资本市场制度改革效应的发挥要通过强化制度衔接来整体发挥制度集成功能。要推动融资端改革和投资端改革相结合、风险防范与提升资本市场活力相结合、规范大股东行为与保护中小投资者利益相结合、短期市场调节与建设长期稳定机制相结合、引导长期资金入市与提高上市公司质量相结合、场内市场发展与场外市场发展相结合，打通过往资本市场制度改革中的堵点难点问题，健全资本市场在高水平社会主义市场经济体制中的重要作用，更好服务经济高质量发展。

2024 年 6 月 7 日，国务院常务会议正式通过新公司法实施配套规定——《国务院关于实施〈中华人民共和国公司法〉注册资本登记管理制度的规定》。相较于此前向社会公布的征求意见稿，本次“过渡期规定”内容大大简化，主要围绕与注册资本登记管理相关问题设置规则，更吻合新公司法的授权规则。为了深入学习理解这一新公司法的配套法规，经作者授权，本辑政策解读部分收录了 2 篇解读《国务院关于实施〈中华人民共和国公司法〉注册资本登记管理制度的规定》的相关文章，分别是蒋大兴的《新公司法实施配套规则——〈国务院关于实施《中华人民共和国公司法》注册资本登记管理制度的规定〉解读》和李建伟、林树荣的《新公司法及配套法规平稳落地 推动优质营商环境建设》。本辑将 2 篇解读文章以专题形式结集呈现，以飨读者。

【理论探究】收录 4 篇文章

段厚省、张宁的《论特别代表人诉讼与特别股东派生诉讼的公益性》一文认为，2019 年证券法新规定的特别代表人诉讼与特别股东派生诉讼为投保机构向投资者提供了规模化、低成本且力求追“首恶”实效的受损权益维护机制。两种诉讼制度所要维护的分别是受损害投资者利益的集合以及股东利益的法律拟制集合——上市公司利益，二者都是集合性利益。救济集合性利益的各类诉讼程序之间具有家族相似性，其中纯粹公益诉讼是公益性诉讼家族的典型成员，特别股东派生诉讼、特别代表人诉讼因其维护公益之功能定位、投保机构本身之性质以及因个别性事项审理内容未实质减损其诉讼的公益性，两种诉讼和纯粹公益诉讼依次呈链式相似。为此，在诉讼性质上，应摒弃本质主义思维，转向功能主义思维；摈弃公私二元利益区分模式，转向多元渐进利益区分模式，确认两种诉讼的公益性质。按照公益诉讼法理，应免除该两种诉讼的诉讼费用缴纳要求。此外也可以考虑建立面向投保机构的胜诉奖励机制，充分实现两种诉讼维护中小投资者权益、维护交易市场秩序、完善上市公司治理机制的功能。

邢会强的《对证券市场投资失败的慈善救助机制》一文认为，针对本金几乎全部损失且生活困难的证券投资者，为了避免其做出过激行为，维护社会稳定，建议创立证券市场慈善救助机制。这种救助机制，不是权利救济，而仅仅是慈善性的、自愿性的经济帮扶。这种慈善救助机制可以通过成立慈善基金会的形式进行，基金理事会应有来自证券监管机构、投资者保护机构、证券登记结算机构等单位的代表。受赠人本质上属于不合格的投资者。原则上，每个被救助人一生只能获得一次慈善救助。受赠人在接受受赠后，应承诺不再进入证券市场。通过阻止不合格的投资者进入证券市场，以不断提高证券市场上投资者的理性程度。

王志明的《重大资产交易的规范含义与适用协调——以新证券法第 80 条第 2 款第 2 项为中心》一文认为，新证券法第 80 条第 2 款第 2 项区分了“重大投资行为”与“重大资产交易”，并对后者规定了 30%的比例要求，引发理解和适用上的疑问。基于信息披露制度逻辑，可从交易目的、经营管理的“溢出效应”、对标的的控制等维度界定“重大资产交易”的外延范畴。规范文本中的“购买、出售”“公司资产总额”“营业用主要资产”等关键措辞，也需体系性结合信息披露的规则及实践予以审视和厘清。在具体适用上，30%的比例要求与交易所 10%的披露标准存有内在冲突，也将对行政执法的立案标准形成硬性约束，而需针对性强化规则的衔接和协调。从制度完善的角度看，新法新增的规定略显突兀，且徒增龃龉和困惑；原有"营业用主要资产"规定亦属具文，建议予以修正删减，以提升信息披露规则的简明性和兼容性。

刘帅芃、孙犀铭的《上市公司治理中的机构投资者消极主义及其化解》一文认为，机构投资者基于其可观的股份持有和专业管理，有助于解决一般中小股东欠缺参与公司治理诱因的问题，发挥治理效应。近年来，资产管理行业爆炸式增长，股权所有权从而大规模中介化，机构投资者在公司治理以及证券市场上的参与度也逐渐增加，各界对其参与公司治理的远景也抱有期待。然而，实践却显示机构投资者基于利益冲突、搭便车问题、短期主义等原因而缺乏参与公司治理的诱因，对于被投资公司的治理往往持消极态度。针对上述问题，可以通过优化表决权的行使、设置指引性制度、强化披露义务的履行、促成机构投资者之间的合作以及鼓励机构投资者集中持股予以应对，优化机构投资者参与上市公司治理的路径，提升公司治理的实效。

**【市场实务】收录 3 篇文章**

施华的《信息披露违法行为追责时效研究——兼论证券服务机构未勤勉尽责》一文试图在理论上厘清违法行为的"连续状态"和"继续状态"概念内涵，在此基础上运用类型化研究方法，分别对双层架构下追责时效的疑难问题进行探讨，认为上市公司信息披露违法行为和证券服务机构违法行为既存在连续状态也存在继续状态，但不能简单地将"未纠正违法行为"认定为继续状态。在"严监管"背景下，对不同性质的信息披露违法行为应严格限制其"连续状态"的认定，按数个违法行为给予多次行政处罚更为合理；对基于同一财务造假业务的信息披露行为，可以适当考虑将其违规行为纳入违法行为的连续状态，加强对财务造假行为的严厉打击；对连续多年披露同一虚假财务数据的行为，提出两种方法确定其继续状态。对证券服务机构违法行为"发现时点"及责任人员的追究应根据不同类型采取"统一"或"分割"方式分别处理。

龚家慧、姚敏的《刍议企业重整中担保债权的权利限制边界》一文通过对当前立法的局限以及实践困境的分析，提出重整中担保债权的实现应坚持司法中立和利益平衡原则，制度构建上应厘清担保债权暂停行使的类型和时间范围，明晰解除暂停行使担保债权的特殊情况及其损害补偿的标准，并在此基础上设定兜底性保护措施，以此实现对担保债权人正当利益的有效保障。

谢若婷、岳鹏、吴涤的《新公司法下股东债权出资若干问题探讨》一文认为，公司法修订后,债权出资首次在法律层面被明确为出资方式。股东对第三人的债权或对公司的债权均可以作为出资债权,但应先评估出资债权的价值,后将债权转让给公司,并以债权的评估价值作为认定实缴出资的金额依据。债权出资下,股东可能承担因瑕疵出资造成的补足出资及损害赔偿责任,且有失权风险;对于公司设立时债权出资人未按规定实际缴纳出资的,其他发起人应承担连带责任;债务人如与债权人恶意串通虚构债权的,不得以债务不存在为由拒绝履行债务;董事对债权出资未履行核查或催缴义务造成公司损失的,应承担损害赔偿责任;此外,评估机构亦可能因出具的评估结果不实而对公司债权人承担赔偿责任。关于实践中的典型实务争议,文章认为:第一,出资债权的评估作价应当由专业机构进行,但未由专业机构评估作价的不影响出资效力;第二,仅有在公司具有充足的清偿能力的情况下,股东才能以对公司的债权履行(而非抵销)其货币出资义务。

**【投教园地】收录 2 篇文章**

林健芳、陈若丹的《以实干实绩书写化茧成蝶的投教答卷》展示了在资本市场不断变化和投资者需求日益多样化的浪潮中,华福证券投教团队在全新的企业文化中探索转型,冲破舒适圈,拓展投教新思路,将证券行业文化与企业文化深入融合进投资者教育工作,用“专业、真诚、创新”为核心的投教理念做事,以投资者为本为广大投资者尤其是中小投资者提供全方位、专业暖心的金融服务,推进资本市场高质量发展。

中证资本市场法律服务中心的《投资者保护调解案例两则》展示了 2 起典型的调解案例,详细介绍了 2 起案例的纠纷概要、主要争议、调解过程以及案例启示。为维护资本市场健康稳定发展作出了积极贡献,为营造和谐稳定的金融法治环境发挥出积极作用,形成了资本市场可复制可推广的成功经验。

**【案例探析】收录 2 篇文章**

樊健、朱倩颖的《证券虚假陈述保荐机构的民事责任:乐视网案的启示与疑问》一文认为,就保荐机构在证券虚假陈述中的民事责任,北京金融法院在乐视网案中的裁判要旨具有相当重要的启示意义:一是,法院应当在判决中明确被告的主观要件,使被告知晓自己的失职所在;二是,法院应当秉承精确追责的原则,考虑多种因素来判决被告承担比例连带责任。乐视网案的裁判要旨对于债券市场的虚假陈述民事案件也具有相当重要的参照功能。但是，在本案中，北京金融法院认为由于被告不能充分举证，故不应扣除非系统风险和专业投资机构与普通投资者一样都可以适用信赖推定的裁判要旨，则存在进一步讨论的空间。

张晖的《新公司法背景下的知情权赔偿制度检视》一文认为，公司法的修订从"形式上"扩张了股东知情权的范围，但"实质上"保护股东知情权的惩罚制度过于单薄。"法无恐惧则不生效"，经实证研究发现，以《公司法解释（四）》第 12 条为请求权基础提起的赔偿几无胜诉。结果是既无相关文件可供查阅，又无证据证明损失与未制备文件的因果关系，陷入循环论证。作为保护股东知情权的重要工具，该条已经独木难支。综合新西兰的行政处罚模式、日本的多机构监察模式、德国的全面主动披露模式、我国台湾地区的均衡模式、美国的自治与税制模式与我国司法实践，较为现实的进路是通过激活章程自治、明确规制定位、建立双罚制度来保护范围扩张后的股东知情权。

**【域外视野】收录 2 篇文章**

伍坚、杨亦好翻译的《市场操纵新论（上）》一文讲述了美国糟糕的金融现实、危险的新市场操纵模式以及制定务实政策的必要性，以更好地应对日益增长的操纵金融市场的威胁。首先，文章概述了近期新金融技术的兴起和监管情况。文章对 2010 年的"闪电崩盘"（Flash Crash）和迈克尔·刘易斯（Michael Lewis）所著的《高频交易员》（Flash Boys）进行了仔细研究。接下来，文章对不断变化的市场操纵格局进行了调查。文章指出了传统的操纵方法，如"囤积居奇"（cornering）、"抢先交易"（front running）和"拉高抛售"（pumping-and-dumping），以及新的操纵方法，如"幌骗交易"（spoofing）、"试单"（pinging）和"大规模错误信息"（mass misinformation）。它解释了利用电子网络、社交媒体和人工智能等现代技术的新型网络市场操纵方案比传统方案更具危害性。然后，文章探讨了为什么这种新的市场操纵模式会给监管机构带来严峻的挑战。最后，它提出了三个务实性的建议，通过提高中介机构的诚信度、加强金融网络安全和简化投资策略来应对控制论市场操纵的新威胁。最终，这篇文章为重新思考和开展市场监管、市场运作和市场操纵问题提供了一个新颖且完善的框架。由于文章篇幅原因，将分为上下 2 篇呈现，本辑收录了上篇。

朱涛的《绿证期货的国际经验研究》一文认为，绿证机制是支持可再生能源发展、引领绿色电力消费的国际通行做法，美国、日本、英国、法国、瑞典、丹麦等 20 多个国家均开展了绿证交易。我国绿证制度自2017年实施以来,在促进可再生能源发展、缓解补贴拨付压力、助力企业绿色电力消费认定等方面取得了一定的积极成效。作为一种环境类产品,绿证标准化程度较高,已有不少地区上市了相关期货衍生品。该文主要介绍了国际绿证期现货市场设计及运行情况,并提出我国绿证市场发展的建议。

# 目　录

# CONTENTS

# 政策解读

# 强化制度衔接配套　发挥资本市场制度改革集成效应

杨成长[*]　龚　芳[**]　袁宇泽[***]　王婧文[****]

自2023年7月中央政治局会议提出要活跃资本市场，提振投资者信心以来，资本市场从融资端、投资端、交易端出台一系列改革举措，通过基础制度改革来推进市场结构优化和基础功能改善，资本市场服务实体经济的能力得到明显提升。2024年4月国务院发布资本市场新“国九条”，围绕强监管、防风险、促高质量发展三大主线，资本市场“1+N”政策体系加速落地。然而从市场运行看，年初以来，我国资本市场仍呈现较大波动，为应对市场下行压力，国务院及证券监管部门出台了一系列改革举措，但投资者信心不足、市场活力不强的局面尚未实现根本性扭转。

究其根源，资本市场基础制度衔接不够、协调不足、配套机制不完善是影响制度改革效果的重要因素。与过往不同，当前资本市场制度改革呈现出多层次、多主体、多领域并行的立体化特征。从制度改革层次看，资本市场从市场自身制度、中介机构主体、监管机构改革等多维度推进，改革不断走向纵深。从制度改革主体看，党中央、国务院为资本市场确立大政方针和相关决策部署，并通过立法为资本市场发展提供上位法基础和总体制度框架，证券监管部门围绕资本市场逐步健全“1+N”政策体系，交易所等市场组织者出台一系列配套改革举措，行业协会等自律性组织从引导中介机构规范发展、推进行业自律管理等方面持续完善配套制度。从制度改革领域看，近年来资本市场围绕投资端、融资端、交易端及产品端出台了一系列举措，发行上市制度、交易制度、退市制度、上市公司持续监管、机构监管、监管机构自身建设、信息披露制度以及投资者保护制度在内的多领域改革齐头并进，全面推进全流程、全领域式改革。

---

* 申万宏源证券研究所首席经济学家。

** 申万宏源证券研究所政策研究室主任、首席研究员。

*** 申万宏源证券研究所资深高级研究员。

**** 申万宏源证券研究所研究员。

多层次、多主体、多领域等立体化的制度改革极大地丰富和完善了资本市场基础制度体系,多项改革举措的相继出台也增加了制度之间的复杂关联性,对制度体系的衔接、协调程度提出了更高要求。资本市场作为经济运行的"晴雨表",是投资者对经济社会预期的集中反映,其不仅受资本市场基础制度影响,还受到公司制度、产权制度、国资改革、社会信用体系、区域经济改革等多方面的影响,甚至部分非经济性政策也将对资本市场运行带来较大影响。资本市场不仅反映投资者对上市公司盈利的预期,也受投资者对宏观经济预期的影响较大。资本市场的制度改革不仅要考虑单一政策自身的合理性、有效性及可能带来的市场影响,更要注重不同政策之间的相互关联及合成影响,更好发挥整体制度改革的集成效应。

二十届三中全会《决定》提出,"健全投资和融资相协调的资本市场功能,防风险、强监管,促进资本市场健康稳定发展"。对改革方式提出"更加注重系统集成,更加注重突出重点,更加注重改革实效"的要求。为更好贯彻落实二十届三中全会精神,资本市场要在以往制度改革的基础上,更加注重制度衔接和配套,突出改革的系统性、整体性和协同性。要发挥制度整体改革的集成效应,重点做好以下六方面的制度衔接和协调,在最大程度上推动市场各类主体归位尽责。

## 一、推动融资端改革和投资端改革协调发展

融资和投资是资本市场基础功能的一体两面。二十届三中全会要求"健全投资和融资相协调的资本市场功能"。从境外成熟市场的发展经验看,资本市场融资端和投资端制度改革呈现出相互促进、相互依赖的特征,美国在1933年和1934年分别出台《证券法》和《证券交易法》推动市场融资端改革,紧接着在1940年出台《投资顾问法》和《投资公司法》为市场投资端改革提供整体的制度框架。近年来,为深化投融资端改革,我国也相继出台了一系列改革举措,在融资端优化发行上市条件、推进市场化并购重组、新设科创板和北交所,在投资端大力鼓励公募基金等机构投资者发展,推进基金产品降费,完善投资者权益保护。随着改革举措的相继落地,我国资本市场投融资功能逐步提升,近年来市场首发融资规模已位居全球前列,对不同类型企业上市融资的包容度、发行上市效率明显改善,资本市场的投资吸引力也有所增强。

以提升上市公司质量为抓手,更好推进资本市场融资功能和投资功能的协调发展。注册制改革以来,资本市场的快速扩容对市场自身的供求平衡能力提出了更高

要求,如何加强融资端改革与投资端改革之间的制度衔接是推进市场投融资功能协调发展的重要基础。要以提升上市公司质量为抓手,在融资端不断调整优化发行上市条件,把好“入口关”,强化证券中介机构“看门人”职责,为市场筛选出真实、优质的企业,通过推进市场化并购重组来引导鼓励上市公司做大做强。上市公司是资本市场价值创造的源泉,在着力提升上市公司质量的同时,要引导上市企业注重企业治理制度创新,通过治理结构和财务结构的双重优化效应来提升创值能力,进而提升资本市场的中长期投资回报水平,健全市场投资功能。要统筹推进发行上市、并购重组、上市公司持续监管及退市等制度改革,将提升上市公司创值能力作为政策制定和效果评估的重要指标。通过优质上市公司价值创造来提升市场长期稳定回报水平,进而吸引更多中长期资金进入市场;同时通过引入更多中长期资本和耐心资本流向科技创新、绿色转型和数字化等新质生产力领域,来更好发挥市场资源配置功能,以融资端改革带动投资端发展,以投资吸引力的提升反哺市场融资功能的优化。

发挥好金融产品连接投融资两端的桥梁作用,推进资本市场投融资一体化发展。要统筹推进融资端、投资端及产品端的发展,在融资端强化对科技创新和新质生产力企业早期融资服务支持的同时,要加大股权投资私募产品的创新,优化不同投资期限股权私募基金的税收政策,通过税收优惠及结构化设计引导壮大耐心资本、长期资本,推动其投小、投新、投早和投硬科技。在投资端推进降费改革来降低投资者综合投资成本的同时,要加大各类基础金融产品的创新,完善大类资产配置产品体系,一方面创设更多低风险、低波动、低回撤的投资产品,更好满足从银行储蓄转化而来的投资者低风险偏好的需求;另一方面创设更多结构性衍生金融产品,为各类投资机构及企业提供更多的风险管理工具,推动资本市场服务从单一的融资金融向综合金融转变。

## 二、推动强化市场监管与提升市场活力相协调

处理好活力与秩序的关系,在强监管、防风险与市场活力间实现平衡发展一直是制约资本市场发展的难题。长期以来,我国资本市场改革面临“一管就死、一放就乱”的窘境,强监管在确保不发生重大系统性风险的同时,也容易引发市场主体活力不足,市场预期转弱等问题。弱监管在鼓励业务创新的同时又容易引发市场主体“一拥而上”,市场秩序混乱等难题。近年来,资本市场监管一直在强弱之间寻求平衡,2019

年推行注册制试点改革,各类结构性金融衍生品快速发展,量化交易、程序化交易等新型交易方式异军突起,市场活力明显提升,2021 年 A 股日均交易量超过万亿元水平。上市公司数量的快速增长给资本市场自身供求平衡机制带来压力,同时各类结构性产品及新型交易方式的发展在很大程度上也改变了市场交易策略和风格,市场运行呈现出热点快速轮动、骤冷骤热的态势。为更好引导市场有序发展,2023 年以来证券监管部门逐步强化监管,监管政策导向由松到紧的转变又容易影响市场预期,市场走势及交易活跃度都面临较大的下行压力。

以引导市场规范有序发展为导向,统筹市场风险防范与市场活力发展。二十届三中全会《决定》强调:“坚持系统观念,处理好经济和社会、政府和市场、效率和公平、活力和秩序、发展和安全等重大关系,增强改革系统性、整体性、协同性。”资本市场改革要处理好加强市场监管、防范市场风险与促进市场高质量发展之间的关系。加强市场监管并不意味着单一的政策收紧,而是从问题导向出发,找准资本市场风险源,疏通各类体制机制的堵点卡点,顺应市场风险特征的新变化来有效防范各类风险。是要通过加大对违法违规行为的惩罚力度来规范市场发展秩序,更好发挥市场的价格调节机制来推进市场高质量发展。是要以分类监管为抓手,在有效整治市场乱象的同时,坚持疏堵结合、收放平衡,给予大型、规范发展的金融机构更多先行先试的机会,有效激发市场主体活力,在业务试点的基础上推进各项创新业务转常规,实现鼓励市场创新与防范市场风险的平衡。是要监管政策给予市场主体相对明确的预期,通过相关政策指引明确哪些是相对限制的行为,哪些是政策鼓励的方向,引导金融机构及市场主体在规范有序的前提下创新发展。

## 三、推动规范大股东行为与保护中小投资者利益相结合

健全投资者保护机制是资本市场发展的重要目标。2008 年金融危机后,全球金融市场都相继推进了监管体系改革,尽管各国金融监管体系及分工有所不同,但投资者保护都是金融监管的核心目标之一。为更好保护中小投资者利益,近年来针对大股东违规减持、内幕交易、财务造假、操纵市场等违规行为我国出台了一系列政策并重拳出击治理各种侵害投资者权益的行为。在新一轮金融监管机构改革中,我国在金融监督管理总局下设专门的金融消费者保护机构,统筹金融领域的投资者保护工作,证券监管部门也多次强调投资者保护是证券监管的首要任务。

理清大股东行为规范与投资者利益保护之间的关系，实现两者融合发展。二十届三中全会《决定》提出，“完善大股东、实际控制人行为规范约束机制。完善上市公司分红激励约束机制。健全投资者保护机制。”以大股东、董监高为代表的“关键少数”是资本市场的重要参与主体，资本市场制度改革一方面要强化对“关键少数”群体的行为监管，严厉打击欺诈发行、财务造假、内幕交易、违规减持等违法行为，引导上市公司提升信息披露质量，为投资者创造公平、公正、公开的市场交易环境；同时引导上市公司大股东加大分红、股份回购力度，健全回报投资者的长期机制。另一方面，也要意识到提升市场中长期稳定回报是增强投资者获得感的重要举措，资本市场的投资回报率取决于上市公司的质量，要在健全投资者保护机制的同时，在最大程度上鼓励大股东创新发展，通过经营治理、业务模式的创新来不断提升A股整体上市公司的盈利能力，为资本市场创造源头活水。

大股东行为规范与投资者保护需要充分考虑我国投资者结构特征。与境外市场机构投资者主导的结构不同，中小投资者是我国资本市场的重要参与主体，持股市值占比超过1/3，交易量占比接近70%。与此同时，我国法人持股比例较高，以产业资本为代表的法人持股其减持、并购重组等行为将对市场带来较大影响。我国一方面要加快推动上市公司股权结构社会化、分散化，提升中小投资者在公司决策中的话语权，更好地制约大股东负外部性的资本运作行为，引导鼓励上市公司合理分红，防止在分红中利益过度向大股东倾斜进而影响中小投资者的权益。要处理好上市公司特殊股权架构与中小股东话语权的平衡关系，要推进个人投资者与机构投资者在有效信息获得上的公平性，为各类投资者创造公平的交易环境。另一方面也要加强投资者教育和引导，改变炒小、炒差等投机行为，引导投资者通过加大中长期股权投资来获得相对稳定的长期收益，做好投资者预期管理，避免追涨杀跌带来的投资者收益剧烈波动。

## 四、推动市场短期调节与长期稳定机制建设相结合

市场的短期调节与长期稳定发展是资本市场运行在不同时间维度上的体现。与其他市场不同，资本市场的运行除了受自身制度机制及国内经济基本面影响外，境外市场的波动也将借助风险传导等形式对其产生影响。受境内外复杂多变环境影响，近年来资本市场波动有所加大，为有效平抑市场波动，提振投资者信心，我国出台了

一系列短期调节政策,纠偏量化交易、融资融券等交易行为,肃清市场环境。与此同时,为推进资本市场长期稳定发展,围绕提升上市公司质量、优化完善交易机制、培育市场长期资金、引导专业投资机构做大做强、推动市场高质量对外开放,我国出台大量政策,对引导市场平稳运行发挥了重要作用。

要充分认识到我国资本市场波动较大呈现出长期性、复杂性特征,短时间内难以轻易改变,要将短期市场波动管理与长期稳定机制建设相结合。二十届三中全会《决定》提出,“建立增强资本市场内在稳定性长效机制。”应对市场短期剧烈波动,一方面要果断采取调节与对冲手段,扭转市场悲观预期,将资本市场政策与财政政策、货币政策以及非经济性政策结合,审慎出台收缩性、抑制性政策,强化政策统筹,确保同向发力、形成合力,推动资本市场快速回到稳定发展轨道。另一方面也要考虑到短期调节政策对市场长期运行的影响,短期调节政策不能与市场长期稳定机制的导向相冲突,在市场情绪逐步企稳后,要适时推进短期调节政策的退出。要更多借助市场自身的供求平衡机制、多空博弈机制及定价调节机制来形成长期的内生稳定性,推进资本市场走稳。

## 五、推动引导长期资金入市与提高上市公司质量相结合

庞大的长期投资机构与优质的上市公司群体是资本市场高质量发展的重要基石。从美国、日本等境外市场经验来看,优质的龙头企业和稳定的中长期资金来源是资本市场高质量发展的核心要素。养老金入市过程中公募基金、ETF 等产品的扩容和大型科技龙头企业的超常规发展共同推动了美股长牛,日本政府养老基金(GPIF)对权益类资产的增配和传统行业大型上市公司 ROE 的提升也共同为近年来日股厚积薄发创造了条件。近年来,围绕提升上市公司质量,培育壮大机构投资者,培养耐心资本、长期资本,我国出台了一系列改革举措,市场机构化程度有所提升,在推进长期投资和价值投资上发挥了重要作用。

统筹推进长期资金发展和上市公司质量提升,推进资本市场形成长钱、长投、长牛的良性循环。二十届三中全会《决定》提出,“支持长期资金入市,提高上市公司质量。”一方面要丰富市场增量长期资金的来源,在加大养老金、社保基金等中长期资金入市规模的基础上,完善适配长期投资的基础制度,优化金融资产减值变动的会计准则,减少由于记账规则导致的交易行为短期化,进一步完善对年金、保险机构的考核

机制,大力发展 ETF 等被动型产品,为投资人提供更多的长期配置工具,构建支持“长钱长投”的政策体系。另一方面要发挥长期资金在完善上市公司治理机制上的重要作用,探索为专业投资机构参与公司治理提供更多制度支持,加快发布机构投资者参与公司治理行为指引,明确机构投资者参与公司治理的目标、渠道、行为约束等。更好发挥专业投资机构意见的市场引导性,鼓励社保等长期资金学习境外养老金积极股东主义实践经验,积极尝试以私下协商、公开信、递交股东议案等方式参与公司治理。发挥长期资金的专业作用来推进上市公司优化治理结构,通过治理结构的改善来推进上市公司财务结构和盈利能力的优化,进而持续提升回报投资者的能力,实现长期资金与上市公司的双向赋能,实现市场长钱、长投、长牛的良性循环。

## 六、推动场内市场与场外市场协调发展

场内、场外市场协调发展是提升资本市场包容性,健全多层次资本市场体系的重要基础。从境外市场经验看,美国庞大的场外市场体系是支撑场内市场高质量发展的基石,粉单市场不仅为场内市场企业的退市提供了有效承接,同时场外市场的做市商交易机制及私募股权产品交易也为场内市场交易机制的多元化及私募股权行业的发展提供了重要支持。健全多层次资本市场体系一直是我国资本市场制度改革的重要内容,近年来我国新设科创板和北交所,已初步形成“场内市场+全国性场外市场+区域场外市场”为主的三层次资本市场架构体系,转板机制推出也进一步加强了不同市场层次之间的衔接机制。

处理好交易所间的适度竞争关系,推进场内市场差异化发展。美国和日本各交易所发展的经验表明,交易所之间适度的竞争有利于资本市场的发展,纽交所在纳斯达克的竞争下快速拥抱电子化交易,并通过上市公司的改革提高了自身包容性,又如日本东京交易所和大阪交易所的合并和板块精简提高了交易效率,推动东交所成为便捷、高效、具有竞争力的综合交易所。近年来我国不断完善场内市场不同板块之间的差异化定位,已初步形成主板市场积极服务大市值企业、成熟蓝筹企业,科创板服务“硬科技”企业,创业板服务“三创四新”企业,北交所服务专精特新等创新中小企业的错位竞争格局。但在实际操作中,企业的行业属性、科创属性难以实现清晰的区分,企业选择上市板块更多是从发行成本以及板块估值水平进行考虑,优先选择平均估值高、发行周期短的板块上市。从统一大市场建设的角度出发,如何更好满足不同

企业主体的上市需求,鼓励交易所间的适度竞争,提升多层次资本市场对新质生产力的适配性仍是关键所在。

处理好区域股权市场与统一大市场的关系,推进场内市场、场外市场协调发展。二十届三中全会《决定》提出,“推动区域性股权市场规则对接、标准统一。”当前我国区域股权市场发展呈现出多元、分散的态势,挂牌多交易少,登记多融资少的局面在很大程度上制约了场外市场融资功能和交易功能的发挥。要处理好区域股权市场分散布局与全国统一大市场建设的关系,在尊重区域经济发展及企业差异化特征的基础上,推动区域性股权市场的规则对接和标准统一;要将区域股权市场的发展与全国统一大市场的建设相融合,注重市场制度的统一性,防止由于市场割裂导致的制度套利;要将区域股权市场的发展融入城市群及国家区域一体化发展规划中,鼓励城市群内的区域性股权市场数据资源共享,建立市场监管合作及信息共享机制;推进区域股权市场与场内市场的规则对接,加快完善登记、结算、信息披露等基础设施建设,建立场内场外市场间的互联互通机制,提升区域股权市场间以及区域股权市场与场内市场间的有效衔接和有机联系。

资本市场制度改革效应的发挥要通过强化制度衔接来整体发挥制度集成功能。要推动融资端改革和投资端改革相结合、风险防范与提升资本市场活力相结合、规范大股东行为与保护中小投资者利益相结合、短期市场调节与建设长期稳定机制相结合、引导长期资金入市与提高上市公司质量相结合、场内市场发展与场外市场发展相结合,打通过往资本市场制度改革中的堵点难点问题,健全资本市场在高水平社会主义市场经济体制中的重要作用,更好地服务经济高质量发展。

# 新公司法实施配套规则

## ——《国务院关于实施〈中华人民共和国公司法〉注册资本登记管理制度的规定》解读

蒋大兴[*]

2024年6月7日，国务院常务会议正式通过新公司法实施配套规定——《国务院关于实施〈中华人民共和国公司法〉注册资本登记管理制度的规定》（以下简称《规定》）。相较于此前向社会公布的征求意见稿，本次“过渡期规定”内容大大简化，主要围绕与注册资本登记管理相关问题设置规则，更吻合新公司法的授权规则。“过渡期规定”具有以下特点。

## 一、采取宽缓的过渡期规则

《规定》第2条采取区分对待的原则，即对于2024年6月30日前登记设立的公司，分别针对有限公司和股份公司在注册资本限期实缴方面实行不同的规则。首先，对于有限公司，采取非常宽松的“3+5”过渡期规则，有限责任公司剩余认缴出资期限自2027年7月1日起未超过5年的，无需调整；超过5年的，应当在2027年6月30日前将其剩余认缴出资期限调整至5年内并记载于公司章程，股东应当在调整后的认缴出资期限内足额缴纳认缴的出资额。其次，对于股份有限公司，则采取“3年实缴制”的规则，要求股份公司发起人应当在2027年6月30日前按照其认购的股份全额缴纳股款。此与新公司法对有限公司与股份公司所采资本制度的差异性保持一致，同时，特别考量了我国目前剩余出资期限超过5年的公司大多为有限责任公司的

* 北京大学法学院教授。

现实,而且,新公司法规定,公司股东应当自成立之日起5年之内缴足认缴的出资。“过渡期规定”设置3年过渡期,加上5年实缴期,采取了非常宽松的实施政策。

与此同时,《规定》第2条第2款还特别规定,公司生产经营涉及国家利益或者重大公共利益,国务院有关主管部门或者省级人民政府提出意见的,国务院市场监督管理部门可以同意其按照原出资期限出资。这一规定,充分关照到了国家与社会公众利益,通过严格的“考量程序”,继续维护其原有的出资安排,有助于实现国家利益和公众利益。

## 二、明确了“异常公司”的处理原则

《规定》第3条对于“异常公司”(指公司股东出资期限、注册资本明显异常的),授权公司登记机关可以结合公司的经营范围、经营状况以及股东的出资能力、主营项目、资产规模等进行研判,认定违背真实性、合理性原则的,可以依法要求公司及其股东及时调整。相较于征求意见稿,“过渡期规定”没有明确界定股东出资期限、注册资本明显异常的具体标准,例如,认缴期限超过30年,注册资本超过10亿元。而是采取“原则规定”的方式,授权公司登记机关结合公司与股东的情况进行处理,更有利于公司登记机关根据实际情况进行裁量处理,避免处理规则过于“刚性化”“一刀切解决问题”所引发的“个案不公平”的现象发生。公司登记机关在进行“异常公司”裁量时,不仅要考量公司的经营情况,还要考量股东的“个体情况”,以判断股东是否有可能通过个体力量或者从公司盈余分红等方式完成认缴的出资缴纳任务,进而判断其所设定的出资期限或者注册资本金额是否超出了“当事人能力”具有不真实性,或者“存在欺诈社会之可能”,具有不合理性。

## 三、分类优化多元监管措施

市场监管部门按照“公司自治优先”“强化信用公示”“登记监管促进”“特别标注警示”等多元方式对公司注册资本登记进行分类监管,不断优化规制措施,提升市场监管的便利化和效率化。

首先,实行“公司自治优先”原则,注册资本认缴期限和认缴金额是否过长或者过高,由公司自主进行判断,自主决定如何调整,包括采取何种方式合乎法律规定。例如,可以采取提前实缴、对过高资本进行减资或者压缩过长的认缴及出资期限等等。公司采取何种方式自主调整,由其根据公司及股东的实际情况,以股东会决议或者董事会决议自主安排。

其次,采取“强化信用公示”原则。《规定》第 4 条强调,公司调整股东认缴和实缴的出资额、出资方式、出资期限,或者调整发起人认购的股份数等,应当自相关信息产生之日起 20 个工作日内通过国家企业信用信息公示系统向社会公示。

再次,采取“登记监管促进”原则。如果公司自治失败,则由登记机关进行检查、督促和促进公司改进不适宜的认缴/实缴期限或者注册资本。因此,《规定》第 5 条强调,公司登记机关采取随机抽查检查对象、随机选派执法检查人员的方式,对公司公示认缴和实缴情况进行监督检查。公司登记机关应当加强与有关部门的信息互联共享,根据公司的信用风险状况实施分类监管,强化信用风险分类结果的综合应用。由此,对于存在较大信用风险的企业,实施“重点照顾、特别监管”,促进企业注册资本登记行为合规合法。而且,公司股东或者发起人未按照规定缴纳认缴的出资或者罚款,或者公司未依法公示有关信息的,公司登记机关可以依照《企业信息公示暂行条例》的有关规定进行处罚。

最后,采取“特别标注警示”原则。对于一些特殊或者危险情形,无法调整出资期限或者注册资本的,“过渡期规定”采取“特别标准警示”方式进行处理。主要包括以下三种情形:第一,公司未按照规定调整出资期限、注册资本的,由公司登记机关在国家企业信用信息公示系统做出特别标注并向社会公示。第二,公司因被吊销营业执照、责令关闭或者被撤销,或者通过其住所、经营场所无法联系被列入经营异常名录,出资期限、注册资本不符合本规定且无法调整的,公司登记机关对其另册管理,在国家企业信用信息公示系统做出特别标注并向社会公示。第三,公司自被吊销营业执照、责令关闭或者被撤销之日起,满 3 年未向公司登记机关申请注销公司登记的,公司登记机关可以通过国家企业信用信息系统予以公告,公告期限不少于 60 日。公告期内,相关部门、债权人以及其他利害关系人向公司登记机关提出异议的,注销程序终止。公告期限届满无异议的,公司登记机关可以注销公司登记,并在国家企业信用信息公示系统做出特别标注。

# 新公司法及配套法规平稳落地　推动优质营商环境建设

李建伟[*]　林树荣[**]

党的十八届三中全会决定把注册资本实缴登记制逐步改为认缴登记制。2014年2月，国务院印发《注册资本登记制度改革方案》，明确除法律、行政法规及国务院决定另有规定的，对公司注册资本实行认缴登记制。回望近十年来认缴登记制的实施情况，认缴登记制有益于放松市场准入管制，优化营商环境，但由此存在的一些制度弊端的确也有待解决，例如认缴登记制对认缴数额、缴资期限等没有任何限制，加之已有的股权转让、股利分配等配套制度较为不健全，相关法律责任落实也不到位，在实施过程中引发了盲目认缴、天价认缴、期限过长等突出问题，不利于有效保护交易安全、反映公司资本客观情况、建设诚信市场环境。对此，为配合新公司法的落地实施，《国务院关于实施〈中华人民共和国公司法〉注册资本登记管理制度的规定》（以下简称"《规定》"）于近期发布，拟从多个方面强化公司注册资本登记管理，进一步规范股东依法履行出资义务，有助于维护市场交易安全与优化营商环境。

## 一、存量公司在过渡期内逐步调整出资期限的特别规则

从激发经营主体活力和保障交易安全的角度，公司法第47条规定有限责任公司实行认缴登记制，全体股东认缴的出资额由股东按照公司章程的规定自公司成立之日起5年内缴足。为实现新公司法规范注册资本的立法目的，同时尽量减少对存量

---

* 中国政法大学民商经济法学院教授。

** 清华大学法学院博士研究生。

公司产生的震荡影响，第 266 条第 2 款规定 2024 年 7 月 1 日前已登记设立的公司，出资期限超过新公司法规定的期限的，除法律、行政法规或者国务院另有规定外，应当逐步调整至新公司法规定的期限以内。该种“逐步调整”的表述意图为存量公司调整预留较为充足的时间，以有效减少对市场的短期集中冲击，也有利于新法的平稳有序实施。

《规定》第二条即明确了存量公司在过渡期内逐步调整出资期限的具体规则。第一，原则上设置 3 年的过渡期（2027 年 7 月 1 日）并明确区分有限责任公司与股份有限公司。存量有限公司必须在过渡期结束前将剩余认缴出资期限调整至 5 年内，存量股份公司必须在过渡期结束前将其剩余认缴注册资本缴足。第二，例外情况下部分特殊的存量公司之出资期限依旧可以保持超过新公司法规定的期限。如果公司生产经营涉及国家利益或者重大公共利益，可以由国务院有关主管部门或者省级人民政府提出意见，此时国务院市场监督管理部门可以同意其按原出资期限出资。此处的例外情形之认定应当审慎作出，主要包括新公司法施行前设立承担国家重大战略任务、关系国计民生或者涉及国家安全、重大公共利益的公司。

## 二、公司资本情况明显异常时的研判处理规则

针对认缴登记制实施过程中引发了盲目认缴、天价认缴、期限过长等突出问题，新公司法第 266 条明确规定“对于出资期限、出资额明显异常的，公司登记机关可以依法要求其及时调整”。“明显异常”的认定应当极其审慎，避免过度介入经营主体的出资安排规划。“可以依法”“及时调整”强调公司登记机关并非必须应当要求相关公司调整出资期限、出资额，且依旧可以设置适当的期限供相关公司“及时调整”。

对此，《规定》第 3 条即是对如何判断“出资期限、出资额明显异常”加以解释，公司登记机关可以结合公司的经营范围、经营状况以及股东的出资能力、主营项目、资产规模等进行研判，认定违背真实性、合理性原则的，可以依法要求其及时调整。当然，实践中在判断存量公司注册资本出资期限、出资额是否属于“明显异常”时，应当采取审慎认定的态度，允许当事人说明公司自身情况与资本需求情况，综合研判、个案分析，避免一刀切，依法督促公司诚信履行出资义务。

## 三、强调信息公示系统的重要地位，创设特别标注公示制度

国家企业信用信息公示系统是涉企信息统一归集、依法公示、联合惩戒、社会监督的应用平台,在公司登记管理体系中占据极为重要的地位。《规定》的多个条文都力图借助该种信息公示系统之公示作用,起到惩戒当事人信誉、维护债权人权益、调整市场预期的作用。这集中体现在:《规定》第 4 条明确公司调整出资信息时应当在 20 日内公示;第 6 条明确公司未按规定调整出资期限、注册资本的且逾期未改正的,由公司登记机关作出特别标注并向社会公示;第 7 条规定公司出资期限、注册资本不符合规定且无法调整情况下,公司登记机关可以采取另册管理、特别标注、社会公示的方法;第 8 条公司行政注销之特别标注等。借助国家企业信用信息公示系统,《规定》提出了多层次的公示惩戒措施,包括作出特别标注、向社会公示等方法,以此督促公司依法履行开展经营活动、规范股东依法履行出资义务、降低交易对手信息不对称的交易风险,进而得以维护市场交易安全与持续优化营商环境。

# 理论探究

# 论特别代表人诉讼与特别股东派生诉讼的公益性

段厚省[*]　张　宁[**]

**摘要**：2019年证券法新规定的特别代表人诉讼与特别股东派生诉讼为投保机构向投资者提供了规模化、低成本且力求追“首恶”实效的受损权益维护机制。两种诉讼制度所要维护的分别是受损害投资者利益的集合以及股东利益的法律拟制集合——上市公司利益，二者都是集合性利益。救济集合性利益的各类诉讼程序之间具有家族相似性，其中纯粹公益诉讼是公益性诉讼家族的典型成员，特别股东派生诉讼、特别代表人诉讼因其维护公益之功能定位、投保机构本身之性质以及因个别性事项审理内容未实质减损其诉讼的公益性，两种诉讼和纯粹公益诉讼依次呈链式相似。为此，在诉讼性质上，应摒弃本质主义思维，转向功能主义思维；摈弃公私二元利益区分模式，转向多元渐进利益区分模式，确认两种诉讼的公益性质。按照公益诉讼法理，应免除该两种诉讼的诉讼费用缴纳要求。此外也可以考虑建立面向投保机构的胜诉奖励机制，充分实现两种诉讼维护中小投资者权益、维护交易市场秩序、完善上市公司治理机制的功能。

**关键词**：特别代表人诉讼　特别派生诉讼　公益诉讼　诉讼费用

## 一、问题的提出

2019年证券法第94条第3款规定，发行人的董事、监事、高级管理人员执行公司职务时违反法律、行政法规或者公司章程的规定给公司造成损失，发行人的控股股东、实际控制人等侵犯公司合法权益给公司造成损失，投资者保护机构持有该公司股

---

* 复旦大学法学院教授。

** 复旦大学法学硕士，湖南省株洲市攸县酒埠江镇党委委员。

份的,可以为公司的利益以自己的名义向人民法院提起诉讼,持股比例和持股期限不受《中华人民共和国公司法》规定的限制。第95条第3款规定,投资者保护机构受五十名以上投资者委托,可以作为代表人参加诉讼,并为经证券登记结算机构确认的权利人依照前款规定向人民法院登记,但投资者明确表示不愿意参加该诉讼的除外。上述两个条款分别为投资者保护机构提起特别股东派生诉讼和特别代表人诉讼提供了法律依据。根据现有法律和法律实践的现实情况,作为公益股东和特别代表人进行特别股东派生诉讼的主要是中证中小投资者服务中心(简称"投服中心")这一证监会直接管理的证券金融类公益机构。

然而自新证券法实施以来,由投服中心作为特别代表人提起的证券特别代表人诉讼仅有"康美药业案"和"泽达易胜案"[①],两案分别以一审生效判决和诉讼双方和解结案。为提高上市公司董监高、实际控制人等"关键少数"以及发行中介机构等"帮凶"的违法成本,震慑"首恶"损害上市公司利益的行为,保护中小投资者利益,加强上市公司治理,投服中心作为特别股东提起的特别股东派生诉讼案件也仅有9起。[②] 由上观之,自新证券法实施近5年来,投保机构提起的特别代表人诉讼和特别股东派生诉讼的案件数量均尚停留在个位数,两种诉讼在个案震慑中起到了应有效果,但距离新规定出台前后学界和实务界期待的激活公益机构诉讼活力、维护金融市场秩序的初始目标仍有差距。其主要掣肘在于证券领域诉讼案件具有案涉人群广、涉案金额巨大、专业性强、诉讼周期长、涉及利害关系人众多,因而为保障权利人的程序自治权利所需进行的程序性工作繁杂。此外投服中心需要进行案件挑选、承担公益律师费用、专家辅助人费用并预交诉讼费用,导致个案提起的诉讼成本高昂。投服中心作为兼具持股行权、纠纷调解、支持诉讼和投资者教育等多项公益职责的金融公益机构,其工作人员的诉讼精力、经费运转开支和工作激励机制有限,因而对提起其职责范围内的上述两种诉讼心有余而力不足。

这与当前我国台湾地区的投保中心相关公益诉讼激励不足导致工作持续性与长效性不足所面临的境地是相似的。[③] 眼下之所以投服中心提起两种诉讼的案件数量

---

① 《投资者赢了!刚刚,赔款已拿到,最高获赔500万!中国证券集体诉讼和解第一案,细节披露》,http://www.isc.com.cn/html/mtbd/20240115/5105.html,2024年8月27日访问。

② 《积极发挥投保机构股东代位诉讼效用 严惩"首恶"背信损害上市公司利益行为》,http://www.isc.com.cn/html/zxxw/20240515/5190.html,2024年8月27日访问。

③ 林俊宏、黄建中:《中国台湾地区"证券投资人及期货交易人保护中心"经验分享二》,载《投资者》2019年第4期。

有限,除激励制度本身供给不足以外,还与当前学界和实务界对特别代表人诉讼和特别股东派生诉讼这两种诉讼的性质存有争议并且对两种诉讼的公益性认识不足紧密相关。从本质主义角度而言,当前对这两种诉讼到底是公益诉讼还是私益诉讼的主要症结点在于从诉讼直接效果来看,无论是特别代表人诉讼还是特别股东派生诉讼,其胜诉利益最终都将分配给特定的私主体,其中特别代表人诉讼的胜诉利益在全体被代表的投资者之间进行分配,特别股东派生诉讼的胜诉利益归于公司。这与学界固守的公益诉讼维护的应当是公共利益,而公共利益属于不特定人因而不可分在逻辑上是根本矛盾的。既然这两种诉讼最终的胜诉利益都能够分配给特定民事主体,便不能说这两种诉讼是公益诉讼。然而,坚持本质主义的结果是,两种诉讼不同于一般的私益诉讼却只能以私益诉讼对其定性,并适用私益诉讼的一般程序规则,导致投服中心常态化提起两种诉讼的激励不足,使得两种诉讼制度功能目的难以真正实现。

## 二、家族相似性理论视角下的群体利益救济

### (一)两种诉讼本真之回归

西哲维特根斯坦的语言游戏理论认为,语言和活动两者应当是交织在一起而组成的整体,在特定语言中出现的语言游戏应该是人们的生活形式的表现,期望、意向、理解等也是通过语言活动而成为生活形式的。[①] 意即,在社会生活中我们的语言表达与事物性质的认定等应当与真实社会生活存在之事物其实然与应然状态相统一。若我们的语言表达与对事物性质认定等与真实的社会生活形式明显相悖,我们就应当在语言游戏中加以校正,从而回归事物的本真面貌。

我国的特别代表人诉讼是在当前证券违法行为的行政与刑事法律后果较轻且对真正受损的中小投资者群体利益缺乏有效救济的背景下,为解决当前证券领域的群体利益受侵害的一次性救济程序。它通过“恢复性司法”让侵害权利者承担因自己的不法行为所造成的损害后果,从而对被侵害的财产关系进行恢复,达到震慑违法的效果。特别股东派生诉讼则是为了避免上市公司与上市公司股东因少数真正“作恶者”的不法行为遭受二次损害而从中小股东的角度刺破上市公司法人的“面纱”,让真正的“作恶者”为自己的不法行为真正承担责任,实现对“首恶”的有效震慑,进而有效

① 参见[奥]路德维希·维特根斯坦:《逻辑哲学论》,黄敏译,中国华侨出版社2021年版,第58页。

预防类似违法行为。特别股东派生诉讼在董监高、实际控制人等直接实施证券侵权行为的"关键少数"隐身于拟制的民事主体——上市公司之后,导致这些真正的应担责任者未对自己的行为承担应有责任时,通过投服中心这一公益股东的特别股东派生诉讼,实现对群体利益的有效救济。可以说,特别代表人诉讼和特别派生诉讼分别从权利人端和责任人端实现了群体利益救济的权利人尽可能全面覆盖和实际责任人的责任应追尽追,有助于群体利益救济过程中实质正义的实现。①

### (二)纯粹性公益与集合性利益救济杂糅的现状

我们之所以经常面临将特别代表人诉讼、特别股东代表诉讼、示范诉讼、支持起诉、环境公益诉讼、消费者公益诉讼甚至涉众型犯罪民事损害赔偿诉讼的对比与区分,是因为这些诉讼都与群体利益的救济有关。然而,群体利益通常又被分为不特定主体的利益,即纯粹性公益和若干特定主体所拥有的个体利益累积起来而形成的具有公共性却可分的集合利益,也就是集合性公益。② 我国《民事诉讼法》及相关法律的现有规定之下,纯粹性公益的救济适用的是公益诉讼程序,如环境公益诉讼中要求环境侵权人停止侵害、排除妨害、恢复原状等都是对环境公共利益的维护。同时,环境公益诉讼程序的启动不影响具体因环境侵权行为受损害的个人提起侵权损害赔偿诉讼。因为,环境权益通常被认为是不可分的纯粹性公益,因此针对不特定多数人的环境权益受到损害的诉讼应属于纯粹的公益诉讼。根据现有法律规定,符合条件的环保机构以及检察院可作为原告提起此类环境公益诉讼。环境权益受到损害的情形其实也存在两种集合利益的情形,如集体所有的森林和山岭、草原、荒地、滩涂等自然资源遭到损害时,这些自然资源相关的环境权益并非全民所有,也不属于不特定多数人,而是属于该封闭集体组织中的全体成员。此外,对于同一侵权行为导致某区域特定群体的权利受到损害时,此时的受损害群体实际上是特定个人的集合。前述环境侵权领域的两种集合利益情形中,前者在理论界和实务界暂未作为一种集合利益进行看待,而是和纯粹性公益一样同样可以适用环境公益诉讼的相关规定,而后者这一类集体利益,通常作为私益的集合,仅允许个人起诉或者以代表人诉讼的方式进行救济。

我国《民事诉讼法》关于消费者公益诉讼的内容规定特定组织和机关可以对侵害众多消费者权益的行为提起消费公益诉讼。但我们深究可以发现,在消费者侵权案

---

① 参见[美]约翰·罗尔斯:《正义论》,何怀宏、何包钢、廖申白译,中国社会科学出版社2009年版,第47页。
② 参见王亚新、陈杭平、刘君博:《中国民事诉讼重点讲义》,高等教育出版社2017年版,第153页。

件中,因同一侵害消费者行为造成的损害群体就是与该侵害行为相关的消费者群体。这一受害群体尽管在确定过程中存有难度,但是在理论上确实是特定主体。尤其在电商消费日益发达的当下,消费者的消费信息往往在线留痕,因而大规模消费者侵权诉讼其实维护的也是具有特定现实性的主体。同理,涉众型刑事犯罪的民事受害人与证券侵权案件,同样因为受损害对象的特定性,实际上也属于集合性利益救济的诉讼。

(三) 群体利益及其救济程序的家族相似性分析

尽管在本质上纯粹性公益和集合性利益可以根据利益主体是否特定,两者概念区别泾渭分明,但在理论和实践中,集合性利益的救济也在逐步追求和纯粹性公益救济诉讼程序相同或相近的方式与效果。按照通常“提取公因式”的本质主义思维,我们总试图抽象出一个二者所具有的共同特征作为“公因式”,但是两者在概念上的显著区别我们不能视而不见。那么我们能否转换思维逻辑,根据纯粹性公益与集合性利益二者之间的“家族相似性”,以及救济这两种利益的诉讼程序之间的“家族相似性”(Family Resemblance),而将他们统合在一起,作为同一大类的公益诉讼,来实现有效救济群体利益的目的?

有别于亚里士多德逻辑学为基础的经典范畴,维特根斯坦家族相似性范畴有以下基本假设:一是,个体的范畴化依据不在于其基本特征而是其属性;二是,个体之间有典型成员与非典型成员之分,典型成员的共有属性特征较非典型成员更多;三是,个体的典型化评估不仅包括属性评估,更是一个全面感知的过程。[①] 维特根斯坦的“家族相似性”理论认为,事物无法用经典范畴概括,而是以家族相似性原则相互组织起来,这些事物集中的成员好比同一家族成员,每位成员都与其他一个或数个成员共有一项或者若干项特征,但几乎没有一项特征为所有成员所共有,成员之间呈现的是一种链式相似。该事物集没有明确边界,因此不是封闭的而是会随着社会发展与人类认识的提高不断形成和变化发展的。[②]

集合性利益与纯粹性公益在权利主体是否特定方面是存在不同的,但是该两类主体的权利被侵害时需要被救济的形态却可能是相同的。二者均有可能因同一侵权行为遭受损害,因此在同一侵权行为实施后,集合性利益和纯粹性公益受损的可能是

① 详见黄月华、左双菊:《原型范畴与家族相似性范畴——兼谈原型理论在认知语言学中引发的争议》,载《语文研究》2009年第3期。

② 参见胡学军:《家族相似性:民事诉讼法典化的逻辑与技术》,载《当代法学》2023年第6期。

同时存在的,如在环境侵权的情形下,工厂的排污行为可能在污染全民所有的水流的同时也对水流沿线居民的作物甚至身体健康造成损害;但两种群体性利益受损的同时存在并非一种必然,环境侵权时也存在仅侵害环境但尚未对环境周边的利害关系者的人身或财产造成损害,此时受到损害的只有纯粹性公益。若将集合性利益再进行细分,可以发现该利益集合是一个偶然的事实集合还是一个被拟制的法律集合也存有区别。因同一偶然的不法行为遭受损害的受害人集合与乡镇、村级或者村民小组一级集体中成员的集合在法律效果上也有差异。理论上,拟制的集合,如集体、公司等可以作为独立的民事主体以自己的名义为诉讼行为,而偶然的集合却不是独立的民事主体。从这个角度而言,纯粹性公益、偶然集合性利益以及法定集合性利益之间可以构成一个家族。他们都因为涉及利益主体人员众多,都有通过共同的程序一次性解决纠纷,节省诉讼成本,维护法律适用统一的迫切需求。

为了满足这一需求,各国针对纯粹性公益以及集合性公益的救济设计了不同的诉讼程序。因为群体利益救济的实体关系当事人超出了司法场所以及司法场景的容量,选择"代表制"进行诉讼是现行群体利益救济程序的必然选择,但是不同诉讼程序的"代表制"在代表人的性质以及代表人替代被代表人的决定形式两方面有所不同。从代表人的性质来看,有的是从实体关系的当事人中选择,有的则是选择了与实体关系无关的公益机构;从被代表人被替代的决定形式来看,有被代表人肯定认可的"明示加入制",也有"默示加入,明示退出"形式,其中前者有赖于全体当事人积极维权主动提起诉讼,如普通代表人诉讼,后者则依靠部分当事人或公益代表发起,如美国的集团诉讼和德国的团体诉讼。从代表人的性质来看,越是为了维护纯粹性公益,则越倾向于选择与实体关系无关的公益机构作为代表人,并且公益机构提起诉讼的主动性越强,德国的团体诉讼与我国现行环境公益诉讼为该类适例。而公益的纯粹性减弱则会选择对个体程序性权利保障更强的"明示加入制"并选择以实体关系的当事人作为代表人,我国的代表人诉讼和日本的选定当事人诉讼便是此种类型。美国的集团诉讼、德国的团体诉讼和示范性诉讼以及我国当前的特别代表人诉讼、特别股东派生诉讼则是居于我国的普通代表人诉讼以及日本选定当事人诉讼这两种权利救济形态之间。如果位于中间的救济程序对公益机构越是更多赋权,那么该救济程序和纯粹性公益救济程序的相似性更多。这些救济群体利益的诉讼程序为了实现个体程序权利保障与诉讼效益之间的平衡,彼此之间具有程度不同的共同属性。如果将纯粹公益诉讼(如德国的团体诉讼和我国现行的环境公益诉讼)作为典型成员,我国

《民事诉讼法》规定的代表人诉讼以及日本的选定当事人诉讼就是非典型成员，那么由近到远，我国现有的消费者公益诉讼、我国台湾地区的投保机构团体诉讼、特别股东派生诉讼、特别代表人诉讼、美国的集团诉讼、示范诉讼依次呈链式相似。

## 三、两种诉讼公益性的具体分析

证券民事赔偿作为投资者权益维护的有效措施能够高效便捷地维护投资者的合法权益，尤其是较单独诉讼、共同诉讼而言，由投服中心提起特别代表人诉讼和特别股东派生诉讼能够为全体未声明退出的投资者提供规模化、低成本且力求追“首恶”实效的受损权益维护机制。之所以在示范诉讼、普通代表人诉讼以及现有的普通股东派生诉讼之外增加供给特别代表诉讼和特别派生诉讼这两种新型诉讼形态，显然应当有着与现有制度或其他制度不同的功能定位。从违法预防理论角度而言，特别代表人诉讼制度通过民事诉讼和执行程序可能使得实施违法行为的上市公司和违法行为主要责任人因其违法行为“赔得倾家荡产”。特别股东派生诉讼使得操纵企业违法违规的企业实际控制人、董监高等“首恶”在经济上付出沉重代价，让该上市公司及其违法行为主要责任人不敢再实施此类违法行为，从而达到个别预防的目的。[①] 从一般预防的角度而言，两种诉讼使得其他潜在证券市场主体因为忌惮可能面临的严重不利后果而不敢实施类似行为。两种诉讼从违法行为主体以及潜在违法主体两个方面预防类似严重违法违规行为的再行发生，对当下和未来可能发生的违法行为及行为人产生震慑作用，以维护金融市场秩序。

为实现这一公益目标证券法将提起特别代表人诉讼以及特别股东派生诉讼的诉讼实施权赋予投保机构这一公益机构、公益股东。其中提起特别代表人诉讼需获得50名以上投资者的授权后，其他投资者则以“默示加入，明示退出”的形式参加诉讼。而特别股东派生诉讼中，投服中心作为公益持股人，无论其他股东诉讼意愿如何，其均可在不受持股期限与持股比例限制的条件下提起派生诉讼。因此从投服中心这一公益机构的诉讼功能地位与目的以及提起诉讼的自主性角度来看，特别代表人诉讼与特别派生诉讼和纯粹公益诉讼、消费公益诉讼具有十分紧密的家族相似性。两种诉讼比普通代表人诉讼和普通派生诉讼具有更强的公益性，不过这种公益性略弱于

① 参见［意］切撒雷·贝卡利亚：《论犯罪与刑罚》，黄风译，商务印书馆2017年版，第63页。

纯粹公益诉讼的公益性。

特别代表人诉讼之略弱于纯粹公益诉讼的公益性,其略弱之处体现在,若回归到本质主义的逻辑分析,将特别代表人诉讼所保护的利益看成一个整体,须面对特别代表人诉讼的权利主体是特定的,并且这些权利主体最终将根据自身的受损害情况分享胜诉利益的诘难。该种诘难的一个逻辑预设就是一个诉讼当中只能容纳一种性质的利益,并且必须根据该种利益的形式对诉讼的性质进行判断。但是,通过分析特别代表人诉讼可以发现,诉讼集合以后,诉讼中处理的实体性或者程序性争点并非全部都是集合性公共利益,也并非都是纯粹私益,而是私益和公益的融合。[①]

在特别代表人诉讼中,从侵权行为构成要件以及财产损害赔偿义务完全履行的角度来看,法院需要审查证券侵权行为是否存在、是否造成了损害后果、损害后果有多少、损害后果与侵权行为之间是否具有因果关系以及被告人是否有过错等要件。其中,具有共性的内容就是证券侵权行为的基本情况,如实施日、揭露日的确定、损失后果的计算方法以及行业风险、系统风险等不具有因果关系的判断与排除、各被告的过错情况与应承担责任比例和款项的具体执行。若上市公司面临破产,还会涉及债务偿付方式、偿付比例以及重整方案涉及的其他事项的决定。关于投资者是否受到损害、是否为适格投资者的判断和各投资者具体受损金额则是具有个体差异性的问题。共通性问题其实是在证券侵权行为已然发生时如果提起诉讼,任何可能在实施日和揭露日之间以公开竞价方式买入并在揭露日以后仍持有公司股票的潜在投资者都需要解决的问题,即共通性问题是对涉及不特定多数人的问题的统一审查,因此属于不可分的纯粹性公益。

证券侵权行为一旦实施,该行为对不特定多数人的权益造成威胁,任何一个有资格进行股票交易的主体因股市交易的流动性,都有可能受到其行为的侵害。因而,从维护不特定多数人利益的角度来说,法院对侵权人共通性行为的审理属于纯粹公益内容。一旦行为被揭露,侵权行为得以固定,涉及具体受侵害主体的确定以及各自受损程度的审理,针对不同的投资者情况将有不同的处理结果。但是由于证券交易及侵权案件审理的特殊性,个性问题中一个主体是否受到侵害主要是从两个节点进行判断,其一是投资者是否是在实施日和揭露日之前买入并在揭露日后仍持有公司股票;其二是其损失扣除系统风险、行业风险后是否仍然为正数。但这些个别性问题仍

① 参见黄忠顺:《消费者集体性损害赔偿诉讼的二阶构造》,载《环球法律评论》2014年第5期。

然是结合共通性问题的审理结果对各自的交易情况进行判断;而损失程度则是根据持股情况结合共通的计算方法进行个别计算,属于个别性问题。但是,结合现代信息技术完全可通过制式方式一并判断并计算,并且误差可能性极小,则个别逐一计算的必要性较小,仅需赋予投资者个人个别异议权即可,并不影响共通性事项的审理。[①]

从上述程序二阶分析的角度来看,因为特别代表人诉讼中涉及的个别私益性事项主要是持股比例和损失程度,在现有技术条件下可以制式计算,法院自由裁量空间较小,在计算标准统一的情况下,仅存在计算误差的微小可能。因此为保障该部分具有个别性的利益所展开的审理程序,对特别代表人诉讼的公益性影响甚微,可以忽略不计。

特别股东派生诉讼是在支持起诉、普通代表人诉讼或者仲裁案件等确定了侵权行为基本情况和损失赔偿额等问题后,仅就真正的共同侵权人应承担的具体责任问题进行诉讼,与投资者个人直接的、具体的权利保护之间仅存在间接关系,即使个别投资者因个人原因放弃追究某一共同侵权人的责任,其放弃的法律效果也因为股东派生诉讼权利属于共益权这一性质而被阻断。因为,投服中心提起特别股东派生诉讼并未涉及个别投资者自益权的处分,而是属于股东共益权的权利范畴。投保机构提起特别股东派生诉讼之目的乃在于保护证券投资者的共同利益并维护金融市场交易秩序。故而,特别股东派生诉讼与特别代表人诉讼一样具有公益性,并且因不涉及个别性事项的审理,其公益性强于需要对投资者个别利益进行审理的特别代表人诉讼。

## 四、现有两种诉讼常态化激励制度之检视

特别代表人诉讼、特别股东派生诉讼这两种诉讼与纯粹公益性诉讼所具有紧密的家族相似性。并且,两种诉讼具有的公益性,也和我国现行的消费者公益诉讼的公益性相当。投保机构提起两种诉讼,能够有效解决当前中小投资者因各种现实障碍而不能、不敢或者不愿通过诉讼来维护自身权利放任证券违法行为的难题。基于这样的现实逻辑,投服中心应更多地提起特别代表人诉讼和特别派生诉讼,让证券市场的各种主体认识到“必然付出代价”,才能更全面地实现两种诉讼形态的功能。但是

① 参见段厚省、张宁:《特别代表人诉讼四题初探》,载《证券法律评论》2022 年卷。

当前因为对这两种诉讼的公益性认识不足,投保机构提起诉讼的成本高昂并且成功提起诉讼后亦无相应激励机制,影响到投保机构提起该两类诉讼的能力。为进一步发挥特别代表人诉讼和特别股东派生诉讼的震慑违法功能,应当进一步完善涉及该两种诉讼的诉讼费用负担制度以及投资者保护基金胜诉奖励制度。

(一)对两种诉讼免收诉讼费

根据《最高人民法院关于证券代表人诉讼若干问题的规定》,特别代表人诉讼案件不预交案件受理费。败诉或者部分败诉的投资者可以申请减交、免交诉讼费用,是否同意由法院决定,法院应该按照《诉讼费用缴纳办法》的规定,视原告的经济状况和案件的审理情况决定是否准许。特别代表人诉讼中投保机构不向投资者收取任何费用,若案件败诉或部分败诉,法院可以裁定同意投保机构减交或者免交诉讼费用。那么在法院不同意减交或免交诉讼费时,则投保机构仍然需要承担败诉或者部分败诉的诉讼费。而特别股东派生诉讼则是要根据诉讼标的超额累进比例计算诉讼费,对于大规模证券侵权案件所衍生的特别派生诉讼,其诉讼标的动辄上亿,甚至几十亿,如果需要缴纳诉讼费,投保机构在单个案件需要预交或者缴纳的诉讼费用动辄上百万,甚至千万。这样的诉讼费用压力对不以营利为目的的投保机构而言,必然会影响其正常经营运转,导致提起的诉讼案件数量有限,甚至可能策略性地挑选小标的额的案件或者对同一案件中的损失额进行拆分后再选择其中金额较小的损失提出诉讼请求。这就与设立投保机的目的以及选案的基本原则相悖了。

民事诉讼费用征收的法理逻辑在于:一是,通过诉讼费用最终由败诉方承担,增加违法成本,制裁民事违法行为;二是,从分配正义的角度,民事案件通常是权利个体之间的争讼,和其他社会成员无直接利害关系,所以不应由全体纳税人承担该笔费用;三是,设置诉讼费用门槛防止权利人滥诉。①

对于特别代表人诉讼和特别股东派生诉讼而言,投保机构与案件并无直接利害关系,即使持有上市公司少量股票,也是公益持股行为,而非为了自身特殊利益。其提起诉讼系出于公益目的,并且都是作为权利人的代表参加诉讼,不存在应当被制裁的民事违法行为。投保机构基于公益目的提起两种诉讼,这类公益性诉讼的诉讼费用即使由投保机构支付,这些资金最终也是由纳税人负担。如果可以减免,便可以节省不必要的法律交往成本。同时,投保机构提起两种诉讼具有严格的案件选取规则

① 江伟:《民事诉讼法》,高等教育出版社2016年版,第240页。

和专业的案件评估专家，其提起诉讼非为自己利益且具有相应的审慎行动机制，既无滥诉冲动，也不具备滥诉的现实条件，因而无需通过诉讼费用的收取来防止其滥诉。此外，根据我国现行的消费公益诉讼的规定，消费公益诉讼适用免交诉讼费的规则，对于和消费公益诉讼具有相当公益性的特别代表人诉讼与特别股东派生诉讼当然也应当免交诉讼费。如此方能体现“同等事物同等对待，不同事物不同对待”的法律原则，体现对同类利益的同等保护，对消费市场秩序和证券市场秩序的同样重视。

（二）建立面向投保机构的胜诉奖励制度

特别代表人诉讼和特别派生诉讼专业性强，人力、物力投入巨大，投保机构需要和公益律师一起完成大量的案件准备工作，投保机构工作人员通常超负荷工作。同时，由于提起该类诉讼要求投保机构的工作人员具备相应专业能力，长期高强度工作却无法让该些工作人员享受相应待遇上的激励，可能导致投服中心在当前薪资水平与工作强度之下难以招收到具备相应专业素质的人才，甚至导致现有工作人员对发动诉讼缺乏动力。长此以往，将会阻碍两种诉讼制度的功能发挥。

在保持投保机构不以营利为目的的公益性机构定位不变，并且投保机构不向投资者收取任何费用的前提下，较为可行的路径是为两种诉讼建立专门的基金。该基金可设定两项功能，一是在上市公司及其“关键少数”在投保机构代表中小投资者维权胜诉后赔付不能时作为兜底，确保中小投资者受损权益之实现；另一方面，该基金可建立面向投保机构的胜诉激励机制，为投保机构提起两种诉讼提供新动力，确保两种诉讼有效震慑违法之功能的实现。

# 对证券市场投资失败的慈善救助机制

邢会强*

**摘要**：针对本金几乎全部损失且生活困难的证券投资者，为了避免其做出过激行为，维护社会稳定，建议创立证券市场慈善救助机制。这种救助机制，不是权利救济，而仅仅是慈善性的、自愿性的经济帮扶。这种慈善救助机制可以通过成立慈善基金会的形式进行，基金理事会应有来自证券监管机构、投资者保护机构、证券登记结算机构等单位的代表。受赠人本质上属于不合格的投资者。原则上，每个被救助人一生只能获得一次慈善救助。受赠人在接受受赠后，应承诺不再进入证券市场。通过阻止不合格的投资者进入证券市场，以不断提高证券市场上投资者的理性程度。

**关键词**：投资者　慈善救助　证券市场　社会救助

在赌场，如果赌客输光了，赌场往往会给赌客一笔钱，让他（或她）吃得起饭，买得起回家的机票。这种机制，本质上是一种慈善救助机制。在现代社会，慈善是指自然人、法人和其他社会组织对慈善对象自愿给予的物质、资金、服务及其他方面善意的帮助或援助。[①] 这种救助具有自愿性的特点，符合慈善救助的特征，不属于权利救济机制。

赌场救济机制之所以存在，并不是为了激励赌客豪赌，而是为了维护社会稳定和赌场声誉，是因为输光的赌客很容易做出过激的行为，如盗窃、抢劫、杀人、自杀等。但有了这种救助机制，输光的赌客做出过激行为的概率就大大降低了。

证券市场不是赌场，但却同样存在本金几乎全部损失（以下简称赔光）的投资者。这些赔光的投资者和输光的赌客一样，也容易做出过激的行为，从而影响社会稳定、

---

*　中央财经大学法学院教授。

①　江治强：《慈善救助与社会救助的异同及衔接机制建设》，载《中国发展观察》2015 年第 5 期。

市场声誉,甚至会影响到政策的理性。但到目前为止,证券市场还没有一种专门针对赔光的投资者的救助机制。因此,部分赔光的投资者经常会做出过激的行为,如跳楼自杀、无端闹访等等,令人头痛。

证券市场有涨有跌,投资者有输有赢,没有风险意识赔光本金的投资者不乏其人。因此,建议借鉴赌场的这种救助机制,创立证券市场慈善救助机制,以维护社会稳定和市场和谐。

## 一、从投资者的权利救济到慈善救助

我国在证券市场已经建立起多元化的投资者法律保护机制,我国证券法甚至专章设立了“投资者保护”章节,这在全球证券法文本中是具有首创意义的。我国证券监管机构将投资者保护视为工作的重中之重。这些投资者法律保护制度包括但不限于:合格投资者制度、投资者适当性管理制度、先行赔付制度、欺诈发行购回制度、虚假陈述中发行人的无过错责任制度和其他责任人的过错推定制度及连带责任制度、投资者保护基金制度、专门的投资者保护机构制度、特别代表人诉讼制度、投资者纠纷调解制度等。但这些制度都只保护权利人,即有权利才能获得救济,无权利不能获得救济。即上述投资者保护制度,均对应了投资者的某项权利,这些权利是法律赋予的。只有投资者拥有某项法律权利,投资者受到损失且有对应的责任人,且该责任人不能免责时,投资者才能获得赔偿救济。如果投资者不具有法律赋予的权利,投资者受到损失但无对应的责任人,或责任人可以免责时,投资者就不能获得赔偿救济。例如,某权证投资者在权证的最后一个交易日斥资 30 万元买入权证,第二天该权证开始停牌,七天之后,该权证到期,该投资者由于对权证规则无知,没有行权,30 万元的权证价值变成 0 元。该投资者的损失是由于自己对权证规则的无知所致,他(或她)错误地将权证当成了股票,由于找不到其他主体作为责任人,因此,他(或她)就不具有求偿的权利,也就无法获得赔偿救济。投资者的权利救济,对应了国家的救济义务,这种义务已被法律所规定。投资者有某项权利,国家就有义务进行救济。

但对于那些不具有求偿权利,无法获得权利救济,国家也没有义务进行救济的投资者,他们的损失只能自己负担。此谓“投资者自负”原则。该原则有利于发挥市场的作用,将市场风险分配给投资者,从而通过风险的分配,令投资者自慎与理性。这是无可厚非的。

但是,现实情况是,很多投资者是不理性、不谨慎的。他们没有权利获得救济,但由于衣食无着,经济极度困窘,因此,难免会做出过激行为。证券市场需要针对这种情况,建立社会安全缓冲垫,给无权利者以一定的经济救济,让其逐渐恢复理性,而不是坚持法律的原则,对无权利者置之不理。毕竟,调节社会运行的,不仅仅是法律。"徒法不足以自行。"法律也有未尽或不周之处。

社会连带理论认为,人类社会的形成与发展离不开个体间的联合,因连带关系形成的人的群体是个体得以存在和发展的基础。[①] 社会是一个相互连带的社会,对于弱者,强者可能没有法律义务进行救助,但救助弱者比不救助弱者,更有利于维护强者的利益。在古代中国,许多地主豪绅通过"赈恤宗族及邑里之贫者"发挥慈善的养老、殓葬、慈幼功能,[②]这有助于社会稳定。在现代社会,我们更是强调"自由竞争,优胜劣存"。[③] 因此,创立证券市场投资失败者的慈善救济机制是十分必要的。

## 二、建立投资者慈善救助制度的特殊原因

以下两方面的特殊国情,决定了我国引入投资者慈善救助机制的必要性。

一方面,我国证券市场是一个以散户为主的市场。目前,我国开立证券交易账户的投资者有2.2亿户,99.76%都是个人投资者。"人上一百,形形色色。"尽管大多数个人投资者都是理性的,有风险控制意识的,但也不排除个别投资者是不理性的、对证券市场无知无畏的、有赌徒心理的。笔者称之为"不适格投资者"。尽管证券法推出了投资者适当性管理制度,尽管证券公司在办理投资者开户时负有一定的义务,但目前我们还无法完全排除这些"不适格投资者"参与证券市场。正如木桶的短板决定盛水量一样,这些"不适格投资者"其实决定了证券市场规则的理性程度。"不适格投资者"偶尔做出的过激行为,会吸引社会公众的高度关注,从而引发舆情事件。而对此做出的法律或政策反映,可能未必是理性的。例如,在牛市中有无知投资者因杠杆投资赔光家产从而跳楼的事件,可能会影响决策者对牛市的看法,从而导致国家出台政策打压牛市,进而导致牛市提前终结,熊市提前到来甚至长期处于熊市状态。因

① 董溯战:《论作为社会保障法基础的社会连带》,载《现代法学》2007年第7期。

② 林嘉、马进:《共同富裕背景下社会法优化分配制度的原理与路径》,载《新疆师范大学学报(哲学社会科学版)》2023年第6期。

③ 张雅光、王妍:《"优胜劣汰"与"优胜劣存"——从个体工商户数量锐减看市场竞争法则》,载《社会科学战线》2009年第7期。

此,对“不适格投资者”的投资失败进行慈善救助而非法律救助,能在很大程度上避免此类过激事件的发生。该慈善救助应该是附条件的,即要求救助之后,该“不适格投资者”负有不再进入证券市场的义务,从而提升证券市场的理性化程度,抬高木桶的短板。

另一方面,我国存在有中国特色的信访制度。在中国,信访工作是指各级党和政府机关及各种社会管理组织受理人民群众来信、接待人民群众来访的一项经常性的群众工作。[①] 当下的信访救济呈现出五个方面的异象：一是信访者越来越多样化；二是信访频率越来越高,其中不乏“缠访”“闹访”；三是节日化信访特色明显,越是重大、敏感节日,信访者越多；四是群体信访者越来越多,有不少信访者通过“抱团”信访,希望“大闹大解决”；五是越级信访现象突出,信访者动辄到省城甚至京城信访。[②] 面对信访存在的问题,“废除论”[③]“强化论”[④]“还原论”[⑤]“改造论”[⑥]等观点纷呈。但信访制度的存在,有着复杂的政治、体制、法律、社会、历史和文化背景,短期内难以完全废除。一方面,国家允许信访,另一方面,在特定节点,上级往往要求下级想办法解决掉信访。这就是信访悖论。如果能在法律范围内解决信访,信访也就不存在了。但问题是,要解决信访,就必须“花钱买稳定”,而不管信访人是否在法律上有理。在信访存在的当下,捐赠只好是一种不论当事人是否在法律上有理有权而一律给予财物帮助的机制。

## 三、投资者慈善救助机制设计

捐赠人：捐赠人主要是证券交易场所、证券公司以及其他证券服务机构等。这

① 左卫民、何永军:《政法传统与司法理性——以最高法院信访制度为中心的研究》,载《四川大学学报(哲学社会科学版)》2005 年第 1 期。

② 参见章志远:《信访潮与中国多元化行政纠纷解决机制的重构》,载《法治研究》2012 年第 9 期。

③ 废除论的核心思想是废除作为权利救济方式的信访,保留作为公民政治参与渠道的信访。参见于建嵘:《信访的制度性缺失及其政治后果》,载《凤凰周刊》2004 年第 32 期;于建嵘:《中国信访制度批判》,载《中国改革》2005 年第 2 期;于建嵘:《对信访制度改革争论的反思》,载《中国党政干部论坛》2005 年第 5 期;于建嵘:《信访悖论及其出路》,载《双周刊》2009 年第 8 期。

④ 强化论主张扩充信访机构的权力,使其真正能够担负“为民做主”的重任。赵凌:《信访改革引发争议》,载《南方周末》2004 年 11 月 18 日第 3 版。

⑤ 还原论主张将信访机构还原为一个下情上达的信息传递机构。参见周永坤:《信访潮与中国纠纷解决机制的路径选择》,载《暨南学报》2006 年第 1 期。

⑥ 改造论主张发挥信访救济的独特优势,矫正其不讲程序、缺乏规范、充满恣意的弊端。参见应星:《作为特殊行政救济的信访救济》,载《法学研究》2004 年第 3 期;左卫民、何永军:《政法传统与司法理性——以最高法院信访制度为中心的研究》,载《四川大学学报(哲学社会科学版)》2005 年第 1 期;章志远:《信访潮与中国多元化行政纠纷解决机制的重构》,载《法治研究》2012 年第 9 期。

些主体首先是证券市场的获益者,最希望证券市场长久健康发展,且是证券市场的"强"者,有资金实力。其次,它们也有意愿进行捐赠。因为尽管从法律上,证券市场赔光本金的投资者没有索赔的权利,其投资失败只能自己承担,但通过经济救助,可以使他们免于做出过激行为,有利于维护社会稳定和市场声誉。如果没有这样的经济救助机制,证券市场赔光本金的投资者就可能利用"弱者的武器",无休止地进行起诉、上访、申诉,扰乱正常的经营秩序。即便是判决他们败诉、通过治安拘留对他们进行处罚,但他们一旦获得人身自由,仍然会非理性的进行闹访。在此情况下,通过慈善组织给予这些人一定的经济救助,可以使他们免于胡闹,不做出过激行为。捐赠人可以显名,也可以用化名(假名),甚至匿名,皆取决于捐赠人的意愿。

受赠人: 慈善组织对慈善资源的管理、投资和使用应当尊重捐赠人的意愿。[①] 因此,受赠人的范围应该遵从捐赠人的意愿,甚至可以特定化。在捐赠人没有指定特定的受赠人时,原则上,受赠人应该是证券市场赔光本金的个人投资者。"赔光"不一定真正赔完本金,赔得所剩无几,生活困难的证券投资者也在受赠人之列。当捐赠人指定了特定的受赠人时,管理人就应该向该特定的投资者进行经济救助。涉嫌证券违法犯罪或因证券违法犯罪行为已经被行政处罚或刑事制裁的,不应受赠。该捐赠救济具有救困救急不救能人的特点,因此,那些投资金额较大,暂时"栽了跟头"的"牛散",也不在救助之列。

慈善组织的形式选择: 建议采取私募基金会的形式。慈善组织,是指依法成立、符合本法规定,以面向社会开展慈善活动为宗旨的非营利性组织。慈善组织可以采取基金会、社会团体、社会服务机构等组织形式。[②] 设立慈善组织,应当向民政部门申请登记。基金会是指以公益事业为目的,利用自然人、法人或者其他组织捐赠的财产,依法成立的非营利性法人。2004 年《基金会管理条例》的一大创新是,将基金会分为公募基金会和私募基金会,前者面向公众募捐,后者不得面向公众募捐。[③]由于证券市场投资者救助基金是向特定对象(主要是证券交易场所、证券公司等)募捐的,因此,采用私募基金会的组织形式更加简单便捷。

慈善组织的内部组织: 采取基金会形式的慈善组织,其内部组织机构主要分为理事会、监事(会)、秘书长等。理事会是决策机构,秘书长为执行机构。基金会应有

---

① 江治强:《慈善救助与社会救助的异同及衔接机制建设》,载《中国发展观察》2015 年第 5 期。

② 详见《慈善法》第 8 条。

③ 高功敬、高鉴国:《中国慈善捐赠机制的发展趋势分析》,载《社会科学》2009 年第 12 期。

获取、核实受赠人财务状况、交易状况等信息的能力。这是确保不被受赠人骗取救助的基本保障。此外，基金会还应有能力主动识别符合救助标准的投资者，因为投资者遍布全国各地，有的投资者并不知道该经济救助机制的存在，因此也无从申请救助。基于此，基金会理事会应由来自证券监管机构、证券登记结算机构、证券行业协会、证券投资者保护机构等机构的理事，基金会应当与证券登记机构甚至银行建立信息共享机制。

救助条件：该救助应该是附条件的救助，且原则上只救助一次。即救助条件是被救助人在证券市场赔光或基本赔光了本金，目前生活困难，愿意在接受救助之后，从此不再投资于证券市场。甚至，根据捐赠人的指示，被救助人还应承诺不再申诉、起诉、上访，不再扰乱国家机关、证券交易场所、证券行业协会、证券经营机构等的正常工作秩序为前提，并放弃相关权利。如有违反，基金会将有权追回救助资金。《慈善法》第 15 条规定："慈善组织……不得接受附加违反法律法规……条件的捐赠，不得对受益人附加违反法律法规……的条件。"由于公民权利是可以放弃的，因此，受赠人放弃相关权利，承诺不再进入证券市场，应解释为不违反《慈善法》第 15 条。

救助标准：救助的目的是为了让受捐赠人不至于出现过激行为，这是一种临时性的救助措施而不是长期性的救助措施。因此，救助标准以被救助人不至于出现过激行为为原则，且不得超过以下数额中的较小者（捐赠人另有指示的除外）：第一，其已经投入到证券市场上的所有资金；第二，一定的固定金额，如 5 000 元。

法律意义：救助并不意味着被救助人有权获得救助，更不意味着被救助人有追究捐赠人法律责任的权利。捐赠也不意味着捐赠人对被救助人有任何法律义务、有任何法律过错。救助仅仅是一种道义上的善举，是捐赠人为了社会稳定和谐而对弱者的一种物质上的帮扶。

保密制度：应该对捐赠人和受捐赠人进行严格的保密保护，但捐赠人可以自行公开其捐赠金额、救助条件等。管理人有义务通过合同要求被救助人对救助事项进行保密，被救助人也有义务进行保密。这是因为，慈善救助往往由民间发起，具有低规则性、灵活性等特点。慈善救助行动一般不采取标准化的救助模式，相同救助项目对不同对象的救助标准也可能不统一。[①] 保密制度可以防止其他不符合救助条件的

① 参见江治强：《慈善救助与社会救助的异同及衔接机制建设》，载《中国发展观察》2015 年第 5 期。

投资者进行自我比对和效仿,并给捐赠人、管理人等进行施压,不救助就不罢休,将非义务救助异化为义务救助。

## 四、投资者慈善救助与社会救助机制的关系

社会救助是国家和社会对于遭受灾害、失去劳动能力以及低收入公民给予物质救助或服务帮助,以维持其最低生活水平的各种措施。① 社会救助制度是政府和社会直接向贫困者和由于其他原因陷入长期或临时困难的个人和家庭提供物质和服务帮助的法律法规、计划和办法等总和。② 现阶段,我国基本形成以最低生活保障、农村五保为核心,以医疗救助、教育救助、住房保障、自然灾害救助、法律援助等专项救助为支撑,以临时困难救助、流浪乞讨人员救助等为补充的现代社会救助制度体系。③

投资者符合社会救助条件的,可以申请社会救助。例如,临时救助。临时救助制度主要是对在日常生活中由于各种特殊原因造成基本生活出现暂时困难的家庭给予非定期、非定量生活救助。《民政事业发展第十二个五年规划》要求全面建立临时救助制度,对因病、因灾等特殊原因造成生活暂时困难的家庭,以及收入略高于最低生活保障标准但生活确有困难的低收入家庭实施阶段性生活救助,临时救助成为一项正式的社会救助制度。投资者可能符合临时救助的条件,但极可能不符合,因为临时救助的对象,主要是因病、因灾等特殊原因而造成基本生活出现暂时困难的家庭。

本文所提出的投资者慈善救助,根植于社会道德土壤,与以公民权为基础的社会救助有很大不同。政府举办的社会救助以国家赋予公民的合法权利作为制度基础,以法律作为实施依据,以财政或强制性筹款为物质保障。④ 社会救助工作具有法定化、程序化的特点。公民获得以公共财政为基础的社会救助是法律赋予公民的一项法律权利,所有社会成员均享有平等的社会救助权。⑤ 而慈善救助具有任意性、非程序化的特点,不赋予被救助方以请求救助的权利。

---

① 参见刘俊主编:《劳动和社会保障法学》,高等教育出版社 2017 年版,第 249 页。

② 国家发展和改革委员会社会发展研究所课题组:《我国社会救助制度的构成、存在问题与改进策略》,载《经济纵横》2016 第 6 期。

③ 参见国家发展和改革委员会社会发展研究所课题组:《我国社会救助制度的构成、存在问题与改进策略》,载《经济纵横》2016 第 6 期。

④ 参见江治强:《慈善救助与社会救助的异同及衔接机制建设》,载《中国发展观察》2015 年第 5 期。

⑤ 参见江治强:《慈善救助与社会救助的异同及衔接机制建设》,载《中国发展观察》2015 年第 5 期。

**表 1　慈善救助与社会救助差异对比表**

| 项　　目 | 慈善救助 | 社会救助 |
| --- | --- | --- |
| 理　　念 | 道德和社会责任 | 稳定社会 |
| 主　　体 | 公民/企事业单位/慈善组织 | 政府(相关职能部门) |
| 性　　质 | 民间社会互助/公益慈善 | 政府基本职责 |
| 资　　源 | 社会捐赠 | 公共财政 |
| 制度目标 | 倡导互助理念/济贫/救急 | 保障公民基本生存权 |
| 覆盖群体 | 贫困、低收入人群/遭遇困难成员 | 经济困难群体 |
| 管理运行 | 项目化运作/低规则化施救 | 政府审核审批 |

资料来源：江治强：《慈善救助与社会救助的异同及衔接机制建设》，载《中国发展观察》2015 年第 5 期。

慈善救助属于社会救助的补充机制。受资源的有限性和社会救助项目设计的局限，中国目前的社会救助仍无法做到满足救助对象的个性化需求。那些政府不应承担或承担不了的责任，必然需要民间慈善互助行为来补位和承接。① 本文提出的投资者慈善救助，能有效补充当前我国社会救助机制的不足，从而发挥慈善救助的“救急难”功能，维护社会安定和谐。

## 五、结　　语

本文提出的针对本金几乎全部损失且生活困难的证券投资者的慈善救助机制，每年其实不需要太多资金，但却格外有意义：它有助于维护社会稳定，有助于不断提高资本市场的理性程度，有助于摆脱不必要的干扰，促进资本市场政策与法律的理性制定与实施，有助于促进资本市场持续发展。资本市场不乏受益极大的利益相关方，他们也不乏捐赠意愿，但却缺乏慈善救助方面的有效的组织者和实施者，希望此文能引起有关方面的重视，早日引入这一机制。当然，具体方案可以进一步优化。本文仅仅是提出了初步的设想，权作引玉之砖。

① 江治强：《慈善救助与社会救助的异同及衔接机制建设》，载《中国发展观察》2015 年第 5 期。

# 重大资产交易的规范含义与适用协调

## ——以新证券法第80条第2款第2项为中心

王志明[*]

**摘要**：新证券法第80条第2款第2项区分了“重大投资行为”与“重大资产交易”，并对后者规定了30%的比例要求，引发理解和适用上的疑问。基于信息披露制度逻辑，可从交易目的、经营管理的“溢出效应”、对标的的控制等维度界定“重大资产交易”的外延范畴。规范文本中的“购买、出售”“公司资产总额”“营业用主要资产”等关键措辞，也需体系性结合信息披露的规则及实践予以审视和厘清。在具体适用上，30%的比例要求与交易所10%的披露标准存有内在冲突，也将对行政执法的立案标准形成硬性约束，而需针对性强化规则的衔接和协调。从制度完善的角度看，新法新增的规定略显突兀，且徒增龃龉和困惑；原有“营业用主要资产”规定亦属具文，建议予以修正删减，以提升信息披露规则的简明性和兼容性。

**关键词**：新证券法　重大资产交易　重大投资　信息披露

## 一、问题的提出

公司资产是公司存续和发展的物质基础，发行人资产的重大变化也直接关系到其持续经营能力和盈利能力，而对发行人的证券价格发生较大影响。[①] 因之，早在1998年我国首部证券法出台之时，就已将重大资产交易作为应当披露的重大事件在法条中予以列举，其第62条第2款规定：“下列情况为前款所称重大事件：……（二）公司的重大投资行为和重大的购置财产的决定”。这一规定也一直延续之本次

* 中国证监会深圳监管局一级主任科员。文章仅代表个人观点，与所在单位无关。

① 参见王瑞贺主编：《中华人民共和国证券法释义》，法律出版社2020年版，第150页。

证券法修订之前。[①] 该规定虽然针对公司的资产交易事项区分了“重大投资行为”与“重大资产交易”,但条文将两者一同表述、且均属概括性的用语,是否严格区分其文义边界,并无多大实际意义。

但2019年修订的证券法(下称新证券法)第80条第2款第2项对上述规定作出了重大调整,直接带来信息披露标准理解和适用上的实质性变化。而且,由于我国证券法关于内幕信息列举性规定采用了引致信息披露重大事件的规范结构,因此,对重大事件的法律界定也将进一步影响内幕信息的认定以及内幕交易的行政执法实践。新证券法第80条第2款规定:“前款重大事件包括……(二)公司的重大投资行为,公司在一年内购买、出售重大资产超过公司资产总额百分之三十,或者公司营业用主要资产的抵押、质押、出售或者报废一次超过该资产的百分之三十。”该项规定延续了“重大投资行为”与“重大资产交易”(即上述规定第一个逗号之后的规定)[②]的区分逻辑,并对后者从单纯的资产购买行为拓展至涵盖出售、抵押、质押、报废等资产处分或处置行为。

基于法律实施的角度,上述关于“重大资产交易”的规定有以下问题值得探讨:首先,“重大投资行为”与“重大资产交易”应如何区分?基于标点符号、百分数值的语言习惯以及该规定的立法沿革等原因,上述规定中的“重大投资行为”无需受30%的比例约束,[③]故而,判断一项交易事项是否要满足30%的比例要求,就需要先行判断其到底实属于投资行为还是购买资产行为。其次,针对重大资产交易,条文中的“购买、出售”“公司资产总额”等措辞,看似清晰,实则模糊,有必要进一步厘清和界定。最后,30%的披露标准要远高于证券交易所自律规则中10%的披露标准,两者之间有何联系与区别;其对行政监管执法的标准或尺度有何影响,法律适用中又应当如何协调?本文拟围绕上述问题展开论述,并尝试在基础上对规则的适用和完善提出意见建议,以期为信息披露监管执法提供参考。

---

① 参见2004年修正的证券法第62条第2款第2项;2005年修订、2013年修正、2014年修正的证券法第67条第2款第2项。

② 需要说明的是,将新证券法第80条第2款第2项第一个逗号之后的规定概括为“重大资产交易”实际上并不严谨。因为购买、出售是交易的基本含义,抵押、质押也可以扩大解释为广义的交易,但“报废”是指资产达到无使用价值的一种状态,资产的权利主体没有“外溢”,而可能超出了交易的文义范畴。

③ 参见王志明:《新证券法内幕信息重大性的立法表达与适用逻辑》,载《证券法苑》2023年第1期。

## 二、重大资产交易的规范含义

### (一) 如何区别"重大资产交易"与"重大投资行为"

对于资产出售、抵押或质押等资产处分或处置事项,其与重大投资行为区别较为明显,通常不存在理解和认定上的困难。而对于重大资产购买与重大投资行为可能对公司资产结构和形式带来同向的变化,且其概念外延广泛,两者文义射程范围多有重合之处,常常招致理解上的分歧与实践上的困惑。比如,收购股权为资本市场非常典型的一种投资行为,而根据《上市公司重大资产重组管理办法》(2023 年修订,下称《重组管理办法》)第 14 条,购买股权也属于购买资产的一种类型。① 又如,购置邮轮、厂房等无疑属于资产购买行为,但若购买的资产构成了一个业务单元,如购买邮轮时还包括了所配备的船员及相关航运许可等,则具有了更强的"投资"属性。

对于"投资""资产"这类高度概括和抽象的措辞,仅从词义上区分两者边界恐怕难以尽如人意,且两者规定于法条的同一项之中,体系解释的方法似乎也助益不大。不过,作为一种经过严格程序制定的社会规范,任何法律均有其立法目的,对法律的解释和适用也应当以贯彻、实践其立法目的作为基本任务。② 据此,可以从强制信息披露的制度逻辑入手,探查新证券法第 80 条第 2 款的立法目的,特别是立法者对资产交易设置具体的比例阈值、而对投资行为仍保留弹性约束的制度性考量,进而为厘清两者边界提供区分的方法或参考维度。

强制信息披露制度具有投资者保护与强化证券监管的双重功能。就前者而言,在于通过充分有效的信息公开,降低投资者与发行人之间信息不对称性,从而保障投资者知情权和"用脚投票"的权利;③就后者而言,信息披露是政府部门监管证券市场的重要工具,④同时也通过将发行人基本情况及经营情况等信息置于"阳光之下",强化社会公众监督和市场约束。因此,与自愿性信息披露偏好利好型信息不同,强制性信息披露必然遵循风险导向和问题导向,更多侧重在要求发行人及时、全面地将自身风险性、利空性信息予以公开。以《上市公司信息披露管理办法》(2021 年修订,下称

---

① 该条明确将购买资产划分为购买股权资产与购买非股权资产两种类型。

② 参见梁慧星:《裁判的方法》,法律出版社 2012 年版,第 163 页。

③ 参见[美] 路易斯·罗思、乔尔·赛里格曼:《美国证券监管法基础》,张路等译,法律出版社 2008 年版,第 673 页。

④ See Stephen J. Choi & A. C. Prithard, Behavioral Economics and the SEC, 56 Stan. L. Rev. 1 23(2003).

《信息披露办法》）为例，其第 22 条第 2 款在引用新证券法第 80 条第 2 款规定的基础上，新增列举了 17 项应当及时披露的重大事项，其中高达 12 项属于利空性信息，仅有 1 项为利好性信息，另外 4 项为中性信息。[①] 按此逻辑，对于风险性高、更有可能对公司产生重大影响的事项，在立法技术上应当保留较大的弹性空间，以便法律实施过程中可以根据实际情况作出回应；针对风险因素相对较少、交易比较"常规"的事项，则可以设置较为具体的量化标准，以便提供明确的行为预期，降低信息披露成本。可以看到，新证券法对重大资产交易规定了交易事项的时间维度、量化比例等具体标准，而对重大投资行为的判断则预留了更加灵活的裁量空间，正是基于投资行为相对而言更具风险性和异常性的预设判断，以期通过差异化的强制披露标准来促使发行人针对其重大投资行为进行更及时、更全面的披露。

因此，区分重大投资行为与重大资产交易的关键就在于对交易事项风险性的评判，对两者文义边界的划分也可以借此转换为对交易风险因素的考量。基于商业实践和信息披露的经验性考察，我们认为，交易风险性可从以下几个维度综合把握：其一，从交易的目的看，重大投资是着眼于未来的，强调对未来收益的实现或现期成本的增值性回流，通常周期较长、不确定因素多，如收购一家上游或下游企业。而重大资产购买侧重在当下，强调对标的资产的即时占有、使用和收益，一般周期较短、可预期性较高，如购买一条生产线的设备。其二，从经营管理难度看，重大投资对日常经营管理的"溢出效应"明显，通常需要与第三方主体沟通协调，如并购后的管理协同问题；即便是内源性扩张投资（如异地建厂投资），也需要派遣管理团队，而涉及后续持续的经营和管理控制等问题。相对而言，购买重大资产虽然与日常采购有别，但与企

① 根据《信息披露办法》第 22 条第 2 款的文义，12 项利空性信息包括："（二）公司发生大额赔偿责任；（三）公司计提大额资产减值准备；（四）公司出现股东权益为负值；（五）公司主要债务人出现资不抵债或者进入破产程序，公司对相应债权未提取足额坏账准备；……（八）法院裁决禁止控股股东转让其所持股份；任一股东所持公司百分之五以上股份被质押、冻结、司法拍卖、托管、设定信托或者被依法限制表决权等，或者出现被强制过户风险；（九）主要资产被查封、扣押或者冻结；主要银行账户被冻结；（十）上市公司预计经营业绩发生亏损或者发生大幅变动；（十一）主要或者全部业务陷入停顿；……（十五）因前期已披露的信息存在差错、未按规定披露或者虚假记载，被有关机关责令改正或者经董事会决定进行更正；（十六）公司或者其控股股东、实际控制人、董事、监事、高级管理人员受到刑事处罚，涉嫌违法违规被中国证监会立案调查或者受到中国证监会行政处罚，或者受到其他有权机关重大行政处罚；（十七）公司的控股股东、实际控制人、董事、监事、高级管理人员涉嫌严重违纪违法或者职务犯罪被纪检监察机关采取留置措施且影响其履行职责；（十八）除董事长或者经理外的公司其他董事、监事、高级管理人员因身体、工作安排等原因无法正常履行职责达到或者预计达到三个月以上，或者因涉嫌违法违规被有权机关采取强制措施且影响其履行职责"；1 项利好性信息为："（十二）获得对当期损益产生重大影响的额外收益，可能对公司的资产、负债、权益或者经营成果产生重要影响"；4 项中性信息包括："（六）新公布的法律、行政法规、规章、行业政策可能对公司产生重大影响；（七）公司开展股权激励、回购股份、重大资产重组、资产分拆上市或者挂牌；……（十三）聘任或者解聘为公司审计的会计师事务所；（十四）会计政策、会计估计重大自主变更"。

业现有的经营管理架构冲突较小,很可能无需专门针对该此交易事项作出特别安排,如汽车运输公司购置大批运输车、经销商新获重要商标经营许可等。其三,从标的的控制程度看,投资行为强调交易的经济效益,尽管不排斥、但也不追求对标的资产的直接控制,如参股第三方公司或联营安排等;而资产购买更加强调对所有权的变更转移,一般能够实现对交易标的资产的现实占有和使用,如购买厂房、专利技术等。

(二) 重大资产交易的文本解释

界分重大资产交易与重大投资行为的差异,是准确理解其规定的逻辑前提。在此基础上,新证券法关于重大资产交易规定的许多概念也仍需要进一步审视和厘清。由于现实中商业活动非常复杂多样,资产交易也具有极为丰富的实践样态,以至于像"购买、出售"等原本清晰的法律概念也会经常面临精准"涵摄"案件事实的困难,像"超过该资产的百分之三十"等看似精确的量化比例在实践中也仍需要一定的裁量自由空间。

1. 关于"购买、出售"的界定

对此主要有两个问题值得探讨:其一,条文中的"购买"或"出售"是法律上的概念还是会计上的概念,或者对交易应当采形式标准还是实质标准?就法律概念而言,"购买"或"出售"侧重在交易资产所有权属的变更,采用形式判断标准,如动产交付、不动产权属变更登记。但会计判断则遵循实质重于形式原则,如融资租赁物虽然所有权在购买人名下,但会计上则认为该资产绝大部分使用价值都归属于租赁人,故应将其认定为租赁人的资产。我们理解,采用会计上的标准更为合适,原因在于:该项规定是一个具体的比例标准,而作为分母的"公司资产总额"显然是会计上的概念、且属于财务报表项目,现实中也需要依据财务报表的数据来计算比值,采用会计标准才能保证分子、分母计算逻辑的一致性。再者,该项规定中的"营业用主要资产""报废"等显然也是会计上的概念,若采用法律的形式标准,规范体系上与这些概念也会产生较大龃龉。

其二,"购买"与"出售"是否累计计算?对此,可参考《重组管理办法》关于购买、出售资产是否构成重大资产重组的计算逻辑,以分别计算为原则、择一计算为例外。根据《重组管理办法》第 14 条第 1 款的规定,上市公司在 12 个月内连续对同一或者相关资产进行购买、出售的,[①]以其累计数分别计算相应数额,但若同时购买、出售资

① 所谓"同一或者相关资产",是指交易标的资产属于同一交易方所有或者控制,或者属于相同或者相近的业务范围,或者中国证监会认定的其他情形下。参见《重组管理办法》第 14 条第 2 款。

产的，则以购买或出售单独计算比例时较高者为准。需注意的是，此处“同时购买、出售资产”的交易对象并不限于同一主体，但应当限定在同次交易范围，即购买、出售资产属于一揽子交易中不可分割的部分，以更准确反映资产交易对公司资产增减变化的影响。

2. 关于“公司资产总额”的认定标准

如前述，“公司资产总额”是财务报表上的数据，自无疑义，但问题在于应当采用哪一期报表的数据，是当期还是最近一期？最近一期是采用季报、半年报还是年报，是否必须为经审计财务报表的数据？采用当期数据自然最能反映公司当前的情况，但却存在现实困难：站在发行人的角度，当期数据需等待相关会计分期届满后才能知悉，且存在一定时滞，发行人无法在相关资产交易达成之时就能获悉。在最近一期报告中，新证券法仅对半年报、年报作出了强制性要求，[①]且只有年报才需经审计后披露，季报则属于交易所规则的要求。我们认为，基于数据的准确性和可靠性以及年报数据的全面性等因素，采用最近一期披露的年报数据为宜，也便利市场参与主体对相关信息作出评价和权衡。

值得探讨的是，条文规定的“一年内”的计算区间，到底是指自然年度或会计年度，还是指第一笔重大资产交易起连续 12 个月的区间？在规则体系上，《信息披露办法》《重组管理办法》及证券交易所披露规则都明确采用了“连续 12 个月”的概念，而此处采用的是“一年”的表述，似乎应当理解为一个完整的自然年度（即某年 1 月 1 日至该年 12 月 31 日）。然而，从规范渊源上看，“公司在一年内购买、出售重大资产超过公司资产总额百分之三十”这一规定源自公司法（2018 年修正）第 121 条，而公司法中多处采用了“一年内”的概念，如第 141 条规定：“发起人持有的本公司股份，自公司成立之日起一年内不得转让。公司公开发行股份前已发行的股份，自公司股票在证券交易所上市交易之日起一年内不得转让。”显然，该条中的“一年内”不是指一个完整的自然年度或会计年度，而是指相关事项发生之时起连续 12 个月的区间。而且，按此标准，可以更好体现公司资产交易的连续性和整体性，便利投资者作出判断和决策，不会人为地将相关交易分割在不同年度。事实上，发行人信息披露及目前监管实践也基本采用“连续 12 个月”的标准，由此也可以更好维护发行人和投资者行为预期。

---

① 参见新证券法第 79 条，且 2021 年修订的《上市公司信息披露管理办法》也删除了原办法关于披露季度报告的相关规定。

3. 关于“营业用主要资产”的计算逻辑

“抵押、质押、出售或者报废”均属于公司资产权利的减少,此处并不存在像“购买、出售”构成一揽子交易的情形下,对公司资产具有正负相抵的效应而需要择一计算,故参照前述“购买、出售”的计算逻辑予以累计计算,应无疑义。但此处“营业用主要资产”是一个整体概念还是部分概念,亦即,如果发行人营业用主要资产属可分割为两个及以上部分,那么计算占比时,是否分别单独计算?从条文规定中“一次”和“该资产”的表述看,其字面意思似乎是按可分割的资产单独计算。因为若采整体计算标准,则应用“累计”“合计”等类似用语来代替“一次”。但是,单独计算的标准可能导致很多无关紧要的信息被强制要求进行披露,导致市场信息过于冗杂,而使真正有用的信息被湮没,反而不利于投资者保护。例如,一家运输公司的运输汽车的报废,按照单独计算标准,则每辆汽车的报废占比都可以达到 100%,而这一信息对投资者而言显然过于琐细。但如果按整体资产的概念,则公司可以采用分次抵押、质押等方式,轻易规避这项规定。那么,又应该如何来平衡披露过度与披露不足的矛盾?我们认为,基于信息披露的有效性,应该按照实质重于形式原则,从“营业用主要资产”这个概念本身入手。相对于会计报表中的“营业资产”,基于“主要”一词的限定,显然不是营业资产的全部,也不是像前述运输汽车那样可分割单独资产;且基于“一次”量词的限定,对其资产范围的选择也不宜过窄,否则会导致发行人信息披露负担过重;当然,也不宜过宽,否则将导致发行人信息披露不足。到底应如何认定“主要”的范围,具体适用中恐怕也难以划定一个明确的边界,而须结合发行人具体资产及经营情况,按照新证券法第 80 条第 1 款的原则性规定,综合判断相关事项是否对发行人证券价格具有较大影响,进而认定具体的“营业用主要资产”。

## 三、重大资产交易规定的适用协调

法律对社会关系的调整往往不是通过单一的法律条文,而是通过相互关联的“规则束”或“规则群”进行的。针对信息披露事项,目前也形成了以证券法为基石、以信息披露管理办法相关部门规章及规范性文件为支撑、以证券交易所披露细则为辅助的规则体系。在规则体系内部,经常会面临规则之间的适用协调问题。

### (一)重大资产交易规定与交易所披露规则的协调

在临时报告披露的重大性标准上,证券交易所的披露规则要求交易标的占对应项目总额的10%以上的，发行人应当予以披露。如《深圳证券交易所股票上市规则》（2023年修订，下称《深市上市规则》）第6.1.2条均规定，交易涉及的资产总额占上市公司最近一期经审计总资产的10%以上，上市公司应当及时披露。[①] 不过，这一披露要求属于“时点数”，而新证券法第80条第2款第2项中关于重大资产买卖需达到30%的披露标准则属于“区间数”，两者之间不具有可比性。但是，《深市上市规则》第6.1.15条规定：“上市公司发生除委托理财等本所对累计原则另有规定的事项外的其他交易时，应当对交易标的相关的同一类别交易，按照连续12个月累计计算的原则，适用本规则第6.1.2条和第6.1.3条的规定。”换言之，交易所10%的披露标准也会涵盖了“区间数”的计算逻辑，且前已述及，新证券法第80条第2款第2项中的“一年内”应理解为连续12个月的区间，故交易所的披露规则与新证券法的规定其实存有内在的冲突，此时两者应如何衔接？

在法律性质上，《深市上市规则》属于行业自律规则，上市公司在发行上市时也需要与证券交易所签署上市协议，承诺自愿接受交易所的自律管理，[②]交易所对上市公司的自律监管具有双方合意的正当性来源。正因如此，作为“软法”的交易所业务规则，可以对正式的证券法及相关法律法规形成有益补充。比如，关于季报的披露，在新证券法及《信息披露办法》等均未对季报作出规定的情况下，业务规则对季报的披露要求可以为投资者提供更及时的定期报告信息，有利于加强投资者保护。在司法审查方面，针对交易所对上市公司信息披露违规而采取的纪律处分或其他自律监管措施，目前似乎尚无被提起行政诉讼的案例。但随着全面注册制改革的落地实施，交易所在证券监管方面承担的公共执法职能日益凸显，法院也从早年对交易所终止上市、核准认沽权证等纠纷裁定不予受理，[③]渐次转向予以受理并进行实质审查。如2022年上海金融法院就厦华电子诉上海证券交易所行政处理一案予以受理并作出一审判决。[④] 法院在该案中认为，交易所依照法律授权，基于维护证券市场公平、有序、透明的公益目的，并不仅仅以《证券上市协议》为基础，自律监管措施也不单纯基

① 《上海证券交易所股票上市规则》（2023年修订）第6.1.2条的规定也与此完全一致。

② 《深圳证券交易所证券上市协议》（2023年修订）第6条规定：“乙方（即上市公司）同意接受并积极配合甲方依据法律法规、甲方相关规定和本协议，或者基于维护公共利益、市场秩序及投资者合法权益等监管需要，对乙方实施的自律监管。”

③ 参见上海市浦东新区人民法院（2003）浦受初字第20号行政裁定书、上海市第一中级人民法院（2005）沪一中受初字第19号行政裁定书。

④ 参见上海金融法院（2022）沪74行初1号行政判决书。该案二审目前也作出判决，均驳回了被退市公司的请求。参见上海市高级人民法院（2022）沪行终288号行政判决书。

于意思自治而得为之,故其应受合法性原则的约束。不过,鉴于自律监管措施类型多样,对上市公司权益的作用效果也不同,"纳入司法审查的自律监管措施应当对当事人权益产生实质影响并具有成熟性"[①]。因此,若相关信息披露事项的自律监管措施对上市公司产生了重大影响,未来也不排斥可能被纳入司法审查的范围,从而面临现实的合法性风险。

(二)重大资产交易规定与信息披露监管执法标准的协调

由于监管部门的行政执法活动对市场主体权益的影响程度要高于证券交易所的自律监管措施,监管部门作出行政处罚等具体行政决定的程序也更为严格、耗费的公共资源也相对较多。因此,基于行政效率原则和比例原则,信息披露的行政执法标准也应当高于自律监管标准,借此也可避免造成"监管过度"[②]。实践中,一般是通过在信息披露自律监管标准的基础上设置一个"增加量"来设定信息披露违法违规行为的立案标准。同时,出于有效打击违法违规行为、保障投资者知情权、维护市场秩序等政策考虑,这一"增加量"不应太高,否则容易导致"监管宽容"[③],法治的效果难以彰显。

根据现行证券期货案件立案标准的规定,上市公司未按规定报送或披露重大交易(重大投资除外)涉及总资产或净资产的,单笔或连续12个月累计占公司最近一期经审计净资产绝对值达到一定比例以上,且超过一定金额的,应予以立案。该规定区分了重大资产交易与重大投资事项,这也是前述新证券法第80条第2款第2项"二分法"的逻辑延伸。其虽非专门针对资产交易而设,但"涉及总资产或净资产的"的表述具有高度概括性,且同时采用了"时点数"和"区间数"的标准,显然可以涵盖重大资产买卖事项。需要注意的是,由于法律已经针对重大资产交易披露事项作出了明确、具体的规定,设定立案标准时的"增加量"的弹性空间已被大幅压缩(大于或等于20%),而须与30%的比例相协调。尽管相较于其他重大事项披露的立案标准而言,20%的"增加量"颇有些扞格不入,但在新证券法的框架下,则又似乎"理所应然"。

现行立案标准未专门针对营业用主要资产的抵押、质押等事项作出明确规定,但

---

① 参见上海金融法院(2022)沪74行初1号行政判决书。

② 所谓监管过度,是指监管机构采取过分严厉的监管手段,超出了防控风险的最大需要或者遏制了市场参与主体进行金融创新的动力。参见洪艳蓉:《金融监管治理——关于证券监管独立性的思考》,北京大学出版社2017年版,第257页。

③ 所谓监管宽容,是指当被监管对象违反监管规则或者不遵守市场纪律时,监管机构未采取相应的制约措施或者在采取制约措施的过程中放缓步伐、减轻力度,或者事先信息沟通等,使得当事人所承受的不利后果远远低于正常情况下应承受的程度。参见洪艳蓉:《金融监管治理——关于证券监管独立性的思考》,北京大学出版社2017年版,第260页。

违规对外担保立案标准与主要资产的抵押、质押等存在交叉，故也会面临规则适用协调问题。根据立案标准相关规定，未按规定报送或披露对外担保，所涉金额或连续 12 个月内累计金额占公司最近一期经审计净资产绝对值一定比例以上，且超过一定金额的，应予以立案。本文认为，上述关于对外担保的立案标准，并非针对新证券法第 80 条第 2 款第 2 项而设，而是针对该款第 3 项“提供重大担保或者从事关联交易”所述事项的立案标准。原因在于：一是第 80 条第 2 款第 2 项除了规定抵押、质押外，还规定了出售、报废的事项，上述立案标准无法涵盖资产售出或报废的情形；二是该款第 2 项与第 3 项属于并列关系，在适用法律时仅需择一适用即可，而交易目的最能体现该交易事项的本质特征，针对担保事项统一适用第 3 项的规定更具有合理性。

## 四、重大资产交易规定的完善建议

如前所述，新证券法对重大资产交易规定的修改带来了信息披露标准的实质性变化，也在一定程度上增加了理解和适用上的困惑，甚至导致法律规范体系自身的内在冲突。而且，关于营业用主要资产处置规定与立案标准的衔接，可在实践中通过“择一适用”的方式予以协调，但对于重大资产买卖规定所引发的立案标准的龃龉与“突兀”，则需要通过规则修改来实现规则体系的自洽完善。事实上，从新证券法第 80 条第 2 款规定的整体看，关于重大资产交易的规定略显“异常”，属于“唯二”涉及具体量化比例的规定。[①] 立法者原意似乎在于通过具体的量化规定，稳定市场主体预期、减少信息披露成本，同时降低行政机关自由裁量空间，促进规则之治。但这在现实中恐怕有些“事与愿违”。

先来看关于重大资产买卖的规定。该规定其实为本次修法所新增。从信息披露实践看，10%的披露规则已经实施多年，已渐成行业惯例，除非具有充分的理由，否则法律也应当予以尊重，而非贸然修改。[②] 故该项立法新增的规定意在对原有披露规则进行补充，而非全面调整现有 10%的披露规则。另外，从规定渊源上看，该规定最初来源于 2005 年修订的公司法第 122 条关于上市公司提交股东大会特别决议事项的规定。[③] 这是公司法对上市公司作出的、为数不多的特别规定之一。特别规定、特别

---

① 另一项量化规定为该款第 7 项关于“三分之一以上监事”的规定。

② “法律本身却从来不是像立法那样被‘发明’出来的。”参见[英]哈耶克：《立法、法律与自由》(第一卷)，邓正来等译，北京：中国大百科全书出版社 2000 年版，第 113 页。

③ 2023 年 12 月最新修订的公司法第 135 条也继续原封不动地保留了这一规定。

决议均提示相关事项对上市公司而言具有重大性,但将公司法特别事项的议事规则直接挪移到证券法所列举的"重大事件"中,法政策上固然无可厚非,但立法技术上则仍显得粗疏。事实上,对于重大资产买卖而言,原有的信息披露规则中 10%的披露标准足以涵盖 30%的资产交易事项,新证券法所增加的重大资产买卖规定的必要性和科学性似乎也值得商榷。

再者,对于营业用主要资产规定而言,"抵押、质押、出售和报废"的详细列举以及"一次"和"百分之三十"的数量化规定都需建立在"主要"一词的界定上,实践中仍具有较大的不确定性。立法沿革上,该规定最初源于 1993 年出台的《禁止证券欺诈行为暂行办法》(现已废止)第 5 条第 2 款第 20 项关于内幕信息的列举性规定。[①] 后续同样作为内幕信息的列举性规定被 1998 年证券法及后续历次证券法的修订和修正中所承继和保留。本次证券法修订对内幕信息的列举采取了全面引致信息披露重大事件的规范结构,上述规定也就从内幕信息的列举性规定"顺理成章"地转变身份为信息披露重大事件的列举性规定。但实践中,自该项规定诞生以来似乎从未被适用过:在其作为内幕信息列举事项时,未有以其作为认定内幕信息的案例;在其作为临时报告重大事件时,截至目前也没有上市公司根据该项规定进行信息披露。[②] 然而,由于证券法中存在这一项规定,无论是政府部门制定的信息披露相关规章或规范性文件,还是交易所制定的信息披露业务规则,抑或是市场主体制定自身的信息披露制度,均原封不动将该规定再次"重述"。换言之,尽管该规定的历史沿革"悠久",但却是一项只在各效力层级的规范文件之间"空转"、而对现实并无多大实用价值的具文。

"任何法律的适用都离不开理解活动,法律实施的过程就是一个涉及理解、解释和适用的三步骤活动",[③]因此,规则的清晰度、可理解度对规则的实施具有重要影响。简洁明了的信息披露法规能够为市场参与主体提供更明确行为指引和预期。综合上述,新证券法第 80 条第 2 款第 2 项关于重大资产交易的法律文本,无论是本次修法新增的重大资产买卖规定,还是承继原有的营业用主要资产处置的规定,恐怕都

---

① 《禁止证券欺诈行为暂行办法》第 5 条第 1 款规定:"本办法所称内幕信息是指为内幕人员所知悉的、尚未公开的和可能影响证券市场价格的重大信息。"第 2 款规定:"前款所称重大信息包括:……(二十)发行人营业用主要资产的抵押、出售或者报废一次超过该资产的百分之三十"。

② 笔者在上海证券交易所、深圳证券交易所网站中"信息披露"专栏,以"营业用主要资产"作为关键词搜索,均无相关公告记录;通过"易董"平台以同样关键词搜索公告标题,同样没有搜索结果,以同样关键词搜索公告全文时,所得结果均属于公司制定的信息披露制度,属于对法条原文的照搬照抄。

③ 参见陈金钊:《法律解释及其基本特征》,载《法律科学》2000 年第 6 期,第 31 页。

未能实现立法者原有的预期,反而可能增加了实践中的困惑和龃龉。故而,在未来对证券法再次修订或修正时,可考虑将现有规定删除,或代之以类似2005年证券法的原则性规定,如将该第2项修改为"(二)公司的重大投资行为和重大资产交易",以实现对规则的删繁就简,并增加规则的兼容性,从而可以更方便地借助信息披露办法、交易所业务规则等规定提升信息披露规则的明确性和可理解性。

# 上市公司治理中的机构投资者消极主义及其化解

刘帅芃[*]　孙犀铭[**]

**摘要：** 机构投资者基于其可观的股份持有和专业管理，有助于解决一般中小股东欠缺参与公司治理诱因的问题，发挥治理效应。近年来，资产管理行业爆炸式增长，股权所有权从而大规模中介化，机构投资者在公司治理以及证券市场上的参与度也逐渐增加，各界对其参与公司治理的远景也抱有期待。然而，实践却显示机构投资者基于利益冲突、搭便车问题、短期主义等原因而缺乏参与公司治理的诱因，对于被投资公司的治理往往持消极态度。针对上述问题，可以通过优化表决权的行使、设置指引性制度、强化披露义务的履行、促成机构投资者之间的合作以及鼓励机构投资者集中持股予以应对，优化机构投资者参与上市公司治理的路径，提升公司治理的实效。

**关键词：** 公司治理　机构投资者　消极主义　尽职治理

## 一、问题的提出

2020年国务院印发的《关于进一步提高上市公司质量的意见》中针对上市公司治理水平的提高，明确指出要健全机构投资者参与公司治理的渠道和方式以规范公司治理与内部控制；①2021年全国人大在“十四五”规划和2035年远景目标纲要中提出建设高标准市场体系的目标，其中“大力发展机构投资者”便作为其为规范资本市场的发展而部署的内容之一。② 我国公司治理结构经过三十多年的演变，决策模式和权力配置模式大体上仍以股东（大）会为优位主义。这种治理模式下，高度集中的股

---

*　山东大学民商法学硕士研究生。

**　山东大学法学院助理研究员。

①《国务院关于进一步提高上市公司质量的意见》第2条（国发〔2020〕14号）。

②《中华人民共和国国民经济和社会发展第十四个五年规划和2035年远景目标纲要》。

权结构导致我国公司治理效率与其他发达国家相比普遍较低。基于股东中心主义的延续，公司事务的决策权实则掌握在以大股东为核心的股东会手中，有时仅凭控股股东的单独行动便可实现对公司事务的决策，此极易导致控股股东滥用股东权利、谋取私利，损害其他中小股东以及利益相关者的合法权利，公司独立意志将彻底沦为控股股东的意志。[①] 同时当作为基础性权利义务框架配置的公司内部治理的信义义务机制失灵时，亦需要一合理机制发挥补充功能。

机构投资者相较于一般中小股东，拥有充沛的资金，并能通过其所掌握的专业知识，作出高效的投资判断。实证研究表明，机构股东在参与目标公司治理后，公司治理效率得到显著提升，相应地机构股东本身也收益颇丰。[②] 同时，机构投资者将股权同专业管理结合，降低代理成本，被认为是解决上市公司所有权与控制权分离的最佳方案。[③] 其出现有助于解决一般中小股东欠缺参与公司治理诱因的问题，促使公司经营者为其经营绩效负责。当公司管理层存在滥权行为，此时机构股东最有可能挺身而出，甚至能够联合中小股东制衡上述行为。[④] 机构投资者参与公司治理后，能够促进董事会构成的多元化而加剧其内部制衡，[⑤]随着机构股东规模增大、持股份额的增长，能够重构并优化公司内部的股权结构，减少大股东的损害行为。截至 2023 年底，我国证券市场中社保基金、公募基金、保险资金等各类专业机构投资者合计持有 A 股流通市值 15.9 万亿元，较 2019 年初增幅超 1 倍，持股占比从 17%提升至 23%，已经成为促进资本市场平稳健康发展的重要力量。[⑥]

然而，实践却显示机构投资者对被投资公司的治理往往持消极态度。[⑦] 我国机构投资者参与公司治理的积极性不高，据统计，在公募基金中行使投票权的占 87.5%，

---

① 汪青松、赵万一：《股份公司内部权力配置的结构性变革——以股东“同质化”假定到“异质化”现实的演进为视角》，载《现代法学》2011 年第 3 期。

② Michael P. Smith, “Shareholder Activism by Institutional Investors: Evidence from CalPERS”, The Journal of Finance (1996), pp.227 - 252.

③ Edward B. Rock, Institutional Investors in Corporate Governance Institutional Investors in Corporate Governance, (2015). Faculty Scholarship at Penn Carey Law. 1458. https://scholarship.law.upenn.edu/faculty_scholarship/1458. last visited: 11.30.2023.

④ 冯果、李安安：《投资者革命、股东积极主义与公司法的结构性变革》，载《法律科学(西北政法大学学报)》2012 年第 2 期。

⑤ 邓辉：《我国上市公司股权集中模式下的股权制衡问题——兼议大小非解禁带来的股权结构转型契机》，载《中国法学》2008 年第 6 期。

⑥ 林晓征：2024 年 1 月 12 日中国证券监督管理委员会新闻发布会，证监会发布，https://mp.weixin.qq.com/s/GsooAnHN1np1eWMmH9oLOQ，最后一次访问：2024 年 1 月 17 日。

⑦ 中国政法大学张子学课题组：《我国机构投资者参与上市公司治理意愿分析与优化建议》，载《投资者》2022 年第 2 期。

与上市公司管理层协商的占 21.25%,提出议案、行使股东提案权的占 5%;私募基金中行使投票权的占 50%,与上市公司管理层协商的占 13.9%,提出议案、行使股东提案权的占 8.3%。①

与欧美机构股东多以发声方式积极参与公司治理的态度相比,我国机构股东多倾向于采取“用脚投票”的方式参与公司治理,一旦对目标公司治理产生不满或者信任危机时,便会选择通过二级市场抛售股票。例如,仁和药业在被曝光药品质量问题后,机构股东并未为改善公司治理积极献言献策,而是在大幅减持后出逃;②2020 年,美年健康业绩暴雷之后,阿里网络通过深圳证券交易所大宗交易系统累计减持股份合计 5 399 万股,占公司总股本的 1.379 4%,美年健康股价在阿里减持之后一周跌超 29%,市值缩水近 200 亿元,随后美年健康召开电话会议表示“阿里巴巴的减持是其根据市场情况而做出的策略”。显然这一解释并不能令人信服。截至 2021 年 3 月末,持有美年健康的机构减少了 244 家,持股数量减少 2.8 亿股。③ 作为 A 股市场的白马股,老板电器一直深受资本市场的青睐。然而,近年来却遭遇了股价腰斩和被机构投资者大量抛售,究其原因,公司内部经营管理所存在的诸多隐患导致机构投资者多有不满,而选择用脚投票出逃。④ 上述案例凸显了我国机构股东在参与公司治理的过程中积极性不高的特点。近年来我国资本市场中关于机构抛售出逃的新闻亦是层出不穷。此外,统计数据显示,2004 至 2018 年间,上市公司前十大流通股股东(控股股东除外)中 75%以上机构的持股比例低于 3%,而控股股东的持股比例则高达 40%以上。持股比例较低、持股较为分散的情况下,机构投资者多存在“搭便车”问题,⑤难以通过积极的“发声”方式参与公司治理。

机构投资者参与上市公司治理这种实然层面的消极主义,背后交织着多重原因。首先,就机构投资者本身而言,其作为中介投资公司,与资金提供者之间存在着投资管理关系,同时作为公司股东与被投资公司之间存在着公司治理关系。如若探究导致机构投资者于公司治理中的消极主义,需要首先从此二重特殊代理关系入手,对各代理关系中所存在的问题进行分析。同时,放眼整个资本市场,短期主义依旧盛行,

① 吕昊、贾海东:《机构投资者参与公司治理行为指引制度研究》,载《证券市场导报》2022 年第 1 期。

② 吴新春:《大力推进机构投资者参与上市公司治理》,上海证券交易所 2015 年版,第 13 页。

③ 《业绩爆雷高管离职、阿里减持机构出逃,美年健康路在何方?》,大舜财经,https://mp.weixin.qq.com/s/n5aBm_z7ue1vm9ajfwCMMg,最后一次访问:2024 年 7 月 20 日。

④ 张爽:《老板电器迎至暗时刻:市值湮灭 300 亿元 白马失蹄投资者用脚投票》,财联社,https://m.cls.cn/detail/288121,最后一次访问:2024 年 7 月 20 日。

⑤ 吴晓晖、郭晓冬、乔政:《机构投资者抱团与股价崩盘风险》,载《中国工业经济》2019 年第 2 期。

过高的换手率一定程度上制约了机构投资者在公司中发挥治理效应,亦导致了资本市场的不稳定。何以导致短期主义以及如何对其予以改善是亟待解决的问题。

## 二、机构投资者参与公司治理的消极主义

理论上,基于股东积极主义假说,不同于以往股权结构分散的资本市场,当代资本市场在机构投资者的影响下,股权结构已相对集中。机构投资者的股东积极主义可以促使其积极介入公司治理,凭借其专业性对公司的内部架构、公司管理层所做的决策以及其他管理行为乃至关联交易进行关注和监督,并适时进行有效的干预,[①]提高持股公司的决策效率和治理水平。[②] 另外,机构投资者具有一定的独立性而不同于公司的其他大股东,能够克服内部人控制的局面,积极阻止可能损害股东(主要是中小股东)利益的议案,[③]有效抑制大股东侵害小股东利益的行为,加之其所具备的专业知识和经验,有利于公司做出客观、准确的决策,进而对绩效产生正面影响。[④] 同时,就机构投资者自身而言,其与持股公司之间目标函数的差异性以及自身监管能力和动机缺失的特征,构成了机构投资者股东消极主义假说的主要证据。[⑤] 而机构投资者的消极主义则会阻碍上述机构投资者介入上市公司治理积极效应的释放。同时,机构投资者消极地用脚投票甚至大量抛售股票出逃,亦会导致资本市场对公司负面消息的过度反应,投资者可能会跟风操作而纷纷抛售股票,加剧股价下跌。投资者的恐慌可能导致过度的卖出压力,冲击市场,影响资本市场的整体稳定。针对机构投资者在公司治理中所呈现的消极主义,不仅需要从机构投资者的自身固有缺陷进行反思,而且需要立足公司内部治理生态以及资本市场环境进行思考。

### (一)双重代理关系所引发的问题

当资金提供者通过机构投资者作为中介投资公司,在投资关系中存在双重代理

---

① Randall S. Thomas. The Evolving Role of Institutional Investors in Corporate Governance and Corporate Litigation. Vanderbilt Law Review, (2008), pp. 61.

② Elyasiani, E., and Jia, J.Y. Distribution of Institutional Ownership and Corporate Firm Performance. Journal of Banking and Finance, (2010), pp. 606 - 620.

③ Jarrell G.A., Poulsen A.B.. Shark Repellents and Stock Prices: The Effects of Antitakeover Amendments Since1980 [J]. Journal of Financial Economics, Vol.34, (1987): pp.127 - 168.

④ 潘爱玲、潘清:《机构投资者持股对公司业绩的影响分析——基于2009~2011年沪深上市公司的实证检验》,载《亚太经济》2013年第3期。

⑤ 王旭:《机构投资者股东积极主义效应的实现——基于代理成本的中介作用》,载《东岳论丛》2013年第3期。

关系。[①] 第一重关系为机构投资者与资金提供者之间的投资管理关系,在此关系中机构投资者作为代理人应为资金提供者的利益管理其资金,资金提供者为最终受益人。第二重关系为机构投资者作为公司股东与被投资公司之间的公司治理关系,在此关系中公司的经营层为代理人而机构投资者作为股东成为本人。在此二重代理关系中存在着各自的代理问题。

1. 投资管理关系

在投资管理关系中,机构投资者与受益人之间有时会出现利益冲突。

首先,由于机构投资者可能为了自身商业利益的追求而顾忌与被投资公司、已有以及潜在客户的关系,导致其为了自身利益的获取而不出于为受益人最大利益监督被投资公司或积极投入公司治理。[②] 而业务往来的存在,致使一些机构投资者仅顾及自身利益而不得不投票以支持管理层,即使这种行为违背了他们的信托义务。[③] 此可体现为机构投资者在表决参与中机械地投出赞成票、提案数量少等。

其次,来自机构投资者内部的统一政策冲突,即机构投资者同时管理的投资组合中可能同时包括被动基金、主动基金、避险基金等多种金融产品。对于同一被投资公司,这些金融产品可能持有比例不同、甚至可能有些持有空头部位(short position),而公司治理策略多为集中化拟定以公平对待其所管理的各种投资组合,这种统一行为将导致其难以符合特定投资组合中受益人的最大利益,[④]故提升被投资公司价值的行为可能对其中一个产品有利,但对另一个产品不利,统一政策导致利益冲突成为必然的结果。这些利益冲突不仅涉及机构投资者本身治理问题,还可能影响到机构投资者是否有充足的参与动机、如何评价其参与绩效、能否专注于被投资公司的长期利益等,而成为机构投资者参与股东行动主义的一大挑战。

最后,在上市公司内部还有可能存在空洞投票现象。空洞投票(empty voting)系指股票的收益权与表决权相分离的现象,此概念最早由 Henry T C. Hu 与 Bernard Black 提出,空洞投票是操作可变形的表决权(morphable voting rights)而导致的结果。投资者透过对衍生性金融商品、捕获股东会登记日、证券借贷交易等的操作致使空洞

① Iris H-Y Chiu, Turning Institutional Investors into ‘Stewards’: Exploring the Meaning and Objectives of ‘Stewardship’, Current Legal Problems, Vol. 66, (2013), pp. 443 - 481.

② 龚浩川、习超:《戴着镣铐跳舞的机构投资者》,载《清华法学》2021 第 5 期。

③ Stuart Gillan and Laura T.Starks, The Evolution of Shareholder Activism in the United States, Journal of Applied Corporate Finance, Vol. 19, (2007), pp. 55 - 73.

④ Jan Fichtner, Eelke M. Heemskerk, Javier Garcia-Bernardo.Hidden Power of the Big Three? Passive Index Funds, Re-Concentration of Corporate Ownership, and New Financial Risk, Business and Politics, Vol.19, (2017), pp. 298 - 326.

投票结构的形成，致使表决权和收益权分离，产生表决权大于收益权的“空洞投票”现象，此与公司法对“股东表决权与收益权相匹配”的假设不符，背离了公司法设定的一股一权的基本原理。[①] 股东享有表决权，若其可以在不承担或承担不等比例收益风险的情况下行使全部投票权，将诱使部分股东从事利益输送，损害其他股东以及利益相关者的利益，激化不同利益群体之间的矛盾，降低股东监督公司经营层以解决代理问题的能力，增加代理成本。当散户投资者透过资产管理人作为投资中介投资被投资公司，亦会产生空洞投票的问题。在投资管理关系中，散户投资者为资金提供者、是受益人，然而由于透过机构投资者作为投资中介，该机构投资者为被投资公司股权的名义所有人，原则上应由其行使表决权，由此也导致最终受益人没有行使表决权以发表个人意见的机会，甚至对表决权行使的相关信息一无所知。因此，产生了经济利益与表决权分离的空洞投票问题。这种表决模式导致了机构投资者与资金提供者之间利益的不一致，极有可能致使机构投资者为了自身利益实施空洞投票行为。

2. 公司治理关系

在公司治理关系中，机构投资者的报酬结构将导致其利益与受益人不一致而产生代理问题，代理问题的一个主要根源是机构投资者承担了治理行为的成本，但治理行为所带来的收益将流向投资组合，而机构投资者却只能从中获取小部分收益，只能收取按管理资产百分比计算的费用。这是由于机构投资者作为资产管理人而管理受益人所有的资产，其收益来自管理报酬而不直接来自其管理行为而导致的资产本身的价值，，管理报酬也只占资产价值的小部分。在许多情况下，机构投资者所采取的管理决策可能只是定性的，并不会考虑额外成本。机构投资者积极参与公司治理，有时可能需要投出反对票而对抗管理层，而此将增加治理行为成本。

（1）资产管理人的报酬结构引发的代理问题。

机构投资者积极参与公司治理时，会使治理行为价值发生变化。在无任何代理成本的假设下，投入公司治理所需成本小于治理行为价值时，机构投资者会尽职实行治理行为。然而现实情况是资产管理人会根据自身获利情况决定是否参与公司治理，仅在投入公司治理所需成本小于机构投资者所获收益且小于治理行为价值时，机构投资者有诱因参与公司治理。实然层面，资产管理人只能按管理资产的百分比收取费用。如果机构投资者需要承担全部的治理成本，但所获收益仅为公司价值增长

---

① Henry T. C. Hu & Bernard Black, The New Vote Buying: Empty Voting and Hidden (Morphable) Ownership, Vol. 79 S. CAL. L. REV. 811, 825 (2006), pp. 811 - 906.

的一部分甚至要小于代理成本,那么代理问题便会浮现,[①]此将导致机构投资者减少管理成本的投入,并不会积极参与公司治理。

(2) 搭便车问题。

由于在公司治理关系中,机构投资者的报酬结构将导致其利益与受益人不一致而产生代理问题,基于代理问题如果仅由机构投资者承担所有的治理成本,而所有股东将享受监督或干预带来的任何正面股价效应,此将产生一种"集体利益",这种效应对公司治理的参与具有一定的抑制作用。若基金管理或资产管理机构与证券投资咨询机构,识别出投资组合中的特定公司治理状况不佳,而其投入治理行动所产生的成本也将由该机构负担,但绩效提升的成果却由全体股东以及该公司的其他机构投资者共享。

有观点认为机构投资者之间会由于彼此之间存在的竞争需求而促进其积极投入公司治理以提升绩效。然而机构投资者之间的竞争属于一种相对性竞争,所以传统意义上的竞争需求对于机构投资者投入公司治理并不具有明显的促进作用。具体而言,业绩评估通常是通过与其竞争对手的业绩或指数进行比较以考察其相对性表现,如果一两家机构花费资源进行干预并希望提高一家公司的股票价值,那么同样持有该公司股票的竞争对手就可以搭便车,他们的业绩会随着其他机构的干预而提高,但却无需投入任何成本。因此,在理性人的假设下,机构投资者往往只会在认为必要而极为有限的情况下,才会投入一定的时间和资源对被投资公司进行监督。[②]

干预的关键前提条件是股票的增持。虽然增持后所进行的监督也可能会使指数加权和减持的竞争对手表现受益,但相较而言,增持机构将会受益更多。但是当被投资公司治理状况不佳时,如果主动基金持股比例低于所追踪的指数,则提升该公司的绩效只会让该主动基金的相对性表现更差,故仅有在该主动基金持股比例较高时方有投入促进公司治理行为的诱因,但其治理成效仍然会在部分程度上被其他投资该公司的机构投资者共享。何况在我国上市公司内部仍普遍存在"一股独大"的现象。虽然经过股权分置改革,我国上市公司内部的股权结构已经得到一定程度的优化改善,但是股权结构仍相对集中,机构投资者基于其持股比例仍属中小股东的范畴,股

① Lucian A. Bebchuk, Alma Cohen, Scott Hirst, The Agency Problems of Insticutional lnvestors. The Journal of Economic Perspectives, Vol. 31, (2017), pp. 89 - 102.

② Ian Ramsay, Geof Stapledon, Kenneth Fong. Institutional Investors'Views on Corporate Governance. Reaearch Report, Centre for Corporate Law and Securities Regulation The University of Melbourne, (1998), pp. 1 - 54.

票增持存在一定难度,所需投入的治理成本较高,客观上降低了机构投资者参与治理的积极性,影响了机构投资者参与公司治理的效果。我国证券监管机构也曾提出"机构投资者持股比例过低是目前公司治理存在问题很重要的原因",①增加机构投资者在上市公司中的持股比例也被许多监管者和学者认为是改善目前存在的公司治理问题的重要方式。②

(二) 短期主义的盛行

在法律和经济学文献中,对短期主义的主要解释侧重于流动性需求而非信息不对称。根据这一解释,短期主义是由于"缺乏耐心"的股东有短期流动性需求,因此倾向于注重短期业绩而忽视未来收益,可能会迫使公司进行短期有利可图但长期价值下降的投资。现代公司 的主要弱点之一是短期主义行为,在短期信息披露如季度收益、市场预期、国际竞争和短期薪酬方案的压力下,管理层和董事会可能会受到诱惑而回避风险更大的长期决策。③

自哲学家 David Hume 和 Jeremy Bentham 的著作问世以来,跨时空问题引起了学术界的关注。20 世纪 80 年代的收购时代,理性短视行为研究便出现在金融经济学理论中。与主流的新古典主义模型不同,针对理性短视行为研究表明,过度关注股票市场的结果,加之信息的不对称,会导致投资者对公司的未来产生怀疑并诱使管理者将短期收益置于长期回报之上,而倾向于选择能带来短期回报的项目,牺牲公司的长期盈利能力,因为短期回报被认为有助于提高管理者的声誉,但这种短期主义却可能威胁经济发展。20 世纪 90 年代和 21 世纪初的牛市中,人们对跨期选择的担忧逐渐消失,直到 2008 年金融危机爆发后,才重新成为公司治理的讨论焦点。美国金融体系的几近崩溃和股东权力的崛起使人们重新认识到,应对市场和股东压力的短期主义是一个需要进行监管纠正的首要治理问题。④

1. 现有业绩评价体系的不当

目前而言,我国 A 股市场日均换手率较高,持续波动问题并未得到改善,追逐热点、炒作概念依旧盛行,长期投资现象并不明显。⑤ 导致机构投资者短期主义产生的

---

① 朱宝琛:《证监会:六方面推动机构投资者参与公司治理》,载《证券日报》,2013-05-13,(A2)。

② 龚浩川、习超:《戴着镣铐跳舞的机构投资者》,《清华法学》2021 第 5 期。

③ Klaus J. Hopt, Corporate Governance in Europe a Critical Review of the European Commission's Initiatives on Corporate Law and Corporate Governance, New York University Journal of Law & Business, Vol. 12, (2015), pp. 139-213.

④ Cremers, K.J. Martijn, Simone M. Sepe. "Institutional Investors, Corporate Governance, and Firm Value." Seattle University Law Review, Vol. 41, (2018), pp. 387-418.

⑤ 吕昊、贾海东:《机构投资者参与公司治理行为指引制度研究》,载《证券市场导报》2022 年第 11 期。

原因之一是频繁的业绩考核压力的存在,因此基金管理人往往基于短期盈利的倾向而采取短期投资策略,换手率过高使得机构投资者在上市公司中的治理作用不能得到充分而有效地发挥,较短的投资期限和较高的监督成本削弱了他们参与公司治理的动力,甚至可能使公司管理层为实现其短期盈利目的而实施一定的业绩操纵行为。短期而频繁的交易会导致资本市场的不稳定,研究表明,股票的波动性与短期投资者的持股比例变化呈正相关关系,与长期投资者的持股比例以及持股变化呈负相关的,机构投资者的短期行为将导致市场波动,不利于市场稳定。[①]

2. 被动型机构投资者激励机制的缺乏

机构投资者在交易风格、投资策略、对经理人的激励、目标客户群等方面存在差异,这些差异意味着机构投资者参与公司治理的动机和能力不同,其在公司治理中所发挥的作用和治理意愿也需进行差异性判断。

与主动型基金不同,被动型基金管理人不会轻易剥离投资组合中表现不佳的股票,[②]除非基金清盘,否则其投资长期锁定,不会退出。[③] 因此它们可能比其他机构更有动力成为参与型所有者。其更为看重所持股公司的长期价值,遵循自动跟踪的被动投资模式,跟踪指数的走势从而获得稳定的回报,被动机构投资者可能更有动力监督管理者并改善整体市场表现,因为其能随着持股公司的业绩增长中增加其管理资产的价值。[④] 公司业绩并不会影响被动投资者的投资决策,[⑤]因为被动型基金追求的是基准业绩,因此其以较低的换手率、多元化的投资组合和最低的费用,获得市场指数或投资风格的回报,如果进行大规模抛售,会对业绩造成剧烈冲击。管理被动型基金的机构可以利用其可观的所有权来施加影响,管理层可能因为主动型基金更高的换手率更倾向于考虑被动投资者的意见。[⑥]

同时,被动投资基金通常能以较低费率甚至零费率吸引庞大的投资者,[⑦]虽然可

① 刘京军:《机构投资者:长期投资者还是短期机会主义者?》,载《金融研究》2012 年第 9 期。

② 刘欢、李志生、孔东民:《机构持股与上市公司信息披露质量基于主动型和被动型基金影响差异的视角》,载《系统工程理论与实践》2020 年第 6 期。

③ Ian R. Appel, Todd A. Gormley, Donald B. Keim, Passive Investors, Not Passive Owners, Journal of Financial Economics (JFE), Vol.121, (2016), pp. 111 - 141.

④ Guercio D D. Hawkins J, The motivation and impact of pension fund activism J. Journal of Financial Economics, Vol. 52, (1999), pp. 293 - 340.

⑤ Ian R. Appel, Todd A. Gormley, Donald B. Keim, Passive Investors, Not Passive Owners, Journal of Financial Economics (JFE), Vol. 121, (2016), pp. 111 - 141.

⑥ Guercio D D. Hawkins J. The motivation and impact of pension fund activism J. Journal of Financial Economics, Vol.52, (1999), pp.293 - 340.

⑦ 缪若冰:《被动投资者消极参与公司治理的法律规制》,载《证券市场导报》2022 年第 2 期。

能缺乏必要的资源来监督其大型多元化投资组合中每一家公司的决策选择,但它们可以通过广泛但低成本的监督渠道参与公司治理,此利于降低投资者所承担的中间费用。因此,近年来其所持有的上市公司股份也越来越多。研究表明,被动投资者的增长可能会改善公司的治理选择和绩效,能够促进所持股公司管理层的信息披露进而降低市场信息不对称性,提升公司治理水平。被动型基金所有权的增加与董事会独立性的提高相关,其对公司治理施加影响的一个关键机制是通过其庞大的投票集团行使话语权和施加影响,被动基金持股比例越高,对管理层提议的支持就越少,而对股东发起的治理提议的支持就越多。被动型共同基金的参与似乎也减少了其他非被动型投资者对激进主义的需求,被动型基金持股比例越高的公司,其长期业绩就越好,而且成为对冲基金激进主义的目标的可能性较小。[①] 所以,应当重视被动型基金(被动型机构投资者)在公司长期治理中作用的发挥,但就目前而言,针对被动型基金仍缺乏鼓励其参与公司治理的激励机制。

## 三、机构投资者治理消极主义的化解路径

机构投资者于公司治理中的消极主义困境的破解不仅需要着眼于其自身固有缺陷,而且需要关注公司的内部治理生态并立足于整个资本市场。同时,在我国资本市场改革迈向纵深的今天,在新范式下,理论与实践对机构投资者之于资本市场的压舱石功效的外部价值的认知已颇为深刻,但对机构投资者之于上市公司治理所发挥的积极效应的认识尚显不足,当前针对机构投资者培育措施,多是立足于从平稳资本市场的运行出发,对其之于上市公司治理所发挥的内部价值有所忽视,因此当机构投资者作为股东介入公司治理领域时,法律上与其他中小股东无异,制约了治理优势的有效发挥,对此需要从机构投资者参与公司治理的底层逻辑出发,优化机构投资者参与公司治理的路径。

### (一)指引性制度的设置

如前所述,我国机构投资者的发展尚不成熟,机构投资者在上市公司中的持股比例较低且参与公司治理的积极性不高,同时由于关于机构投资者的规定尚散见于各法律文件之中,这种立法上的松散加之具体指向的行为指引的缺乏,加剧了机构投资

① Ian R. Appel, Todd A. Gormley, Donald B. Keim. Passive Investors, Not Passive Owners, Journal of Financial Economics (JFE), Vol. 121, (2016), pp. 111-141.

者参与公司治理的消极。2018 年,中国证监会修订发布的《上市公司治理准则》(以下简称《准则》)新增了"机构投资者及其他相关机构"专章,第 78 条表明了鼓励机构投资者合理参与上市公司治理的基本态度、明晰了社会保障基金、企业年金、保险资金、公募基金的管理机构和国家金融监督管理机构依法监管的其他投资主体等机构投资者的范围;第 79 条、80 条明确规定了机构投资者可以通过依法行使股东权利,参与重大事项决策,推荐董事、监事人选,监督董事、监事履职情况等途径参与上市公司治理并发挥积极作用,为机构投资者如何参与公司治理提供了具体的行为指引;同时,鼓励机构投资者公开其参与上市公司治理的目标与原则、表决权行使的策略、股东权利行使的情况及效果,履行一定的披露义务。虽然以上规定以倡导性为主,但弥补了以往的指引空白,一定程度上为机构投资者如何参与上市公司治理提供了一定的依据,引导其积极作用的发挥。并且,通过倡导机构投资者公开其参与治理的相关信息,积极促进机构投资者与市场之间的联动机制,激发市场的自调节效应,以更好地调动更多的市场力量参与公司治理。但总体而言,《准则》对于机构投资者治理行为的指引由于其规定的原则性,作用仍较为有限,在对参与治理的具体问题的应对上缺乏回应、指向不明、可操作性不强。

2008 年金融危机后,英国出现了针对机构投资者在金融危机中的消极表现的批评声音,批评其怠于监督被投资公司,未能保持与公司的持续对话等等,导致被投资公司成为"无主的公司"(ownerless corporation)。[①] 2009 年,机构投资者协会所组成的机构股东委员会发布了《机构投资者责任守则》(Code on the Responsibilities of Institutional Investors)作为指引机构投资者参与公司治理的基本规范,随后相继推出的 2010 年版和 2012 年版守则被合称为第一版尽职治理守则,而现行的尽职治理守则为于 2020 年推出的第二版。第一版尽职治理守则采遵循或解释的路径,期待机构投资者遵循守则中的原则与指引行事,若行为有所偏离,但行为如果可以解释为属于良好的尽职治理且对客户之投资目的有益,则可以被准许。因此,尽职治理守则中的规定并非强制性规定,且若疏于遵循或解释并非必然遭受处罚。在全球公司治理呈现出极强趋同性的背景下,英国发布第一版尽职治理守则后,作为指引性文件的尽职治理守则开始被移植到各国而开始在世界各地出现。值得注意的是,这种公司治理上的路径依赖只是表面的形式上的趋同而非功能和目的上的,各国出于不同的立法

① Andrew Reisberg. The UK Stewardship Code: On the Road to Nowhere? Journal of Corporate Law Studies, Vol.15, (2015), pp. 217-253.

目的以期其能够发挥不同的功能,多在移植英国尽职治理守则进行本土化处理:如英国的机构投资者在公司治理上表现得更为被动,所以尽职治理守则注重鼓励机构投资者与公司进行持续对话沟通,即便不赞同公司所采取的战略,也要更多地参与并提出质疑,而不得回避权利行使,无论采取弃权还是投反对票,都应将原因告知公司,此要求旨在使机构投资者与公司的接触更加富有成效;[①]而在亚洲机构投资者所面临的主要治理问题之一是参与公司治理主要受是否符合自身利益的制约。[②] 如前所述,在对于治理成本与预期收效以及利益冲突进行比较衡量后,机构投资者或许难以积极投入公司治理。机构投资者在各地区问题的异质化特征,也导致了尽职治理守则的功能在本土化建构的过程中呈现出多元化特征。

健全的法律监管与组织框架是机构投资者规范运作的前提条件。[③] 我国也应尽快在借鉴以往较为成熟的市场经验的同时结合我国资本市场动态、根据机构投资者的发展需要,为其参与公司治理设置相应的指引制度,满足制度供给的需要,细化激励和规范的规则指引。作为一种指引性文件,有助于化解机构投资者参与公司治理的消极主义,为其积极参与注入动能。

制度性质定位上,可以任意性为特点,以"遵守或者解释"为基础。由机构投资者自愿签署,引导、监督机构投资者积极参与上市公司治理,不宜为机构投资者强设治理义务,否则可能使本就不积极的机构投资者更加逃避对公司治理的参与。由于我国机构投资者发展尚不成熟,硬法的"单向度治理"在对这一尚不成熟事务的适用上,极易出现"一管就死"的局面。[④] 软法性质在调和契约结构和资金来源不同的异质化的机构投资者的同时,在引导上可以保留弹性化的处理空间。同时,对于机构投资者可以作出类型化的科学区分,如对于已经具备稳健投资属性的机构投资者如社保基金和养老基金,在细化规则指引上更应考虑如何拓宽其参与公司治理的渠道;而针对较为市场化的公募基金,更应考虑如何降低其参与公司治理的成本、减少阻碍等。具体适用过程中,可以健全并调试相应的配套制度,如此,可以有效地避免规则的僵化,而又可以形成一种柔性约束。

---

① Sergakis, Konstantinos, EU Corporate Governance: The Ongoing Challenges of the Institutional Investor Activism Conundrum, European Journal of Law Reform, Vol. 16, (2014), pp. 728 - 746.

② 中国政法大学张子学课题组:《我国机构投资者参与上市公司治理意愿分析与优化建议》,载《投资者》2022年第2期。

③ 张清、严清华:《机构投资者的介入与公司治理模式的演进与趋同》,载《中南财经政法大学学报》2005年第1期。

④ 吕昊、贾海东:《机构投资者参与公司治理行为指引制度研究》,载《证券市场导报》2022年第1期。

制度构建路径上,应从激励和规范两个功能性视角出发。激励角度上,应当积极引导、鼓励机构投资者进行价值投资、具体落实相应的指引性规定,密切关注所投资的公司,从而评价相关资讯对被投资公司、客户或受益人长期价值的影响,此决定了机构投资者与被投资公司的进一步对话、互动方式与时间而作为未来投资决策的参考。[①] 因此,机构投资者应考察投资的目的、成本与效益,评估公司的具体情况,具体可以包括:产业概况、股东结构、经营策略、运营概况、财务状况、财务绩效、现金流量、股价、环境影响、社会议题及公司治理情况等,关注、分析与评价被投资公司的相关风险与机会,了解被投资公司的永续发展策略,[②]从而进行治理评级并考虑是否有必要进行干预。在特定情况下,为了激励机构投资者参与公司治理,畅通其参与渠道,可以设置特殊条款,如为了破除集体行动的困境,在满足特定条件后,可以实现有效的集体行动,甚至可以适当合理降低实施集体行动的门槛。同时,允许特定情形下,机构投资者可以采取更为激进的措施捍卫其或者其他中小股东的权益,以更好地激励其参与行为,发挥其在公司治理中的积极作用。规范角度上,针对机构投资者在公司治理表现的良莠不齐,可以为其治理行为设定大致的行为边界,防止其行为过于偏离制度设计,导致制度"虚置",可以借鉴英国的做法要求机构投资者披露其偏离行为、原因以及对投资者与被投资公司产生的影响,强化对守则的信息披露质量、维持守则的可信度,英国财务报告理事会针对签署人所提交的信息披露报告,进行分级评价。依据机构投资者尽职治理的具体化程度、信息透明度以及替代方案说明分成三级。[③] 第一级:签署人对履行尽职治理提供高品质且透彻的说明,且对于替代方案亦有明确的说明。第二级:签署人能符合多数要求,但关于尽职治理的说明较不明确,或就未遵循守则部分并未提供适当的解释。第三级:报告内容明显需要加强,且签署人改善报告质量之态度消极、声明过于空泛,就未遵循守则部分亦未提供解释或解释过少。此外,机构投资者对守则的信息披露报告列为第三级者,如于一定期间内未改善达到第二级及以上,则该机构投资者将会从签署名单中除名,[④]即对于行为明显偏离且不具备豁免理由的机构投资者,通过建立标准化的除名机制予以移除。借由《准则》的市场化、规范化评价机制,将机构投资者对公司治理的参与行为予以量化,反映出机构投资者的声誉价值,而除名则会对其市场声誉评价产生一定的消极影响,

① Code on the Responsibilities of Institutional Investors 3 - 1.

② Code on the Responsibilities of Institutional Investors 3 - 2, 3 - 3.

③ Developments in Corporate Governance and Stewardship 2016, (2017), p. 27.

④ Developments in Corporate Governance and Stewardship 2016, (2017), pp.24 - 26.

进而从反向规制其行为。

制度理念培植上,应以培育长期投资为理念,引导使用长期投资策略。就目前而言,我国对机构投资者的绩效评价仅关注机构投资者的业绩排名,使得机构投资者存在过度投机行为,导致短期主义盛行,偏离价值投资和长期投资理念,此亦导致机构投资者在投资时面临着更多风险,不利于资本市场的平稳运行。因此,应改善现有的机构绩效评价体系,延长考核区间、构建长期基金经理激励制度,[①]注重对机构投资者的长期绩效评价,引导资本市场开展长期考核,引导机构投资者采取长期投资策略,考量收益情况的同时兼顾市场风险,以抚平短期投机行为引发的市场波动,培育更多着眼于公司长期发展和未来盈利空间的价值型投资者,克服其短视行为。[②]

### (二) 披露义务的履行

机构投资者应当向受益人定期且持续地履行披露义务。鉴于不同类型机构投资者之间的差异,加之公司治理架构与监督的有效性及可信度,受益人的获益情况相当程度上取决于其对于相关信息的获悉程度。[③] 经济合作与发展组织(Organization for Economic Cooperation and Development, OECD)于 2015 年公布的《公司治理原则》(OECD Principles of Corporate Governance)要求机构投资者在充分考虑成本效益的情况下,披露如何行使其表决权。[④] 对于以受托人地位执行业务的机构,例如养老基金、集合投资计划、保险公司以及代表其行事的资产管理机构,表决权的行使可视为其代表客户进行投资价值的一部分。若未行使表决权,则可能导致投资者蒙受损失,故机构投资者作为受托人之地位,应揭露对于公司治理与行使表决权的政策,包括投票政策、表决权行使的程序等,以便受益人知悉其作出决定所依据的标准。当机构投资者制定并揭露其公司治理政策后,应以其受益人和被投资公司可以预期的方式,运用适当的人力与财务资源有效执行此政策。同时,应当建立相应的机制以确保能够不断征求受益人的反馈意见。如果表决权的行使偏离了通常意义上的标准,机构投资者应及时向受益人进行说明。机构投资者应当披露其表决权具体行使情况的季度或年度摘要,并在可能的情况下披露完整的投票记录,投票记录应包括对重大提案投出的

---

① 刘欢、李志生、孔东民:《机构持股与上市公司信息披露质量基于主动型和被动型基金影响差异的视角》,载《系统工程理论与实践》2020 年第 6 期。

② 林少伟、洪喜琪:《机构投资者积极参与公司治理: 价值、困境与出路》,载《投资者》2020 年第 2 期。

③ Financial Reporting Council, THE UK STEWARDSHIP CODE, at https://www.frc.org.uk/getattachment/5aae591d-d9d3-4cf4-814a-d14e156a1d87/Stewardship-Code_Dec-19-Final-Corrected.pdf, last visited: 11.13.2023.

④ G20/OECD Principles of Corporate Governance, OECD, https://www. oeed. org/corporate/principles-corporate-governance/, last visited: 11.13.2023.

赞成票、反对票以及弃权所作的说明,其股票以及投资策略对其资产的长期表现的作用如何等,以避免其只是机械地赞成、反对提案或弃权,确保审慎参与公司治理。针对可能存在的影响表决权的行使等参与公司治理的利益冲突的情况,机构投资者应当披露利益冲突样态,机构投资者应当事先予以确定,在参与投票前向受益人披露利益冲突,制定并公开披露明确具体的利益冲突管理政策,并对为了有效处理以减少可能存在利益冲突而采取的措施进行说明,积极处理可能产生的消极影响,说明采取措施所取得的成效并证明所采措施是符合受益人最佳利益的。[①]

(三)表决权行使的优化行使

我国公司法第 116 条针对股份有限公司的股东表决权作出了基本规定,股东所持的每一股份有一表决权,决议事项的通过必须经出席会议的股东所持表决权过半数同意;针对特殊事项,必须经出席会议的股东所持表决权的三分之二以上通过。在股东投票权的立法设置上,仍未跳脱“一股一权”以及“资本多数决”的内核,未能考量机构投资者表决权行使的特殊问题,机构投资者与其他中小股东在法律地位上无异,不利于机构投资者积极参与到公司治理之中。

1. 累积投票制的应用

累积投票制在我国公司法第 117 条中被定义为:“为股东大会选举董事或者监事时,每一股份拥有与应选董事或者监事人数相同的表决权,股东拥有的表决权可以集中使用。”累积投票制将狭义的“一股一权”修正为“同股同权”,即股东所持的每一股份都拥有与股东大会将要选举的董事或者监事数量相等的投票权,而不是仅简单限制为每一份股权拥有一个相同的投票权。一股一权看似平等,实际上却极易造成大股东的一股专权而通过选任达到操控公司的目的。在累积投票制的应用,使得中小股东可以集中自己的选票,从而保证自己支持的董事或监事候选人在董事会或监事会中也能占有席位,在董事、监事的选举中促进实质性公平的建立,同时改善公司原有的治理结构。案例分析表明,累积投票制的应用在上市公司内部可以促进机构投资者采取积极主义行动,[②]在格力电器董事选举一案中,以机构投资者为代表的小股东利用累积投票制选举了由机构投资者提名的候选人为董事,成功否决了大股东的

① Principles for Responsible Institutional Investors *Japan's Stewardship Code*- To promote sustainable growth of companies through investment and dialogue. https://www.fsa.go.jp/en/refer/councils/stewardship/20200324/01.pdf, last visited: 11.30.2023.

② 袁蓉丽、何鑫、李百兴等:《累积投票制和股东积极主义——基于格力电器董事选举的案例分析》,载《财务与会计》2016 年第 19 期。

提名,案例显示,以机构投资者为核心,能够利用累积投票制在董事会、监事会组成战略中发挥重要作用,[①]并且在机构股东带头采取积极行动之后,其余机构投资者会为维护权益而积极作出响应。在我国上市公司内部,机构投资者仍属于中小股东的范畴,需要通过诸如累积投票制等制度达成彼此之间的联合,增强中小股东权力,以更好地促成机构投资者积极主义的产生。

2. 表决权的征集行使

表决权征集与表决权代理制度密切相关。公司法第 118 条对表决权代理制度的规定较为原则性。2016 年颁布的《上市公司章程指引》以及《上市公司股东大会规则》中对表决权代理行使进行了细化规定,在大型上市公司中,股权日益分散,外部公众股东持有份额较少、难以对公司决策产生较大影响而缺乏行权意愿。在此情况下,表决权的征集制度应运而生。对机构投资者而言,通过表决权征集,获得其余的中小股东的支持,降低自身行权成本,所形成的股东意愿也更具代表性,从而影响公司决策的走向。于公司治理层面,能够有效缓解机构投资者参与公司治理过程中"搭便车"现象,更能够作为保护中小股东合法利益的重要手段。2016 年证监会颁布的《上市公司章程指引》与《上市公司股东大会规则》中针对征集股东投票权的规定尚具有原则性,致使机构投资者在行权过程中仍不可避免地面临阻碍。对此,未来的立法修改与完善中应当予以细化指引,明确诸如行使表决权征集的主体、公司不得以自治排除中小股东的对表决权征集制度的适用以及对最低持股比例和股东条件作出不当限制等要求,以进一步加强制度的可操作性,促进制度实效的发挥。

3. 穿透式投票的引入

针对代理成本与空洞投票下的收益权与表决权相分离的问题,最直接的办法就是引入穿越式投票,穿越作为中介的机构投资者,将表决权交由受益人直接行使而由其直接同时享有两项权益。[②] 尤其是针对被动型机构投资者,可以规定将"非例行"事项的表决权赋予被动型基金的投资者,以减少不知情投票的发生。由于被动型基金涉及集合投资,相较于主动型机构投资者,其投资组合中包含更多公司也更为分散,将数百家公司的表决权悉数转交给投资者会同时加重基金本身和投资者的负担,因此需要将表决权的移交限定在"非例行"事项上。根据纽约证券交易所发布的规

---

① 殷佳唯:《累积投票制的本土化困境及其出路——基于美国监管规则演进的反思》,载《证券法苑》2022 年第 1 期。

② Taub J S. Able But Not willing: the Failure of Mutual Fund Advisers to Advocate for Shareholders' Rights. Journal of Corporation Law, Vol.34, (2009), pp. 843 - 894

则,经纪人不能全权就非日常事项接受上市公司股票投资者的全权委托,其定义的"非例行事项"包括董事选举、董事会解聘提案、取消多数决的提案以及制定某些类型的反收购提案。[①] 将非例行事项的表决权穿透机构投资者而交由终端的投资者直接行使设置为一种缺省性规则,例行事项的表决权则保留给基金管理机构行使。这种去中介化,可以减少机构投资者与受益人之间的利益冲突,降低代理成本。另外,可以促进被动机构投资者彼此治理活动的竞争以及区分,使得散户投资者将其代理权在机构投资者之间进行差异化的重新分配。对于那些只想低成本分散投资但意图保留自身表决权的投资者来说,可以选择投资于采取被动治理方式的基金,这一规则将确保那些最不可能是在知情的情况下投票的被投出。从而维护积极、知情散户投资者在公司治理中的影响力。通过这种方式,可以提高市场透明度,利于投资者区分出具有治理专长的基金和那些只提供低成本以及稳定市场回报机会的基金。[②] 但是,被赋予穿越式表决权的散户投资者也可能由于持股比例过低而倾向理性冷漠。首先,审慎行使表决权所需要投入的成本较高,如果散户投资者持股比例不高,将导致投入和收益的失衡,加之散户投资者的持股比例不高也难以对表决结果产生较大影响,且当其他股东投入成本行使表决权带来较大收益时,散户投资者亦能通过搭便车的方式共享。对此可以由机构投资者自行构建相应的穿越投票机制,以更为便捷的途径使散户投资者能够易于获取被投资公司治理的相关信息,降低其治理信息的获取成本、方便其表决权的行使,如机构投资者可以在股东大会召开之前向散户投资者提供关于整个投资组合的投票信息,由散户投资者事先表达其投票偏好,机构投资者根据其指示为客户投票,从而降低散户投资者行使表决权的成本,实现投票流程的高效。[③]

### (四)机构投资者合作的促成

单独的机构股东如若参与公司治理,将承担所有的治理成本,而由所有股东享受甚至"坐收"监督干预所带来的收效,产生一种"集体利益",此抑制了机构投资者参与公司治理的积极性。机构投资者彼此之间的相对性竞争需求对机构投资者投入公司治理并不具有明显的促进作用,并且虽然经过股权分置改革,但机构投资者在我国上市公司中仍然属于中小股东的范畴,[④]难以真正的在公司内部对控股股东产生制衡

① Lund D S., The Case against Passive Shareholder Voting. Journal of Corporation Law, Vol.43, (2018), pp. 493 - 536.

② Lund D S., The Case against Passive Shareholder Voting. Journal of Corporation Law, Vol.43, (2018), pp. 493 - 536.

③ JE Fisch, Standing Voting Instructions: Empowering the Excluded Retail Investor, Minnesota Law Review, Vol.102, (2017), pp. 1 - 49.

④ 林少伟、洪喜琪:《机构投资者积极参与公司治理:价值、困境与出路》,载《投资者》2020 年第 2 期。

作用,现行法律对机构投资者的发展所持的态度仍较为保守,在入市、持股比例、出资比例等方面设置了较多限制。如针对公募基金持仓的“双十原则”,持股比例不高也限制了其在公司治理中影响力的发挥。为了培植我国机构投资者参与公司治理的积极主义,应当尝试进行适当的制度松绑,减少对机构投资者的投资以及持股比例限制,拓宽其入市渠道。同时应当积极促成机构投资者之间的合作,开展联合行动,从而加强机构投资者在公司治理结构中进行监督和控制,使其有条件和动力从被动持股向主动参与治理转化。

比较法上,20 世纪 80 年代起,西方主要国家上市公司的股权开始快速向大型机构投资者集中,表现为持股比例以及持股市值的大幅增长。80 年代中期,美国股东行动主义者开始合作,以谋求股东权力的行使可以发挥更大的影响力。机构股东代表加州公共雇员退休养老基金(CalPERS)为了抵制目标公司 Texaco 高额的股份回购行为,积极同公司交涉并成立机构投资者顾问协会,联合各机构投资者共同维护股东利益。机构投资者逐渐意识到自己所持有的股东权利可以对企业经营发展和重大决策产生一定影响,机构投资者股东积极主义逐渐兴起。[①] 此标志着机构投资者对其所参股公司的行为模式开始从原来“被动持股者”向“积极投资者”转变。[②] 在美国最大的 10 家企业中,机构投资者持有的股份占 70%至 85.5%。另据路透社 2021 年的报道,摩根士丹利的发言人称,散户投资者只占罗素 3000 指数(美国股市的基准指数)交易量的 10%,这表明其余 90%的交易均由机构进行。[③] 机构投资者的持股增加,其更能够同公司管理层进行对话,彼此之间的互动也更为频繁。当一个公司 50%以上的股份为机构投资者所有时,经理层就不得不考虑机构投资者的联合建议。[④] 在不存在控股股东的公司中,机构投资者已经成为建构公司治理结构的重要力量,[⑤]甚至某些积极参与公司治理的机构投资者可以越过经理层直接与独立董事谈论他们发现的经营管理上的问题和公司经营的成功与否。[⑥] 同时,机构投资者之间的合作还可以促

① Wahal S. Pension Found Activism and Firm Performance. Journal of Financial and Quantitative Analysis, 1996, 31(1), pp. 1-23.Gillan S., L Starks. Corporate Governance, Corporate Ownership, and the Role of Institutional Investors: A Global Perspective. Journal of Applied Finance, Vol.13, (2003), (13), pp. 4-22.

② 王心怡:《我国机构股东参与公司治理的理论证成与制度完善》,吉林大学 2017 年博士学位论文,第 78 页。

③ Jeremy Salvucci. Institutional investors: Who they are & what they do, https://www.thestreet.com/dictionary/institutional-investors.last visited: 7.30.2024.

④ 朱锦清:《公司法学(上)》,北京:清华大学出版社 2017 年版,第 552 页。

⑤ Tonello, Matteo & Stephan Rabimov, The 2010 Institutional Investment Report: Trends in Asset Allocation And Portfolio Composition (The Conference Board Research Report No. R-1468-10-RR).

⑥ 朱锦清:《公司法学(上)》,北京:清华大学出版社 2017 年版,第 554 页。

进参与治理成本在彼此之间的重新分配,公司治理成本将由集体开展参与活动的机构投资者分担,从而应对可能出现的集体行动问题。英国于2014年成立了投资者论坛,旨在促进机构投资者的集体参与。[①] 该论坛团队对倡议进行评估,一旦确定倡议符合论坛的参与框架,将会同公司的主要股东进行磋商。在2015年至2017年间,论坛共评估了28项机构投资者集体参与倡议,并与其中的18项倡议进行了实质性接触。通过这一途径,关联机构投资者和投资者对于所持有股份的上市公司均可以提出参与建议。如此,每个机构投资者承担的投入公司治理的成本与投资组合所带来的价值相比可能微不足道。[②] 同时,监管部门可以引导设立第三方平台,促进机构投资者之间的沟通合作,并且针对机构投资者之间的合作设置行为框架,或者鼓励其签订相应的承诺书,规制其集体参与可能出现的违反披露义务、一致行动谋求取得公司的控制权以及收购规则等风险,如果签署承诺的机构投资者出现了违反协议的行为,则应当要求其退出该合作。同时,监管部门还应积极促进集体参与的机构投资者与被投资公司董事与股东之间的互动,限制与集体参与相关的合规成本,以激励被动型机构投资者以及更广泛意义上的非主动型机构投资者对被投资公司的治理中更多地发挥作用,维护受益人的权益,促进被投资公司的长期发展,并可针对特定环境、社会、公司治理议题参与相关倡议组织,共同发挥并增强机构投资者的影响力。[③]

### (五)鼓励机构投资者的集中持股

集中持股的机构投资者是指在上市公司中持股达到一定比例的机构投资者,其因持股比例较大具有一定的话语权,能够对公司的经营决策和投资策略的决定产生一定影响,对其他大股东亦能产生一定的制衡作用,从而改善公司的内部治理结构,提升治理水平,甚至在其于上市公司中持股比例达到一定程度时,可以以大股东的身份直接在董事会占据席位。并且集中持股的机构投资者基于其大量的持股比例,与公司的获益一致,为了使自身获益,也更有动力参与公司治理,甚至在其中起到带头作用,促进公司价值乃至长期价值的提升,此也有利于改善目前所存在的短期主义的现象。与之相对的则是分散持股型机构投资者,其主要为了分散投资风险而将资金

① Giovanni Strampelli. Are Passive Index Funds Active Owners? Corporate Governance Consequences of Passive Investing, San Diego Law Review, Bocconi Legal Studies Research Paper No.3187159, (2018), pp. 803 - 852.

② Sharon Hannes, Super Hedge Fund, 40 DEL. J. CORP. L. 163, 168 (2015).; See also FIN. CONDUCT AUTH., ASSET MANAGEMENT MARKET STUDY FINAL REPORT 5.

③ Code on the Responsibilities of Institutional Investors 4 - 3.

分散投资于多家上市公司，由于其在每家公司的小规模持股而不具备大股东身份，往往难以对控股股东和管理层进行监督。由于持股的分散性、表决事项的复杂性与公司治理问题的专业性等原因，基于对治理成本与效益的考量，在对被投资公司进行分析、调研中存在一定的阻碍，此也削弱了其参与公司治理的积极性，[①]甚至有时此类机构投资者还带有一定的投机倾向，而不利于企业的长期发展以及资本市场的稳定。因此，应引导机构投资者树立正确投资理念，在正式投资前利用信息优势分析上市企业价值和发展前景，从中挑选出绩优股，从而集中资金大量购入股票，密切关注公司的经营动态，凭借其所持有的股权积极参与股东大会，甚至向企业派驻董事，以积极参与公司治理，提升被投资公司的治理水平。[②]

## 四、结　　语

在我国资本市场改革迈向纵深的今天，资本市场改革逻辑已然从融资企业角度转向了投资者角度，[③]更加注重对投融资端的改革与创新。在此新范式下，加之机构投资者基于其自身优势参与治理，确能有效提升目标公司的治理效率和治理水平的实效。因此，培育基于长期投资、价值投资的机构投资者并引导其积极参与公司治理是我国的必然选择。但是，实然层面目前机构投资者参与公司治理尚属消极，表现为一种在公司治理中的“理性沉默”，对此可以从机构投资者本身和公司内部治理生态以及外部资本市场出发，分析导致这种实然层面消极主义的原因：就机构投资者本身和公司治理而言，由于双重代理关系的存在，在投资管理关系中可能存在机构投资者与资金提供者之间的利益冲突而影响其参与公司治理的动机；在公司治理关系中，资产管理人的报酬结构以及上市公司内部的搭便车问题均一定程度上制约着机构投资者的股东积极主义。就资本市场而言，现有基金业绩评价体系的不当以及被动型机构投资者激励机制的缺乏，致使短期主义依旧盛行，难以投入公司治理中，其之于资本市场压舱石的功效亦难以发挥。有鉴于此，化解路径上，首先，可以比照域外立法设置相应的指引性制度，缓解我国现有制度供给不足的问题，使得机构投资者参与治理行为有章可循的同时，引导其积极参与公司治理。其次，针对机构投资者的双重

① 郭雳、赵轶君：《机构投资者投票顾问的法律规制——美国与欧盟的探索及借鉴》，载《比较法研究》2019年第1期。

② 卢凌：《机构投资者、公司治理与企业债权代理成本》，江西财经大学2019年博士学位论文，第116页。

③ 邢会强：《我国资本市场改革的逻辑转换与法律因应》，载《河北法学》2019年第5期。

代理关系中所可能存在的利益冲突问题,可以通过强调披露义务的履行来规范其治理行为。再次,鉴于目前机构投资者参与公司治理的主要方式仍是行使表决权,所以为了增强其参与公司治理的实效需要对其权利行使予以优化。最后,机构投资者在我国上市公司中仍尚属中小股东的范畴,可以考虑通过促成机构投资者彼此之间的合作以及鼓励其集中持股,从而增强其在上市公司中的影响力以及参与公司治理的积极性,更好地提升公司的治理水平和治理效率。

# 市场实务

# 信息披露违法行为追责时效研究
## ——兼论证券服务机构未勤勉尽责

施　华*

**摘要:** 行政处罚法第36条规定了行政处罚追责时效,理论界对该条款中的"连续状态"和"继续状态"研究较少,加之上市公司信息披露违法行为和证券服务机构未勤勉尽责违法行为复杂多样,在执法适用时出现了诸多问题。同时,鉴于上市公司信息披露违法和证券服务机构违法的双层架构,对违法行为的"发现时点"及相应责任人员的追责时效等也存在诸多分歧。本文试图在理论上厘清违法行为的"连续状态"和"继续状态"概念内涵,在此基础上运用类型化研究方法,分别对双层架构下追责时效的疑难问题进行探讨,认为上市公司信息披露违法行为和证券服务机构违法行为既存在连续状态也存在继续状态,但不能简单地将"未纠正违法行为"认定为继续状态。在"严监管"背景下,对不同性质的信息披露违法行为应严格限制其"连续状态"的认定,按数个违法行为给予多次行政处罚更为合理;对基于同一财务造假业务的信息披露行为,可以适当考虑将其违规行为纳入违法行为的连续状态,加强对财务造假行为的严厉打击;对连续多年披露同一虚假财务数据的行为,提出两种方法确定其继续状态。对证券服务机构违法行为"发现时点"及责任人员的追究应根据不同类型采取"统一"或"分割"方式分别处理。

**关键词:** 行政处罚法　连续状态　继续状态

由于认定证券服务机构未勤勉尽责违法行为的前提是上市公司存在信息披露违

---

*　中国证监会稽查总队调查十三处处长。本文仅代表作者个人观点,与所任职单位无关。

法行为,即证券服务机构违法行为具有附随性,[①]相应地,其追责时效[②]似乎也应附随于上市公司信息披露违法的追责时效。[③]但是,上市公司信息披露违法行为在追责时效内,是否表明相应的证券服务机构违法行为必然在追责时效内,两种违法行为相应的责任人员的追责时效是否也必然附随于上市公司信息披露违法行为和证券服务机构违法行为的追责时效均有待明确。

## 一、行政处罚追责时效的争议

行政处罚法第36条规定,违法行为在二年内未被发现的,不再给予行政处罚;涉及公民生命健康安全、金融安全且有危害后果的,上述期限延长至五年。法律另有规定的除外。前款规定的期限,从违法行为发生之日起计算;违法行为有连续或者继续状态的,从行为终了之日起计算。

该条中对"发生之日""终了之日"的判断是确定追责时效的关键,而对"连续状态""继续状态"的界定又是确定"终了之日"的关键。

### (一)"连续状态"和"继续状态"的解释争议

一般来说,违法行为发生之日是指违法行为成立之日或实施之日,违法行为终了之日是指违法行为的终止之日或改正之日。对此,在理论上和实践中均争议不大。主要问题集中在对"连续状态"和"继续状态"的不同理解导致实践中的做法不一。

违法行为的"连续状态"是指当事人基于同一违法故意,连续实施数个独立的行政违法行为,并触犯同一个行政处罚规定的情形。[④]在法律上被视为一个违法行为。也即,连续状态的违法行为尽管可以按照独立存在的具体行为将其分解成数个违法行为,但由于其性质相同,触犯同一法条,失去了独立构成要件的意义,而将其视为一个宏观的行为存在。当然,连续状态的违法行为可以因为各种原因而中断,比如数个独立的违法行为发生后,被有权机关发现调查处理期间再次发生相同性质的违法行为,那么前数次违法行为可视为违法行为的连续状态,按照一个违法行为予以处理,

---

① 本文行文逻辑基于证券服务机构违法行为附随于上市公司信息披露违法,也即追究证券服务机构违法责任是以追究上市公司信息披露违法责任的前提,且上市公司信息披露违法事项与证券服务机构因未勤勉尽责导致的证券服务机构虚假陈述事项属于同一事项,或者两者至少存在高度相关性。

② 在行政执法领域曾借鉴刑事诉讼法的用词,将时效统称为"追诉时效",但"追诉"一词实际上应与诉讼相关,而行政执法大多与诉讼无关,使用"追责"更为妥当。

③ 北京市第一中级人民法院(2019)京01行初809号行政判决书。

④ 《国务院法制办公室〈关于如何确认违法行为连续或继续状态的请示〉的复函》(国法函〔2005〕442号)。

而后再次发生的违法行为则另行计算追责时效并予以单独处罚。

“连续状态”指向数个违法行为，而“继续状态”指向一个违法行为。执法实践中对“继续状态”的界定更加困难，一种观点认为违法行为的“继续状态”是指一个违法行为在“法律状态”上的持续，比如非法占用土地的违法行为，在未恢复原状之前，应视为具有继续状态。[①]另一种观点认为违法行为的“继续状态”是指一个违法行为在“危险状态”上的持续，比如建设工程因其质量安全隐患的事实始终存在，应当认定其行为有继续状态。[②]本文认为违法行为的“继续状态”是指一个违法行为在行为和时间上的继续。比如前例所述的非法占用土地属于违法行为的“继续状态”，本质上是行为持续不间断地进行，在时间上具有持续性，而不仅仅是因为“法律状态”上的延续。还比如前述所述建设工程若属于违法建设但无质量问题，就难以归为“危险状态”的持续，仅能归为“法律状态”上的持续，而“法律状态”上的持续是所有违法行为的特征，不能因此认为必然属于“继续状态”。[③]只有当违法建设工程期间和完成后持续使用这两种情况下才可以认定具有“继续状态”。假设违法建设工程在时间上持续花了 3 年，这 3 年属于继续状态，在完成违建项目后使用了 2 年被发现，该 2 年也属于继续状态，如果该违建项目完工后未使用，4 年后才被发现，这 4 年不属于继续状态，而属于追责时效计算范围，若超过追责时效则不再给予行政处罚，但仍可以责令恢复原状。

（二）“连续状态”和“继续状态”的应用争议

假设 2017 年 3 月 15 日，行为人实施了行政违法行为（前违法行为），2018 年 4 月 20 日，行为人再次实施了同一性质的行政违法行为（后违法行为），前后两行为均触犯同一规定，2020 年 4 月 1 日，监管部门发现行为人的“后违法行为”线索（如图 1 所示）。

对于是否可以对“前违法行为”予以追溯，就存在不同的观点。一种观点认为“前违法行为”距离监管部门发现时点已过二年追责时效，不应再追溯“前违法行为”。理由是基于有利于行为人的角度，若单独评价前后两违法行为，发现“前违法行为”已过追责时效，则倾向于不认定“连续状态”，仅认定“后违法行为”即可；若单独

---

① 《最高人民法院行政审判庭关于如何计算土地违法行为追诉时效的答复》（〔1997〕法行字第 26 号）。

② 《全国人大法工委对关于违反规划许可、工程建设强制性标准建设、设计违法行为追诉时效有关问题的意见》（法工办发〔2012〕20 号）。

③ 有判决认为只要是违章建筑，其影响始终存在，在未恢复原状前视为继续状态。见（2013）南市行终字第 31 号、（2013）庆中行终字第 2 号等。本文对此并不认同。

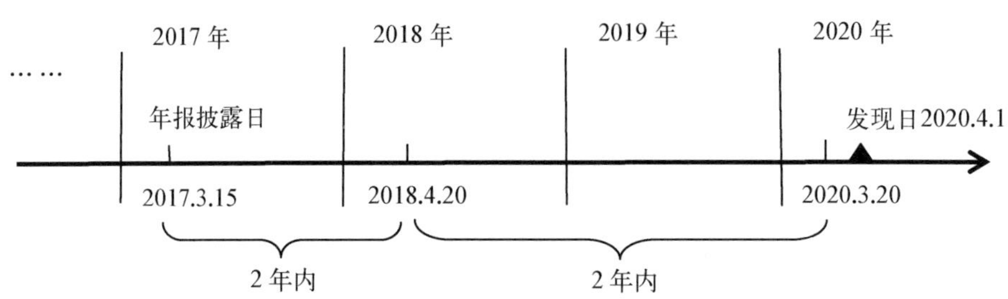


**图1　行政违法行为追责时效举例**

评价前后两违法行为均在追责时效内,则倾向于认定为“连续状态”,按一个违法行为处理。另一种观点认为,“前违法行为”的追责期为2017年3月16日至2019年3月15日,因“后违法行为”在追责时效内实施,“前违法行为”的追责时效应从“后违法行为”发生之日起重新计算,因此可以追溯“前违法行为”并予以处罚。只有当前后两违法行为间隔时间超过二年的,才不追溯“前违法行为”。

在实践中这两种观点均有大量案例支持,如2022年1月湖南财政厅对湖南瑞诺会计师事务所作出行政处罚①,认定13份审计报告(2019至2021年)未履行必要的审计程序、未获取充分适当的审计证据,认为其中11份(2020至2021年)在二年行政处罚时效内,2份(2019年)已过行政处罚时效。该行政处罚采取第一种观点,即单独评价每一行为,仅追责二年内的违法行为。而2023年3月辽宁财政厅对辽宁中实会计师事务所2017年至2021年出具的6份审计报告未履行审计程序、未获得审计证据的违法行为作出行政处罚②。该行政处罚采取第二种观点,即将5年的违法行为作为连续状态予以处罚。

行政处罚法对此没有明确规定如何处理上述分歧,但若参考刑法第89条第2款的规定,在追诉期限以内又犯罪的,前罪追诉的期限从犯后罪之日起计算。也即该条款将追诉期限内发生的违法行为,视为违法行为的连续状态,从最后一次违法行为的终了之日起计算追责时效。若如此参照,似乎第二种观点更为合理。特别是当“前违法行为”与“后违法行为”发生的时间间隔较短(2年内)的情况下,将其视为违法行为的“连续状态”较为合理。

据此,前后发生的同一性质的数个违法行为,视为违法行为的“连续状态”,只要间隔时间在二年内,理论上可以无限追溯以前年度的违法行为,在宏观上将其视为一

① 湘财行罚〔2022〕2号行政处罚决定书。

② 辽财执监〔2023〕20号行政处罚决定书。

个违法行为。

对于行政违法行为是否具有“继续状态”的判定，直接影响“连续状态”的认定，若“前违法行为”具有继续状态，当“后违法行为”发生时，不管间隔多久，直接导致前后两违法行为构成了连续状态，也即“前违法行为”的继续性质导致与“后违法行为”之间无缝衔接。按此观点，即使没有发生“后违法行为”，因“前违法行为”始终处于继续状态，任何时候发现均可对其予以追溯。

## 二、上市公司信息披露违法行为追责时效

因行政处罚追责时效存在解释争议和应用争议，而上市公司信息披露违法行为的情形较为复杂，导致证券执法实践中对追责时效存在多种理解，观点分歧较大。因此，有必要先研究厘清上市公司信息披露违法行为追责时效，才能进一步探讨证券服务机构违法行为追责时效。

### （一）信息披露违法行为追责时效的认定分歧

根据前述追责时效原理，上市公司信息披露违法行为追责时效主要聚焦以下两个问题：一是上市公司在不同年度的信息披露违法行为，属于数个违法行为，还是属于一个违法行为的“连续状态”，若认定为一个违法行为，是否会因“中断”导致产生两个违法行为。二是上市公司信息披露违法行为是否存在“继续状态”，若存在，“继续状态”是否延续至违法行为纠正之时。

#### 1. 上市公司信息披露违法行为的“连续状态”

将上市公司连续多年信息披露违法行为认定为一个违法行为的连续状态似乎已成执法惯例，但该问题也并非毫无争议。有观点就认为上市公司在不同年度的信息披露违法行为属于数个违法行为，多个年度的信息披露违法行为应该按照多个违法行为分别予以处理。比如对于连续五年信息披露违法行为给予五次处罚，在新证券法生效前后的信息披露违法行为应该分别适用新旧证券法，或者按照“从旧兼从轻”原则进行处理。该观点将每次信息披露行为均作为单独的行为予以评价，当上市公司发生信息披露违法行为时，可以根据其违法次数和情节严重程度分别处理，避免一年信息披露违法与连续多年信息披露违法处罚力度无差异的问题，也避免了“连续状态”的认定分歧和连续状态“中断”的认定难题。缺点是由于采取单独评价每一年度违法行为的方式，导致只能处罚近二年内发生的违法行为。

另一种观点认为上市公司在不同年度的信息披露违法行为属于违法行为的“连续状态”。只要前后两个年度的信息披露违法行为不超过二年,连续多年信息披露违法行为均被认定为一个违法行为的“连续状态”。比如 2016 年至 2022 年,每个年度均存在信息披露违法行为时,认定其为违法行为的“连续状态”,假设 2018 年、2019 年、2021 年不存在信息披露违法行为时,只要 2022 年披露时点距 2020 年披露时点未超过二年,上述违法行为仍旧被认定为违法行为的“连续状态”(见图 2)。如果前后已经超过二年,则这个连续状态被“中断”,成为前后两个信息披露违法行为,根据追责时效原理,不再往前追溯。

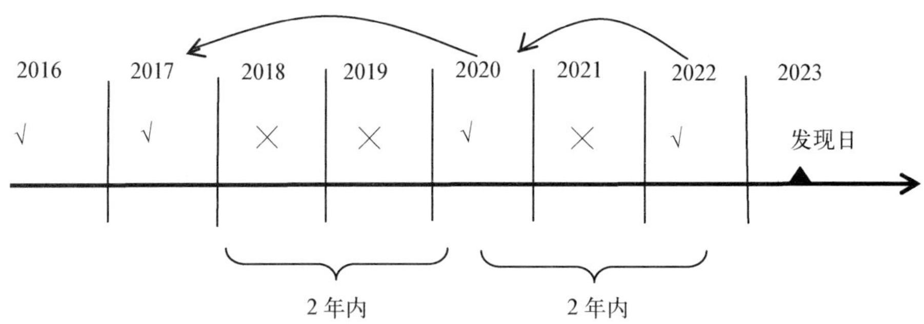


**图 2　违法行为“连续状态”追责时效示意图**

该观点得到了执法实践的普遍认可,绝大多数财务造假类信息披露违法案件中涉及连续多年违法的,均可追溯至最初违法披露行为的年份,并按照违法行为的“连续状态”予以处理。如富控互动案[①]认定 2013 年至 2016 年财务造假行为按一个违法行为处以 60 万元罚款。其他执法机关大多也采纳该观点,比如税务机关对税收违法行为的追诉期限按照违法行为的连续状态予以追溯,而不管其之前在多少个纳税年度存在偷税漏税的违法行为,一律予以追诉。但若按第一种观点,即使连续多年做出相同性质的违法行为,也无法追溯二年之前的违法行为,只能追溯发现时点往前二年内的违法行为。但该观点的合理性存疑,一方面是最初发生违法行为后,要求监管部门在二年内及时发现,否则将难以处理,另一方面当发现连续多年违法行为后仅能对近二年内的违法行为予以追溯。

2. 上市公司信息披露违法行为的“继续状态”

一种观点认为上市公司信息披露违法行为不存在“继续状态”,只要上市公司完

---

① 中国证监会行政处罚决定书〔2021〕106 号。

成信息披露的当日即成立违法行为，从次日开始计算追责时效，除非在二年内再次发生信息披露违法行为，构成“连续状态”，否则二年之后即超过追责时效。也即信息披露违法行为只存在“连续状态”，不存在“继续状态”。比如在合众思壮案[①]中，证监会认为合众思壮虚假记载涉及2017年至2020年年报，具有连续性，应以2020年年报的披露时点作为违法行为的结束时点。在豫金刚石案[②]中，证监会认为豫金刚石2016年至2019年年报存在虚假记载，因此2016年以来实施的信息披露违法行为处于连续状态，应从2019年年报披露时开始计算追责时效。在斯太尔案[③]中，证监会认为斯太尔2014年至2016年年度报告的财务数据存在虚假记载，违法行为处于连续状态，因此处罚时效应从2016年度报告披露时开始起算。上述诸多案件基于事实做出如上判断无可厚非，但若一味否认披露违法行为具有继续性质，完全排除其继续状态则与事实不符，比如上市公司披露某一虚假信息的违法行为，其后又对该虚假信息进行了补充披露，前后两行为实质为同一违法行为，无法构成违法行为的连续状态，而应认定为一个违法行为的“继续状态”更为合适。

另一种观点则认为，上市公司信息披露违法行为存在“继续状态”，甚至认为只要上市公司信息披露违法行为在未纠正之前均处于“继续状态”，不管何时发现均可对其进行追溯。理由是在违法行为纠正前，违法行为在时间上持续侵害市场秩序、损害投资者合法权益。北京金融法院在金刚玻璃案中认为，如果上市公司信息披露存在虚假而不更正，则其社会危害性将一直存在，应认定信息披露违法行为存在“继续状态”，从行为终了之日（如会计差错更正公告之日）计算追责时效。[④]该观点对“继续状态”的解释过于宽泛，会导致只要违法行为在未纠正以前均为继续状态，这并不利于区分一般违法行为与违法行为的继续状态，反而损害了时效制度的价值。因此，该观点过于激进并不可取。

本文认为，信息披露违法行为既存在连续状态也存在继续状态。比如在乐视网案[⑤]中证监会既认定连续状态又认定继续状态，认为乐视网基于财务造假的概括故意，自2007年至2016年连续多年财务造假，导致IPO申请文件及上市后2010年至

---

① 中国证监会行政处罚决定书〔2023〕35号。

② 中国证监会行政处罚决定书〔2022〕57号。

③ 中国证监会行政处罚决定书〔2021〕13号。

④ 北京金融法院行政判决书（2021）京74行终3号。值得注意的是虽然证监会和北京金融法院均认为行政处罚未过时效，但理由却并不完全相同，证监会认为金刚玻璃的信息披露违法行为属于连续行为而未过追责时效，而法院则认为金刚玻璃的信息披露违法行为属于继续状态而未过追责时效。这也是本文重点研究和厘清的内容。

⑤ 中国证监会行政处罚决定书〔2021〕16号。

2016年年报披露存在虚假记载,该信息披露违法行为具有连续性,同时每次披露后,乐视网没有对财务造假数据予以纠正,其财务造假也没有被披露,该信息披露违法行为仍处于持续侵害市场的状态,亦具有继续的特点,信息披露违法行为并不因披露的动作结束而结束。当然,对信息披露行为的"继续状态"的认定应该采取严格限制的态度。

（二）信息披露违法行为追责时效的疑难问题

上市公司信息披露违法行为追责时效的判定疑难问题主要集中在以下三个方面,一是不同性质的信息披露违法行为是否成立"连续状态",连续状态是否为追溯的唯一依据;二是基于信息披露违规行为来追溯信息披露违法行为是否可行;三是不同性质的信息披露违法线索是否可以将发现时点统一前移。

1. 不同性质的信息披露违法行为是否可以成立"连续状态"

假设前述例子中"前违法行为"为财务造假类信息披露违法行为,而"后违法行为"为对外担保或资金占用类信息披露违法行为,在追溯"后违法行为"的同时,能否进一步按照上述逻辑来追溯"前违法行为",是否应该对"前后违法行为"的性质予以限制。对此主要有三种不同观点:

第一种观点认为,不应限制前后违法行为的性质,只要属于证券法、公司法、会计法等规定的相关违法行为均可据此予以追溯,比如"前后违法行为"分别为隐匿、故意销毁会计凭证、会计账簿、财务会计报告等违法行为,财务造假类信息披露违法行为,或者资金占用类、违法担保类信息披露违法行为等,虽然前后违法行为不构成连续状态,但不妨碍据此予以追溯。该观点主要参考了刑法关于追诉时效较为宽泛的规定,在追诉期限内又犯罪的,前罪追诉的期限从犯后罪之日起计算。前罪和后罪并不限定为同一种罪名,只要再犯新罪,前罪开始计算的时效期限归于无效,而从犯后罪之日起计算。因此,直接照搬上述刑法逻辑,则可以不要求前后违法行为成立连续状态,就可以以"后违法行为"来追溯"前违法行为"。

第二种观点认为对违法行为性质的要求不应过于宽泛,但也不应过于狭窄,应限定前后违法行为属于证券法规定的信息披露违法行为。当前后违法行为均属于财务造假类信息披露违法时理所当然可以成为追溯的理由,而前后违法行为若属于重大诉讼事项、重大担保事项、重大资金占用事项及财务造假事项等,虽然性质上有所不同,但其往往均涉及财务事项且均指向信息披露违法,可以按照前后违法行为具有关联度进行判断,据此作为追溯的理由。但是,如果"前违法行为"为信息披露违法,"后违法行为"为信息操纵违法,虽两者存在一定的关联但因性质完全不同不可予以追溯,应该按照两个完全独立的违法行为分别计算追责时效,即性质不同或完全无关联的违法行为不能成为追溯的理由。

第三种观点认为在证券法语境下,进一步严格限定"前后违法行为"的范围,应将"前后违法行为"限定在同性质、同类型且前后高度关联的信息披露违法行为。比如同属财务类、同属资金占用类、同属对外担保类等,也即只有当前后违法行为成立连续状态时才是追溯的理由。本文倾向于赞同第三种观点,理由是只有当违法行为的基础行为具有同一性或连续性时进行追溯比较合理,而不同类型的信息披露违法行为之间本身并不具有事实、行为上的连续、关联关系,仅具有时间上的先后关系不仅难以成立违法行为的"连续状态",而且上市公司信息披露违法行为种类众多,可能会导致无限追溯所有违法行为,使法律关系始终处于不稳定状态。因此不能混合两种不同类型的信息披露违法行为作为追溯的理由。

2. 基于违规行为来追溯违法行为是否可行

依据图 1,假设 2020 年 5 月 1 日发现违法行为线索,据此对 2020 年 3 月 20 日、2018 年 4 月 20 日、2017 年 3 月 15 日财务造假类信息披露行为开展调查,最终认定 2018 年和 2017 年构成违法,而 2020 年不构成违法,仅构成违规,那么该案如何处理更为合理。

一种观点认为,违规行为不能作为违法行为的追溯理由,该案按"结案"处理更为妥当,也即不能以 2020 年作为"后违规行为"(不成立违法行为)来追溯 2018 年和 2017 年的"前违法行为"。或者经查最终认定 2017 年和 2020 年构成违法,而 2018 年不构成违法,仅构成违规,则该案只能对 2020 年作出处罚,对 2017 年的违法行为按"结案"处理,即不能依据 2018 年的违规行为来追溯 2017 年的违法行为。主要理由是未达立案标准的违规行为导致信息披露违法行为连续性的"中断"。

另一种观点则认为鉴于数个信息披露行为的基础行为(财务造假)具有连续性和持续性,不管财务造假行为最终因信息披露行为构成违法或是违规,均可据此予以追溯。比如上例中 2017 年、2018 年与 2020 年的信息披露行为构成违法或违规,前后间隔在二年内,且 2017 年、2018 年、2020 年的财务造假行为具有连续性,那么就可以根据违规行为来追溯违法行为。

本文认为,不能简单地以"违规"作为违法行为连续性中断的理由,这既不符合客观事实,也不符合逻辑常识,但也不能简单地以多年存在违法或违规行为均归入违法行为的连续状态而进行无限追溯,毕竟违规不等于违法,不能简单地将违规归入违法也是常识。因此,只有在严格限制条件下,才可以考虑打破违规行为的中断效果,将其归入违法行为的连续状态。当上市公司连续多年的信息披露行为是基于同一业务性质和业务模式,或者具有高度关联性的业务,特别是同一事项在多个年度的延续时,可以在经严格评估后将其违规行为纳入连续状态范畴予以考虑。

比如图3所示,采取时段法下的投入作为确认收入原则的信息系统开发建设项目,由于建设周期长,假设2016年至2019年分别确认收入的30%,30%,20%,30%,在2020年5月发现该项目为虚构业务后,经查处2018年因收入确认金额占比未达立案标准不构成违法外,其他年份均构成信息披露违法行为,在此情形下,因前后两年(2017年和2019年)的信息披露时间间隔超过二年而不再追溯2016年和2017年信息披露违法行为是否合适值得商榷,鉴于信息披露违法行为的基础行为(同一造假项目)的同一性和连续性,应将2016年至2019年的信息披露行为作为违法行为的连续状态予以处罚更合乎常理。

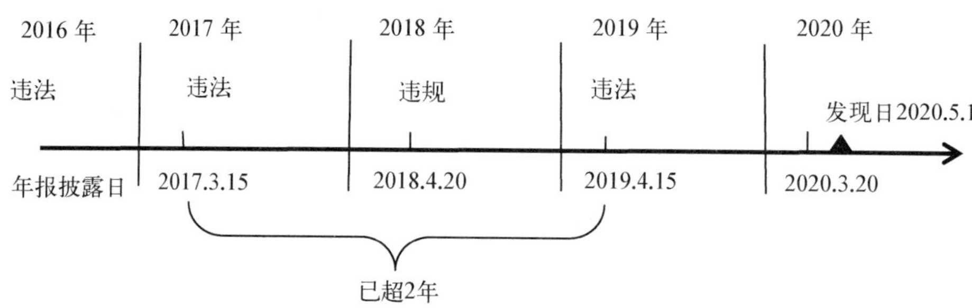


**图3　同一业务在不同年份的造假行为**

3. 不同性质的信息披露违法线索是否可以将发现时点统一前移

假设2020年3月1日在追责时效内发现2018年存在未披露重大诉讼和对外担保违法事项线索,经调查于2021年4月1日发现2018年年报(2019年2月1日披露)存在财务造假线索,此时距2018年年报已经超过二年,是否可以按照诉讼担保线索发现日2020年3月1日追溯财务造假行为。

一种观点认为追责时效已过,因为重大诉讼事项和担保事项与财务造假事项性质不同,发现时点应分别确定;另一种观点认为追责时效未过,虽然重大诉讼事项和担保事项与财务造假事项性质不同,但都针对同一年报的虚假记载,因此可以将2020年3月确定为同一发现时点。这两种观点都过于极端,且理由不够充分。本文认为,如果有证据表明重大诉讼事项和担保事项与财务造假事项存在紧密关联,则可以将

“发现时点”往前确定为2020年3月,否则应按实际发现时间为准予以确定。原因在于调查工作往往是循序渐进,并非一蹴而就,当发现某一违法行为的线索后,随着调查的深入才发现与此相关的其他违法线索,甚至有的系统性违法行为本身就需要大量的时间进行调查后才能发现,如果一概认为两者性质不同就分别确定发现时点,并不利于对违法行为的从严打击,当然也不能因为两个性质完全不同的违法行为(如一致行动人未披露和公司财务造假行为)简单的采取将其归为大类违法行为(如信息披露违法行为甚至证券违法行为)的方式随意确定“发现时点”,这也有悖于设立追责时效制度的初衷。因此,更为合理的做法应该是监管部门在运用自由裁量权确定“发现时点”时应受“前后违法线索”存在高度关联性的严格约束。比如违法线索为关联交易未披露,后经查实与虚假采购存在紧密关联,或违法线索为资金占用未披露,后经查实为虚假销售的回款来源等,也即“最初发现”是关联交易、资金占用等线索,而“最后查实”是财务造假类信息披露违法,两者存在高度关联时,才可以将“发现时点”往前推移至“最初发现”时点。

为方便进一步说明,将图4中的诉讼和担保事项替换为关联交易和资金占用,当财务造假不能完全吸收关联交易和资金占用(如图5所示)的情况下,从表面上看2018年的关联交易、资金占用未披露事项已过追责时效,但后续查实为2019年财务造假事项却未过追责时效,根据上述追溯原理,可以根据财务造假与关联交易和资金占用之间的高度关联来追溯关联交易、资金占用违法行为。但是如果关联交易和资金占用行为与财务造假行为间隔时间已经超过二年,即使关联交易和资金占用与财务造假存在高度关联,均不宜再追溯。如果财务造假行为能够吸收所有关联交易和资金占用行为,则可以按照财务造假一个行为处理即可。另假设2021年4月发现2019年存

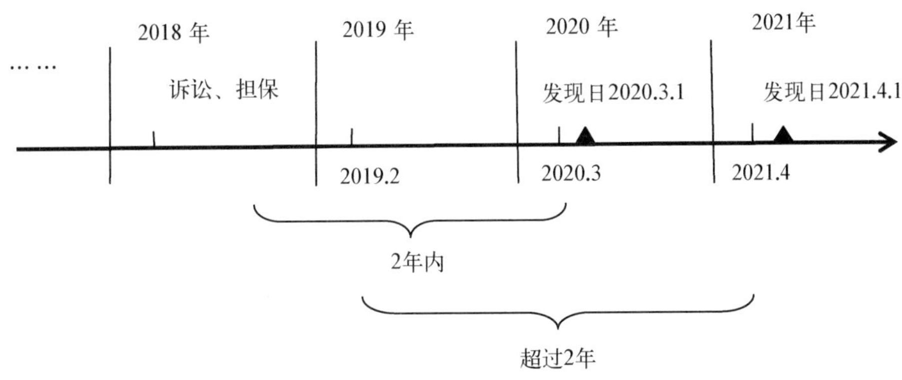


图4　不同性质的违法行为发现时点确定

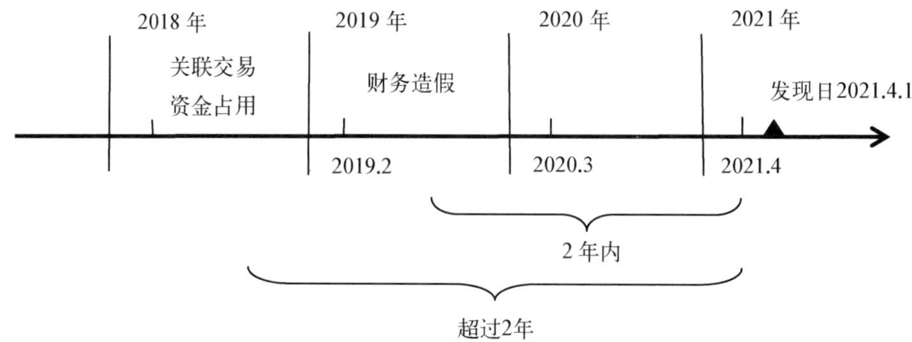


**图 5　高度关联的违法行为追溯示意图**

在关联交易、资金占用违法线索(未过追责时效),经调查进而查实 2018 年的财务造假行为,根据上述高度关联度追溯原理,可以对 2018 年的财务造假行为予以追溯。

综上,对违法行为线索发现时点的认定,应确定相对宽松的标准,比如发现关联交易未披露的线索时点可以作为后续查实财务造假类信息披露违法行为的发现时点,而对违法行为连续状态的认定,应该确定相对严格的标准,比如同性质、同类型且关联度高的业务才可作为追溯的理由。

(三) 如何处理连续多年虚假披露同一事项

一般来说,针对连续多年虚假披露同一事项,无论是认定违法行为的连续状态还是违法行为的继续状态,均可对连续多年虚假披露违法行为予以追责。比如 2018 年年报披露一项虚假的重大对外投资项目,在其后的 2019 年和 2020 年再次披露该虚假项目,那么对 2018 年至 2020 年的虚假披露行为进行追责,无论在理论还是实践层面均基本无异议。但奇怪的是在执法实践中对连续多年披露同一虚假财务数据的行为该如何处理却心存疑虑。假设 2018 年存在财务造假,2019 年至 2020 年不存在财务造假,2021 年 8 月发现线索后,按照二年追责时效可追溯至 2019 年 8 月,但由于 2018 年年报于 2019 年 4 月披露,按照上述追溯原理①,已过二年追责时效,因此无法追溯 2018 年的财务造假行为。根据《公开发行证券的公司信息披露内容与格式准则第 2 号——年度报告的内容与格式》的相关规定,2019 年年报需披露“近三年主要会计数据和财务指标”,包含 2018 年(虚假财务数据)资产负债表和利润表的主要会计科目,如总资产、净资产、营业收入、归母净利润、扣非净利润、每股收益等主要财务指

① 若持“违法行为未改正前均处于继续状态”的观点,则无论何时发现违法行为均可追溯。若如此,则时效制度没有任何意义。上文已分析其谬误。

标,同样,在2020年年报中也会再次披露2018年的虚假财务数据。也即,针对2018年虚假财务数据,分别在2018年、2019年、2020年年报进行了披露,其三年三次披露虚假财务数据的行为,将其认定为违法行为的连续状态并无不可,可以对2018年至2020年的虚假披露行为进行追责。当然,本文更倾向于认为上述行为更符合违法行为的“继续状态”,即2018年信息披露违法行为在2019年和2020年的延续,属于一个违法行为而不是数个违法行为,毕竟针对的是同一虚假财务数据。因此,其违法行为的“继续状态”终了在2020年年报,认定其未过追责时效是合理的。此外,无论是认定连续状态还是继续状态,均应采取与前述披露虚假重大对外投资项目相同或相似的认定方式追溯2018年的信息披露违法行为。

倘若能够如此,是否可以进一步将年报中虚假披露的收入利润在其后多年“消化”完毕之后才认定为信息披露违法行为的终了?基本逻辑为:只要虚增收入和利润,必然增加所有者权益,而相应地要么增加资产,要么减少负债,而后者在实务中几乎不可能存在,因此,就必须通过虚增资产来消化虚增的利润,也即通过财务造假虚增的利润最终会形成虚增的资产进入资产负债表,若说损益表仅反映当期经营成果情况,在披露后的二年内未被发现存在虚假即过追责时效,该观点暂且认为具有合理性,那么资产负债表中反映了历年累计资产的情况,一般情况下资产类科目均需在较长的时期内通过资产减值才能最终消化,如虚增利润形成的固定资产或无形资产需通过折旧、摊销、减值予以消化,因此,在该时期结束前均为虚假披露行为的连续或继续状态,该时期结束之日才是违法行为的终了之日。由此可知,年报中的虚增收入利润的“连续或继续状态”实际上延续了数年。当然,同时还需测算后续年度中每年“消化”后的虚增资产是否符合重大性标准,以此认定其违法行为。倘若在最后“消化”完毕前的年份已经不符合重大性标准,那么其违法行为的终了之日应定格在不符合重大性标准的年份。这样处理虽然复杂,但却最为合理。

目前,第一种处理方式尚难被接受,需进一步得到广泛认同以达成共识,第二种处理方式因其涉及会计处理的复杂性尚需实践考验。但无论如何,证券执法面临越来越多的难题,使监管部门不得不对其进行深度思考,以此应对日益增加的监管挑战。

## 三、证券服务机构违法行为追责时效的特殊性

证券服务机构违法行为的附随性决定了其追溯原理同上市公司违法行为追责时

效的认定具有相似性,在此不再赘述。仅就证券服务机构违法行为追责时效特殊性进行探讨。

(一) 如何确定证券服务机构违法行为的发现时点

在执法实践中,监管部门往往是先发现上市公司存在信息披露违法线索,然后按照“一案双查”的要求对相应的证券服务机构启动调查。那么,如何确定证券服务机构违法行为的“发现时点”成为追责时效中的首要问题。一种观点认为,发现上市公司违法行为的时点可以直接作为对证券服务机构违法行为的发现时点。在胜通集团案[①]中,证监会认为鲁成律师事务所违法事实属于胜通集团违法事实的一部分,发现胜通集团的违法行为即可认定已经发现鲁成所的违法行为。在华泽钴镍案[②]中,北京市第一中级人民法院也持相同观点,认为瑞华会计师事务所的违法事实属于华泽钴镍信息披露违法事实中的一部分,发现华泽钴镍违法行为即可认定已经发现瑞华所违法行为的线索。基于前述附随性原理,似乎也能得出相同结论。因为当监管部门基于上市公司违法行为而调取证券服务机构底稿的行为就表明(或推定)其在一定程度上已掌握证券服务机构存在未勤勉尽责的线索。另一种观点则认为,上市公司与证券服务机构分别属于两个违法主体和两个违法行为,不能将两者混为一谈,应该根据实际情况分别确定“发现时点”。理由是上市公司存在违法行为不代表证券服务机构也必然存在违法行为,将尚未发现违法线索的时间确定为发现时点,无论在逻辑上还是在常理上均难以站立的住。

本文认为,在监管部门已发现上市公司违法行为线索的情况下,一般应以对相应的证券服务机构采取检查调查的确切时间作为“发现时点”较为合理。这样处理可以避免第一种观点的逻辑缺陷。在未发现上市公司违法线索的情况下,仅基于日常监管或常规调取证券服务机构底稿进行检查的行为,理论上不应将该检查时间确定为证券服务机构违法行为的“发现时点”。除非有证据表明该次检查发现了违法线索,或者此后再次检查时发现违法线索与该次检查具有连续性,且两次检查行为间隔时间较为合理,可以将“发现时点”确定为该次检查时间。这样处理可以避免第二种观点的僵化倾向。

比如 2020 年 6 月监管部门因年报检查的需要,例行对会计师事务所进行现场检查,调取了审计工作底稿,2020 年 10 月接举报后再次对该会计师事务所进行检查,并

① 中国证监会行政处罚决定书〔2022〕40 号。

② 北京市第一中级人民法院行政判决书(2019)京 01 行初 809 号。

发现审计工作存在未勤勉尽责情形，据此，除非有证据证明监管部门在前次例行检查时已经发现违法行为(仅调取资料的行为不足以证明已经发现违法线索)或者证明前次例行检查与后次举报检查存在连续性，可以将发现时点定为2020年6月，否则应将发现时点定为2020年10月。但若2020年6月监管部门因发现上市公司财务造假线索而在2020年10月调取会计师事务所审计底稿(无论此时是否发现违法线索，只要后续认定其构成违法即可)，则可以将对会计师事务所违法行为的发现时点定在2020年10月，但没有理由将发现时点定在2020年6月。

当然，如果有证据表明证券服务机构与上市公司存在共同违法故意，成立共同违法行为时，可以作为例外情形，将其追责时效与上市公司违法行为的追责时效保持一致，不再单独计算证券服务机构的追责时效。比如2015年发行人与会计师事务所合谋造假进行欺诈发行，并聘请该会计师事务所为年审机构，2018年上市公司更换年审机构，2022年监管部门发现上市公司连续5年涉嫌财务造假，此种情形下，追溯2015年欺诈发行及2015年至2022年信息披露违法行为的同时，因该会计师事务所与发行人合谋造假，对该会计师事务所的违法行为予以追溯是合理的，虽然欺诈发行距离2022年发现时点已过7年，按照2017年的年报审计时间，也已经过5年。一般情况下，在不违背法律制度和基本法理的基础上，如果对追责时效存在两种不同的理解，应尽量做有利于当事人的理解更为合适，原因是此举可以督促监管部门及时主动高效履行监管职责。但是，在“严监管”“重典治本”的背景下，只有重罚严处恶劣的合谋造假行为，使证券服务机构放弃侥幸心理、滥用时效制度等，才能强化执法震慑，彰显公平正义，增强市场信心。因此，建议将证券服务机构与上市公司合谋进行财务造假的行为作为例外情形予以规制，在追责时效上将两者违法行为视为一体处理。

（二）如何追究证券服务机构违法行为的责任人员

根据附随性原理，证券服务机构违法行为附随于上市公司违法行为，按理相应的责任人员也应附随于上市公司和证券服务机构。那么，上市公司违法行为责任人员的追责时效与证券服务机构违法行为责任人员的追责时效也应该附随于相应的上市公司与证券服务机构。但是，执法实践操作中发现，情况比较复杂，观点也多有分歧。

一种观点认为“人随机走”，只要“机构延续，责任人员就延续”，即只要机构的违法行为未过追责时效，则相应的责任人员也均未过追责时效。在金刚玻璃案[①]中，广

① 中国证监会广东局行政处罚决定书〔2020〕3号，中国证监会行政复议决定书〔2020〕186号。

东局对支毅(2015 年 4 月 17 日至 2016 年 2 月 22 日担任独立董事)签署 2015 年半年报(2015 年 8 月 21 日公布)的行为作出行政处罚。支毅辩称广东局于 2018 年 8 月 20 日向金刚玻璃送达现场检查通知书,发现涉案违法行为(最终认定 2015 年至 2017 年半年报、年报存在虚假记载),距离其签署日期和离职日期均已超过两年行政处罚追责时效。证监会则认为相关责任人员对上市公司虚假披露行为中所承担的法律责任,依附在公司的法律责任之上,因此上市公司信息披露违法行为与相关责任人员的追责时效应保持一致。北京金融法院[①]也持相同观点,认为判断责任人员是否超过时效,需要置于上市公司行政处罚的整体框架中考量,并与上市公司涉案违法行为行政处罚时效的认定保持一致。

鉴于证券服务机构违法行为责任人员的追责时效与上述上市公司违法行为责任人员的追责时效的原理相同,因此,机构与人员的追责时效保持一致。

另一种观点则认为应实行"人机分离",机构与责任人员应分别计算追责时效,即在追究机构责任的前提下,相应的责任人员单独计算追责时效。在昆明机床案[②]中,证监会对昆明机床 2013 年至 2015 年年报存在虚假记载的行为予以处罚,但对仅在 2013 年年报签字的人员以已过追责时效为由不予处罚。认为信息披露义务人和相关责任人的违法行为,在时效起算方面,应当区分处理。[③]

上述两种观点都具有一定合理性,导致执法实践存在明显冲突的做法。为进一步理顺说明机构与人员之间的责任追究问题,试举例如下:假设 A 会计师事务所在 2016 年至 2021 年连续 6 年存在违法行为,则属于违法行为的连续状态[④],但在追究相应的签字注册会计师责任时,发现在不同年份存在不同的签字注册会计师的情况(如图 6 所示),甲和乙审计签字的年份最晚分别是在 6 年和 5 年前,且后续年份均无审计签字,丙审计签字的年份最早是在 5 年前,后续年份均连续审计签字。该如何追究相关责任人员较为合理?若按照第一种观点,则应对甲、乙、丙、丁均进行追责,若如此处理,理论上只要会计师事务所存在连续违法行为,那么可以实现对甲终身追责,但这种甲的责任追究取决于机构行为而非甲个人行为的做法是否妥当值得商榷。特别是站

① 北京金融法院行政判决书(2021)京 74 行终 3 号。

② 中国证监会行政处罚决定书〔2018〕9 号。

③ 《关于违法行为跨越新旧法的案件适用法律有关问题的通知》(处罚委函[2021]360 号)。

④ 与上市公司信息披露违法行为的连续状态原理相同,实践中一般无异议。比如在富控互动案(中国证监会行政处罚决定书〔2022〕21 号)中,证监会认为众华会计师事务所连续 3 年为富控互动出具审计报告,属于连续多年的同一性质违法行为,主体及其行为性质未发生变化,违法行为处于连续状态。

在甲的角度看,其行为发生在6年前,远超一般违法行为的追责时效。若按照第二种观点,因甲、乙的行为分别发生在6年和5年前已过追责时效,只能追究丙、丁的责任。但该观点没有对是否追究2017年丙的责任给出答案。若不追究丙2017年审计签字行为,似乎不合理,毕竟丙的审计签字行为从2017年开始至2021年具有连续性;若追究丙的2017年审计签字行为,却不追究同为2017年审计签字人员乙的责任,似乎也不合理,毕竟乙和丙在同一份报告上共同签字。因此,该观点陷入两难,也值得商榷。

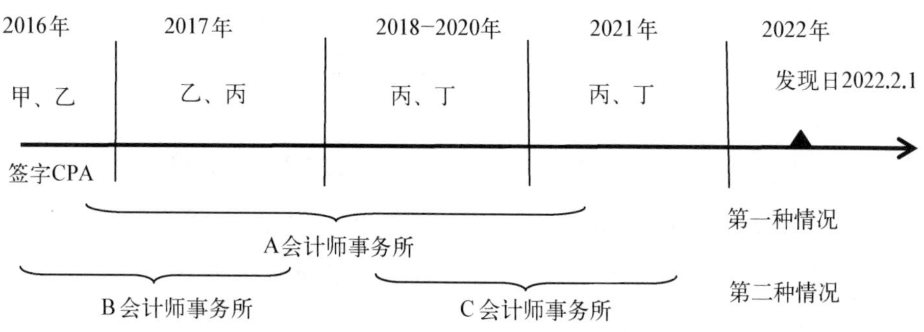


**图6　连续多年存在不同签字注册会计师的情形**

本文认为,追责时效针对"违法行为"而不是针对"责任主体",在确定了违法行为未过追责时效后才进一步确定相应的责任主体。因此,理论上"责任主体"无追责时效一说,只要"违法行为"未过追责时效,"责任主体"必然未过追责时效。但为什么在上述例子中无论选择哪种处理方式感觉各有道理却都不尽合理,原因在于违法行为的"连续状态"本质上是由数个违法行为组合而成,法律之所以将其视为一个违法行为是基于"违法行为"与"责任人员"完全重合,行为人即责任人,行为人实施数个违法行为的种类、性质相同,按照一个违法行为对待,不再多次处罚从而有利于行为人的责任承担,但是涉及机构(单位)违法时在一定程度上出现了"违法行为"和"责任人员"的分离,此时再将数个违法行为视为一个违法行为就显得有点突兀。因此,当出现"分离"现象时,应考虑将责任人员适当进行"分割",采取"加重机构责任,减轻个人责任"的进路做有利于个人的处理。图6所示,应对A会计师事务所2016年至2021年违法行为予以处罚,对2018年至2021年责任人员丙、丁予以处罚,对2016年至2017年责任人员甲、乙、丙不予以处罚,但对丙2017年审计签字行为作为加重情节在处罚时适当考虑。这一处理方式同时可以很好地应对图6中的第二种情况,即假设上市公司先后聘任B和C两家会计师事务所,丙2016年至2017年在B会计师事务所,后2018年至2021年在C会计师事务所,在这种情况下,显然B会计师事务所的违法行为已过追责时效,不应再对B和丙进行处罚,因此在第一种情况下若对2017年的丙作出处罚就有失公允,责任承担仅因是否更换事务所而处理结果截然相反,这会导致为了规避监管采取不断更换证券服务机构或签字人员的做法。此外,当证券服务机构违法行为连续状态跨越新旧证券法时(如图6所示),对证券服务机构适用新证券法,而相应的责任人员一并适用新证券法还是分别适用新旧证券法,本文提出的采取上述"分割"的处理方式一定程度上可以避免这种争议。

## 四、结论与不足

无论是学术界还是实务界对违法行为的"连续状态"和"继续状态"的研究并不深入,且在信息披露违法行为领域,其适用的情形未被充分探讨,在双层架构下的证券服务机构违法领域就更少引发讨论。本文追本溯源厘清违法行为的"连续状态"本质是数个违法行为,而"继续状态"指向一个违法行为,是在行为上的持续和时间上的继续。就上市公司信息披露违法行为而言,既不能无视信息披露违法行为继续状态的存在,也不能简单地认为信息披露违法行为未纠正前均为继续状态,针对连续多年虚假披露同一事项或同一财务数据的行为及虚增收入利润进而影响资产负债表真实性的年份可以认定为继续状态。在证券法语境下,应严格限制不同性质的信息披露违法行为认定为连续状态,只有当同性质、同类型且高度关联的信息,甚至其基础行为在事实上具有同一性时才认定为连续状态。同时,若同一虚假事项在多个年度延续,经严格评估后可以适当考虑将个别年度的违规行为纳入违法行为的连续状态予以追溯。但若不同性质的信息披露违法行为存在高度关联,监管部门可以适当考虑将"发现时点"往前推移。对于上市公司信息披露违法行为与证券服务机构违法行为的"发现时点"应根据实际情况分别确定,除非事后查证两者成立共同违法行为,则可以一体处理。上述两种违法行为相应的责任人员不直接适用追责时效,当违法行为与责任人员出现分离时,将责任人员适当"分割处理",采取"加重机构责任,减轻个人责任"的进路做有利于个人的处理,可以一定程度上避免新旧证券法适用难题和防范监管规避策略的实施。

当然,本文采取类型化研究方法的弊端是无法穷尽所有可能分型,且本文观点和论证逻辑还有待实践检验,但若能起到抛砖引玉的作用,引发执法实践更多思考则足矣,毕竟如何理解适用追责时效不仅关乎法律制度和基本原理,也关乎执法理念和自由裁量。

# 刍议企业重整中担保债权的权利限制边界*

龚家慧** 姚 敏***

**摘要：**梳理当前法律对重整中担保债权的限制，不难发现其在立法上仍显粗疏，实务中因缺失明确的规制而难以精准衡量担保债权受限的边界，损害了担保债权人的合法利益。为实现重整的目标且兼顾担保功能的实现，须对担保债权在重整中的合理限制做进一步明晰。本文通过对当前立法的局限以及实践困境的分析，提出重整中担保债权的实现应坚持司法中立和利益平衡原则，制度构建上应厘清担保债权暂停行使的类型和时间范围，明晰解除暂停行使担保债权的特殊情况及其损害补偿的标准，并在此基础上设定兜底性保护措施，以此实现对担保债权人正当利益的有效保障。

**关键词：**破产 重整 担保债权 权益保障

## 引 言

破产审判在优化营商环境、淘汰落后产能、推动要素市场化配置等方面发挥着重要的职能作用。当进入破产清算程序时，企业面临职工被清退、企业主体即将消灭、债权人获得较低的清偿率等结果。因此，极大可能地挖掘破产企业的重整价值、为陷入困境的市场主体解危纾困、助力重生则成了现代破产理念追求的重要目标。由此可见，破产重整的意义不仅在于挽救困境企业使其获得重生，更在于维护社会公共利益。而《中华人民共和国企业破产法》（下文简称《破产法》）第 75 条第一款规定了在

* 本文为上海市哲学社会科学规划项目“疫情对小微企业的冲击及支持政策研究——以歇业登记制度为研究对象”（2022EFX004）的阶段性成果。

** 法学博士，同济大学法学院助理教授。

*** 法律硕士，上海破产法庭法官助理。

重整期间,对债务人的特定财产享有的担保权暂停行使。这也由此导致担保债权人的个体利益与重整程序中所保护的不同权利主体共同利益之间权益产生冲突。

事实上,在重整案件的审判实践中,管理人为了尽可能地促成重整成功,在和担保债权人的谈判中往往会作出期限利益以及利息的让渡等行为。这进一步凸显了担保债权人个体利益与重整追求的共同利益之间的矛盾。故而,如何在重整案件中对担保债权进行保护和限制需要思考和探讨。

## 一、担保债权在重整中行使受限的法理分析

担保债权和破产重整在设立时被赋予了不同的内涵和功能定位,但由于两者在适用目的和原则上存在矛盾,导致担保债权在破产重整中能否得到有效保障成为一个问题。这个问题主要体现在与破产中的其他程序(如清算和和解)不同的是,担保债权在重整过程中被要求暂停行使其优先清偿权。这一限制如同一把双刃剑:一方面,它确保了困境企业在重整过程中获得必要的资产支持,从而维持正常经营,争取恢复生机;另一方面,为了帮助困境企业顺利重整,担保债权的实现往往面临权利被搁置的潜在风险。要进一步厘清担保债权在重整中受限的界限,需要从法理上阐明担保债权和重整制度的设立目的和功能。

### (一)担保设立的功能定位

担保这个交易行为自古有之,初始货物商品之间的流通交换在无法实现即时交付的情况下,首先出现"信贷"模式。时代更替后,"信贷"在原本文意理解下的以信用借款模式逐渐衍生甚至异变为担保。[①] 资金融通和商品流通的经济背景下,债权人因担心债务人无法到期清偿债务而设立担保。现如今的担保是平等主体间基于法律规定或双方合意订立的,以保障、督促债务如期清偿的法律制度。

金融交易过程中,就债权的实现而言,有担保的债权比普通债权更为可靠。[②] 企业经营者为筹措资金,惯常向金融机构借款。金融机构在面对大额借款时综合评估企业经营者的资产状况,若此时企业能提供物的担保则更能保障金融交易的安全,因而担保物权作为借贷资金安全的优选更易为金融机构接受。企业经营者不仅可以通过担保物权获得所需流动资金,若所设的担保物权金额低于担保物自身价值,担保物

---

① 参见许德风:《论担保物权在破产程序中的实现》,载《环球法律评论》2011年第3期。

② 参见郑宏伟:《我国破产法对担保物权优先性限制研究》,载《北方经贸》2014年 第5期。

仍能继续被当作他用进行其他有效的资金吸收,这种设置兼顾了企业融资和金融机构保障借贷安全的需求。

担保物权作为以担保债务的清偿为目的,以债务人或第三人特定物或权利设定的定限物权,[①]在债务人不履行到期债务或发生当事人约定的实现担保物权的情形时,担保物权人可优先享有受偿权。这种优先受偿的制度最早源起于罗马,古罗马法中将优先权赋于法定抵押权中,“法律设定的担保物权”被认为是优先权制度的早期称谓和表现形式。[②] 这一制度设立的目的在于保护交易关系中弱者的权益,实现公平正义。而我国当前较为完善的法律体系框架下,债权受偿的顺位主要遵循“担保物权绝对优先”与“普通债权平等受偿”这两项基本规则。该顺位制度可解读为以下两点:一,担保物权的优先是基于债权人、债务人双方自愿意志合谈下的结果,双方早在进行平等交易时已对最终债务清偿顺序进行预设并达成共识,这也可理解为担保债权人在订立合同时可能以较低利率或条件换取较高获偿概率;[③]同时,担保物权以独占方式取得债务人特定物的支配价值,对担保标的物享有直接变价的权利,也自然享有该物变卖后价金优先于其他普通债权人的权利。

(二)破产重整的功能定位

1. 企业拯救层面

破产法颁布之初主要解决的是市场主体被淘汰后如何迅速有效地退出市场这一问题。破产清算程序通过司法手段对繁杂的债权债务关系进行厘清并对债权人利益进行保护。[④] 破产清算程序结束后,企业法人不再具备民事行为能力并注销登记。但市场经济发展至今愈发成熟,旧破产法所设定解决市场问题的途径已无法满足日益广泛的市场主体对获得再生机会的需求。市场主体渴求通过合法途径,比如让其他企业或投资者参与重组等措施获取外力支持帮助自身“涅槃”。无论企业是否处于负债较高的状态,企业整体价值的估算并不能单纯地依靠账面上的资产来进行判定。[⑤]若是企业仍具备维系经营的核心资产,就仍存有继续经营至后期盘活自身的概率,这亦是为债务人提供与债权人谈判博弈的机会,为后期帮助困境企业进入重整程序,促

---

① 参见梁慧星:《物权法》,法律出版社第三版,第331页。

② 参见韩静、宋安煜:《优先权基本理论新探》,载《东南大学学报(哲学社会科学版)》2008年第10期。

③ 韩长印、韩永强:《债权受偿顺位省思——基于破产法的考量》,载《中国社会科学》2010年第4期。

④ 龚家慧:《金融风险化解途径的新思路——基于企业“破产不停产”视角》,载《重庆社会科学》2019年第8期。

⑤ 龚家慧:《企业“破产不停产”:化解金融债权风险的新思维》,载《南方金融》2019年第10期。

成重整草案奠定基础。至此,破产法由最初的淘汰竞争力不够的市场主体的立法理念,渐渐地演变为帮助、扶持部分有复生希望的困境企业实现资源重组。

2. 利益保障层面

法律制度本质上是一种激励机制,它会引导人们在成本和效益之间进行衡量并作出选择,合理的法律制度应是一种有效率的激励机制,让人有意愿去作出与社会最优结果相一致的行为。[①] 对比破产清算程序中破产财产经评估后变卖这一举措,重整为企业所带来的重新经营的价值大概率要高于企业直接财产变卖的价值。经司法实践证明,企业破产后并非所有债权都能得到清偿,债权人的利益或多或少都受到损害。以"一刀切式"的破产清算来对待仍有挽救希望的困境企业,该企业破产财产的价值不仅无法保证其原有价值甚至可能存在价值贬损。例如,具备特殊资质、商标或其他无形资产的困境企业在清算时因无法实现无形资产的保值而损失部分价款。此种背景下若部分困境企业能通过重组方式盘活企业,推动它重新进入运营轨道,后续可实现的经济价值相较而言更符合债权人对于利益保障的期待。换言之,此时的债权人与债务人是利益共同体,债务人期待以重整方式维持企业生命,债权人期待以重整方式保证债权实现的最大化。从重整程序设置来看,债权人、债务人通过协商拟定重整草案,各方利益可经过协商得以最大化地实现。

3. 社会政策层面

在立法理念和立法指导思想上,破产法长期被当做是政策工具。[②] 破产所追求的不仅是公平清理债权债务、保护债权人和债务人的合法权益,也需兼顾维护市场经济秩序。重整在其中的价值更凸显为实现市场资源的有效整合利用,财富配置的有序化,与此同时兼顾职工等利益相关者的合法权益,从而减少对社会的消极影响。[③] 困境企业一旦直接破产无疑会带来以下几个方面的负面影响:① 大型企业破产后大批量员工处于失业状态,社会闲散人员的增多不利于社会稳定;② 企业破产后的资产面临价值贬损风险,不利于市场经济平稳发展;③ 企业规模扩张和产业链延伸背景下,企业破产易造成关联企业连锁破产反应。其中负面影响或可借助重整的手段得到有效抑制。简而言之,重整制度的存在符合利益群体对效率、公平的期待,以企业复兴的方式满足了所牵涉的小到个体利益,大至社会整体利益对制度规范的需求。

---

① 参见韦忠语:《破产财产经营论》,载《法商研究》2016年第2期。

② 参见赵万一:《我国市场要素型破产法的立法目标及其制度构建》,载《浙江工商大学学报》2018年第6期。

③ 参见范健、王建文:《破产法》,法律出版社2009年,第6页。

（三）担保债权与重整之间的价值冲突

1. 法理本源角度

民法典中物权编第 386 条[①]中提出，担保物权人依法享有优先受偿权利。担保物权，是为了担保债权的实现，由债务人或第三人提供特定的物或者权利作为标的物而设定的限定物权，它从属于被担保的债权。因此，当享有担保物权的债权人进入破产程序，其优先清偿和全部清偿的权利仍应受到全面保护。而破产作为概括性执行程序，在发展过程中其目的从单纯保障债权人利益拓展为需保障债务人、债权人双方甚至兼顾社会公共利益。担保债权在法理上理应享有优先受偿权利，但是由于破产程序的特殊性，重整程序中对担保债权优先受偿的限制尤为明显。究其机理，重整程序的目的在于帮助困境企业重新健康运营回转，从目的角度倒推制度的建设；而担保债权的优先受偿是从法理本源分析受偿优先性的法律依据。简而言之，担保债权优先性具有法理依据，而重整对其限制则是依循目的论倒推限制的合理性。

2. 成本收益角度

企业的复兴与重建离不开充足的物质支持保障，从破产重整的“营运价值论”观点出发，[②]企业通过再生获得继续经营带来的收益高于清算时财产变卖价值。为促成重整，保证企业具备维系经营所需的必要资产，部分债权人或许要为恢复企业经营生产作出利益上的让步，例如，对担保债权暂停行使、普通债权人对债权清偿作出适度宽容等。困境企业通过债务的部分宽限和免责减少重整中可能遇到的资金上的阻力，追求的是以部分债权人利益的牺牲换取整个企业资产利益的最大化。而担保债权的设立对于债权人而言至少有四项收益：确保债务如期履行；限制债务人进一步负债；降低借款合同的委托代理成本以及节约执行的成本。[③] 这些收益无一不透露出担保债权设立时蕴藏的经济价值能给予债权人足够的利益保障，这意味着担保债权的设立不仅降低交易成本，还能保障债权的充分实现。

3. 保障主体角度

我国破产法在第一条即阐述其立法目标，破产法旨在规范企业破产程序，充分发挥挽救企业，清理债权债务，保护债权人和债务人的合法权益，维护市场经济秩序的作用。而担保制度设立的目的在于促进资金融通，降低交易成本，保障债权实现。在

---

① 民法典第 386 条规定：担保物权人在债务人不履行到期债务或者发生当事人约定的实现担保物权的情形，依法享有就担保财产优先受偿的权利，但是法律另有规定的除外。

② 参见王卫国：《论重整制度》，载《法学研究》1996 年第 1 期。

③ 参见许德风：《论担保物权在破产程序中的实现》，载《环球法律评论》2011 年第 3 期。

保障主体方面,重整不仅保护担保债权人利益,同时也顾及普通债权人及债务人的利益,其保障的利益主体更趋多元。而担保债权实现时,仅侧重于保证担保债权人在债务人无法清偿债务时优先受偿,减少损失,其保障利益主体为单一的担保债权人。

4. 价值位阶角度

正如上述所言,重整制度契合了破产设立的原则,兼顾了程序中债权的集体受偿、同时受偿,为此以牺牲部分债权利益作为代价交换。它体现的不仅是司法程序中对私权利主体利益的干预,更是对相对公平价值的追求。担保债权施行则以担保物变价后的优先受偿为担保债权人开辟绿色保障通道,担保债权人一方利益被着重保护,相对比公平价值,其显然更追求债权实现的效率。法律诸价值的互克性是他们关系的主流,在法律的诸价值中,如果其中一项价值得到完全实现,就难免在一定程度上牺牲或否认其他价值。① 担保制度追求效率价值,重整制度追求公平价值,这两项制度在价值位阶上存在竞争与冲突。

## 二、文本的局限性与实践的偏差

企业交易多采用担保的方式来为企业实现融资,从而保证资金流通。而当企业破产时,担保债权作为对债务人特定财产享有担保权的债权,在破产程序中有优于其他普通债权清偿的优势。但在实操层面,这种优势在重整程序中受到了一定限制。究其原因,破产重整的顺利实施倚赖于企业主要资产的正常运转,而企业资产很大程度被担保之债涵盖。为实现困境企业复生的目的,帮助企业进入重整程序,担保之债被暂停行使以期以其资产作为企业恢复运营的"钥匙"。尽管《全国法院民商事审判工作会议纪要》第112条提出了担保债权人可恢复行使担保物权,但如此规定尚不足以满足实践需求。由此,相关法律规则的不尽完善,司法机关在实践中可参考引据的规范不足,法官自由裁量空间过大,造成了担保债权限制有余而保护不足的现状。

### (一) 破产重整中担保债权的立法现状

担保债权因就特定财产享有优先受偿权而在行使时有别于普通破产债权。对于担保债权,我国破产法未作集中规定,其规范散见于破产各个环节当中。根据《破产法》第75条规定,在重整期间,对债务人的特定财产享有的担保权暂停行使。但是,

① 参见徐国栋:《民法基本原则解释(增订本)》,中国政法大学出版社2001年版,第356页。

担保物有损坏或者价值明显减少的可能,足以危害担保权人权利的,担保权人可以向人民法院请求恢复行使担保权。该法条包含两层涵义:① 担保债权的行使在重整中属于自动暂停;② 特定条件下担保债权人可以申请解除暂停行为。《破产法》第 82 条规定,对债务人的特定财产享有担保权的债权人应参加讨论重整计划草案的债权人会议,并对重整计划草案进行表决。第 87 条规定,未通过重整计划草案的表决组拒绝再次表决或者再次表决仍未通过重整计划草案,但重整计划草案符合第 82 条第一款第一项所列债权就该特定财产将获得全额清偿,其因延期清偿所受的损失将得到公平补偿,并且其担保权未受到实质性损害,或者该表决组已经通过重整计划草案的,债务人或者管理人可以申请人民法院批准重整计划草案。这两条规定都表明,担保债权人应参与重整计划草案表决,并对重整草案内容有表决权,但即使担保债权人两次表决均反对重整计划草案,法院仍能强制裁定。除此之外,并未直接对担保债权有更为详尽的解释,这也引发担保物权相关裁判规则不明,对其强制限制难当其责的问题。

其一,在担保债权被自动暂停方面,《破产法》第 75 条提出担保债权在进入重整即自动暂停,但该暂停所限的范围并未明确。从破产法规定担保债权暂停的立法目的来看,此举并非单纯为限制担保债权人利益行使,而是为了替企业重整创造良好的外部环境,避免因权利行使影响企业重整拯救。从该出发点而言,对于担保债权的暂停应着重考虑被暂停行使的担保债权是否为重整所需的必要财产,若是生产经营必需资产则其暂停期间是否要求完全贯穿重整程序抑或是暂停的起始点可规定得更为明晰。[①] 担保债权被暂停行使后,权利人申请解冻该暂停行为的情况不明。尽管第 75 条第一款以但书形式提出担保物遭受损害致担保权人利益受损的可提出恢复权利行使的请求,赋予了权利人一定的救济渠道。但对于担保物遭受何种损害,达到何种程度损害后可提出恢复权利行使,以及担保人是否需要提供相应证明,是否需要第三方评估机构对担保物受损价值进行评估等问题也并未作进一步解释。

其二,在担保债权人参与破产重整过程中,尽管《破产法》第 82 条赋予了担保人对重整计划草案的表决权,但根据《破产法》第 79 条规定,只有债务人或破产管理人才能对重整计划草案内容进行拟定,担保债权人缺少参与、协商计划草案拟定的渠道,只能对是否同意重整计划作出选择。换言之,对于企业经营、债权调整分类以及

① 参见王欣新:《论破产程序中担保债权的行使与保障》,载《中国政法大学学报》2017 年第 3 期。

受偿方案等,担保债权人因没有实质性地参与重整计划草案制定而面临权益受损的可能。这种权益风险同样体现在,担保债权人反对重整计划草案通过的,担保债权因延期所受损失能得到公平补偿,但若没有受到实质伤害,该重整计划仍可被强制批准。其中,公平补偿标准为何,实质性损害如何界定,补偿金额是否应该计算利息,若计算则从什么时间节点开始计算,需不需要第三方机构进行综合评估等法律也并未作出相应解释。债权人会议作为重整环节中重要的自治形式,注定无法实现绝对公平,因不同债权人利益诉求的差异导致少数债权人特别是担保债权人群体的意愿不可避免地被忽略。此处,法律既没有为自治结果设置相应约束条款,也没有为异议担保债权人群体提供其他解决方案和救济方式。①

（二）当前立法对司法实践的影响

担保物权的实现既涉及精细繁多的技术规范，又涉及取舍难断的价值考量，破产的发生又进一步增加了这一过程的复杂性。② 在法律规制的缺漏和不同利益主体之间的博弈背景下,重整中的担保债权无不表征着权益实现的制度风险。

1. 担保债权限制的正当性

一方面,破产程序的正常进行倚赖于企业核心资产的存续,因而主流观点赞成对担保债权的行使进行限制。从该规定表面来看,对优先受偿权的限制是为了促使企业顺利进入重整环节并最终成功实现重整。抛开表象透过本质,对担保债权行使的限制是破产立法价值擅变的结果。③ 纵观破产法立法变革,破产法价值追求已从最开始的侧重保护债权人单方利益过渡到兼顾债权人、债务人双方的合法权益。破产法最初保护的利益主体只有债权人一个群体,实现的目标也更单一,即保证债权人利益最大化实现。因而,立法设计和政策制定围绕债权人利益保障展开,担保债权人实现优先受偿权时并未受到阻挠。随着经济、社会、生活的演变、进步,市场经济的秩序稳定与经济个体之间的联系日趋紧密并逐步实现一体化,尤其在关联企业这类颇具规模的经济集合体出现后,部分经济组织的经济崩溃和解体分化,很可能导致相关行业、上下游生产链上的其他关联企业步入接连破产的困境。企业破产清算或可满足部分债权人利益清偿的诉求,但更多涉及公共利益的方面,如职工失业、税收等与社会稳定相关联的问题仍未能得到妥善处理。至此,破产法肩负的不仅是保障私权的

① 参见李忠鲜:《担保债权受破产重整限制之法理与限度》,载《法学家》2008年第4期。
② 参见许德风:《论担保物权在破产程序中的实现》,载《环球法律评论》2011年第3期。
③ 参见汪世虎:《论破产程序对担保物权优先性的限制》,载《河北法学》2006年第8期。

责任,更是维护社会整体利益,保障社会稳定的重担。实际上,重整对担保物权人优先权的限制也是法律价值位阶冲突的体现,重整的设定目的即保障公共利益要优先于担保债权人这个特殊群体的私人利益,从而凸显公平与正义。法律对利益冲突的调整无法做到绝对公平,法律对一般社会正义的保护不可避免地要牺牲和限制个别主义。[①] 在破产程序中,当债权人的利益与社会公共利益发生冲突时,牺牲债权人的利益以保护社会利益,符合一般正义的原则。

另一方面,债权在性质上属于请求权, 债权人仅能就债务人的一般财产受偿, 而无权对债务人进行进一步的财产处置, 包括在财产上设定担保提出异议。[②] 须注意的是, 并非所有债权人都自愿承担债务人财产变动的风险,此类债权人被视为非自愿债权人。司法实践中存在已有非自愿债权人与债务人发生交易后,债务人仍以特定物作为担保与第三方设定担保债权的情况。此举目的在于通过看似合法的途径转移资产,便于申请破产后利用有限责任原则逃避债务清偿。面对这类恶意逃避债务的行为,担保权人无法援引自由主义的道德哲学观念正当化其担保权。[③] 面对恶意逃债行为,基于保护无辜非自愿债权人利益,对担保债权限制符合公平基本原则。

2. 担保债权限制的非合理性

重整作为一个“以多元价值的兼容并蓄为要诀”的制度设计,承载了债务人、债权人各自的利益期待,最高院司法文件和相关解释也表明了他们对重整效率的支持。[④]

从担保债权人的财产利益层面分析,在传统的存续型重整模式中,担保债权人原本享有优先受偿权,但受法律限制暂停行使权利。若破产重整顺利,则担保债权或可在债务企业走上正常营运轨道后根据重整计划草案协定内容获偿,但其中延期后的债权利息是否计算入内,从何时起算,如何计算均无定论。若债务较高的企业采用较为冒险的方式尝试重整,最终失败,最先受到财产损失的群体也是担保债权人,因为担保债权人原本可凭借担保物的变现获得债权清偿。为了更好地发挥重整制度的拯救功能,司法实践中除了采用传统的存续型重整方式外,非保留企业主体资格的出售式重整模式也逐渐被应用。尽管出售型重整从操作技术上来讲,其实施效率较高,短期内能挽救困境企业财务危机,但该模式存在无法周全保障担保债权的风险。按照破产法规定,管理人对于债务企业资产有权处分,此时担保物的处置完全由管理人作

① 参见汪世虎:《论破产程序对担保物权优先性的限制》,载《河北法学》2006 年第 8 期。
② 参见许德风:《论担保物权在破产程序中的实现》,载《环球法律评论》2011 年第 3 期。
③ 参见许德风:《论担保物权在破产程序中的实现》,载《环球法律评论》2011 年第 3 期。
④ 池宏伟:《困境企业拯救的破产重整路径效率优化》,载《中国政法大学学报》2021 年第 4 期。

出决定而不受物权法规定调整。管理人是否拥有对担保物价值评定的基本认知直接关系到担保物能被变卖多少价值。实践中不少案例表明,破产管理人因缺乏对资产价值的评估了解而致使债务资产变卖时价值受损的情况比比皆是。同时,出售型重整中不乏一些新设公司提出仅承担原债务公司部分债务的要求,为实现核心资产的尽快出售,获得必要的资金支持,管理人、债务人不得不同意此类要求,这也给担保债权的安全实现带来极大冲击。

从担保债权人意思自治层面分析,重整计划草案是重整程序的核心环节,它决定着企业以何种形式继续生产经营,关系到后续债权如何调整分配,但担保债权人作为利益相关者却无法直接参与草案拟定。尽管重整的最终目的在于兼顾多方利益,但通过司法权对担保债权这类私权利进行干预实际损害了该权利的实现。现有法律规定明确表示,法院可以在担保债权未受到实质损害时以强裁方式通过重整计划草案,这也意味着只要其他组别同意通过该草案,担保债权人的反对可被忽略不计。担保债权人作为所有债权人类别中原本利益受损程度最小的群体,从私权利保障角度无义务为顾全所有债权人利益牺牲自身即刻便可获得的利益。但公权力干预后,担保债权人的意思自治权形同虚设,其利益诉求需服从多数人意志,权利无从保障。当然,可能有部分学者认为法律提到实施强裁后给予担保债权人权利救济,但因现行法律并未对担保债权人权益受损标准有可参照的规定,司法实践中又顾虑到破产案件所涉利益相关主体、社会影响甚广,审判时难免出现自主裁量主观性过大的局面。而担保债权人对于损失利益若存在异议也并未规定以何途径寻求救济,这意味着法院裁定与担保债权人诉求之间可能存在矛盾,而该矛盾因公权力介入致使担保债权人自动成为弱势方。

## 三、重整中担保债权功能实现的应然路径及框架构建

立法规范缺漏的背景下,重整程序中的担保债权受到权利行使方面的限制。尽管该限制的立意基点在于确保重整的顺利,维护社会整体利益,但因这种限制行为没有具体规范标准,在实践操作中无法确定其合理边界。作为债权人意思自治形式存在的债权人会议也并未真正为担保债权人提供充分的博弈、协商平台,担保债权人缺乏有效权利救济渠道,担保债权保护缺乏保护屏障。为解决这一问题,需将债务人、债权人、法院及社会其他利益相关方均纳入到破产法调整体系中,厘清担保债权限制

的标准，划定利益平衡界限。

（一）重整中担保债权制度遵行的基本原则

破产法的直接调整作用，是保障决定市场经济能否正常运转的债务关系在债务人丧失清偿能力时的最终有序、公平实现，维护全体债权人和债务人的合法权益，维护社会利益与正常经济秩序。[①] 然而司法实践表明，破产法在调整担保债权利益的过程中俨然存在债权人无法通过合法救济渠道实现权益保障的难题。因而从保障这部分群体利益的角度出发，重整的公平价值不应体现为满足部分债权人群体的利益，也不在于让所有债权人都获得清偿，而是实现清偿时对所有个体的有序和公平。有基于此，担保债权制度在重整中应遵循：司法中立和利益平衡两个原则。

1. 司法中立原则

由于破产法立法本身兼有社会调整功能，致使法院在审理破产案件时不仅需调整债务关系，还需关注案件走势对市场经济和社会稳定造成的影响。破产法在处理平等主体间债权债务关系时，是作为自治性的私法；在调整社会整体利益时，展现的是其公法属性。“理性的人是自身利益的最佳安排者”，[②]重整实际上是债权人、债务人对债务如何清偿、财产如何分配的博弈过程，但大量数据表明因这种博弈往往需要消耗较长的审理时间且博弈结果并不尽如人意，公权力基于种种顾虑会对此进行干预，指导财产如何分配。这些矛盾的出现促使法院在审理过程中过于追求“宏观目标”的实现而忽略了“理性经济人”本身拥有自我协商调和能力。破产法的私法性要求赋予当事人尽可能充分的自主合作、协商空间，尽管破产法也需保护社会公众利益，但更应明确它最为主要和根本的目的是解除当事人主体间的法律关系，社会利益是由个体利益集合而成，若无法保证个体利益受到公平对待，遑论社会公共利益得到保障。

重整当中利益矛盾无法避免，但不能因矛盾存在而剥夺担保债权人的意思自治权利。只要博弈过程是有序合法公平的，法律就应赋予其实现其意志的权力手段。[③]事实上，当债务企业资产无法覆盖所有债权时，甚至无法覆盖足额的担保债权时，债务人与债权人在某种程度上是利益共同体，尽管他们各自目的不同，但指向的最终结果是一致的，即帮助企业进入重整恢复经营重新盈利。因而，公权力无限制无边界地

① 王欣新：《破产法（第三版）》，中国人民大学出版社 2011 年版，第 11 页。

② 参见郑晓剑：《比例原则在民法上的使用及展开》，载《中国法学》2016 年第 2 期。

③ 参见郑晓剑：《比例原则在民法上的使用及展开》，载《中国法学》2016 年第 2 期。

介入私权利的关系调整中,从本质上有违破产法的私法性,即便考虑到部分破产案件不采取强裁措施将造成社会恶劣反响,破产法的基本定位也应保持中立,在必要干预时遵循比例原则,明确干预边界和底线,为私权利主体的意思自治留足空间。

2. 利益平衡原则

公平是破产程序应当实现的最为重要的价值目标,同时也是破产程序应当贯穿的基本原则。① 司法权对私权利的干预是为了保障整体利益最大化,该出发点是正当且合理的,但若放任司法权限制担保权的行使,担保债权人的利益势必受损,为平衡各方权益,需对担保债权充分保护。破产法上的充分保护是担保制度上的担保物权的价值优先权的体现,其基本理念是重整的成功不能以牺牲担保债权人的担保利益为代价。② 由于案件牵涉的利益集体、利益矛盾较多,重整计划草案众口难调,重整案件审理通常经过较长周期,若在此期间担保权受到不合理限制,债务人在谈判过程中就占据过大优势,直接影响担保债权人利益和日后市场经济交易安全。对担保债权人而言,公平不是理所当然的牺牲担保物权的优先清偿权来成全其他普通债权人的利益保障,公平是权利的一律平等和一视同仁。为此,重整中应尊重当事人意思自治的选择,在矛盾出现无法调和且严重影响公众利益的情况下,司法权以平衡各方利益的基点对担保物是否为企业维持经营必需物资进行判断,以此决定后续是否需要限制担保权行使。出现需要干预的必要情况时,遵守比例原则,不以牺牲一方利益作为维持全局稳定的代价,最大限度地平衡各方利益。

(二)重整中担保债权制度的框架构建

1. 担保债权暂停行使的范围

担保债权暂停行使的范围分为两个部分来评析。其一,被限制行使的担保债权类型范围;其二,担保债权被限制的时间范围。《破产法》第75条第1款提出的,重整期间,对债务人的特定财产享有的担保权暂停行使,究其立法本意,重整需要以部分维系经营的财产作为"复生"的物质基础。但是立法此举导致实践时往往存在并未区分担保权是否为企业经营所必须资产而直接限制了担保权的正常行使。同时,该条文默认了担保权被限制的时间区间为重整整个程序,这意味着法院裁定案件重整时权利实现就开始受到限制。对担保债权的限制是司法权干预的结果,需秉持审慎原则,在非必要情况下采用"一刀切"做法对权利行使实行完全限制并不值得提倡。该

① 参见汤维建:《修订我国破产法律制度的若干问题思考》,载《政法论坛》2002年第3期。

② 参见韩长印:《美国破产法新论(第三版)》,中国政法大学出版社2016年版,第16页。

限制应有必要限度,合理理由支撑。

首先,对暂停行使权利的担保物进行区分。实践中不少人对于担保债权暂停行使的理解存在谬误,往往认为担保物变价款理应交由债权人、破产管理人处理,一旦担保财产被执行,企业重整和经营必受不利影响。事实上,并非所有的担保物的存续都直接影响企业后续重整经营活动。根据《破产法立法指南》立法建议第51条,破产法应规定,担保债权人可请求法院准许救济而免于破产程序启动时适用的那些措施,理由包括抵押资产并不为将来可能进行的债务人企业的重整或变卖所需要。[①] 由此可见,合理的暂停行为需要论证担保物是否对债务企业生存起到直接影响作用。

其次,暂行行使这一制度的功能发挥需要更为明确的时间界定。我国破产法采用的是破产受理主义。根据法律条文的反向推定,在清算程序中,担保权并不需要暂停行使,债务人财产保全措施解除,执行程序中止。这就意味着法院受理重整申请到裁定案件重整这一期间内并不受暂停行使这一制度限制。为保证这一制度功能的实际发挥,防止部分债权人利用时间差提前执行担保财产,对于暂停行使的时间有必要确认为当事人提出重整申请时,担保债权自动暂停行使。当然此条规定受限于上述被暂停行使权利的担保物区分规定,即明确担保物为生产经营必须的条件下,在重整提出时权利自动暂停行使。

2. 解除暂停行使担保债权的特殊情况

《破产法》第75条第一款规定,担保物有损坏或者价值明显减少的可能,足以危害担保权人权利的,担保权人可以向人民法院请求恢复行使担保权。该法条因没有更为详细的解读而略显笼统,为此有必要对其中涉及的担保权人可请求恢复行使担保权的情况进行进一步区分。担保物自案件进入破产程序后,所有资产交由破产管理人统一处置,在重整中又经债务人使用。因而担保物可能存在损毁等情况。事实上,担保债权人本身并不存在任何毁损担保物的动机,因而对担保物价值贬损的分析主要从担保物的使用是否合理的角度进行。首先,担保债权人若有充分证据证明担保物并非企业赖以生存的资产时,可提出要求解冻暂停行为。其次,若担保物由于破产管理人、债务人或其他实际使用人主观恶意而遭到价值贬损的,担保债权人可基于合理理由要求暂停该权利行使的限制性行为。若担保物价值贬损处于正常的合理使用磨损范围致价值贬损,担保债权人无权提出解冻。再次,当担保物在使用期限遇不

① 联合国贸易法委员会编:《破产法立法指南》第94页。

可抗力因素,致使担保物部分或全部毁损,价值明显减少的,以实际使用人有无尽到积极义务减少担保物价值损失为界定标准。例如:担保物为企业厂房,在遭遇地震后出现厂房部分坍塌情况,此时若实际使用人在已知厂房出现部分毁损情况下积极修缮,防止厂房进一步毁损的,担保债权人无权提出解冻请求。若实际使用人明知厂房出现毁损,但基于主观故意或过失,怠于减少担保物价值损失的,担保债权人可提出解冻请求。考虑到破产法基本制度主要源于民事债权、民事诉讼和执行制度,当担保债权人提出解冻请求时,依据"谁主张,谁举证"的原则需对担保物价值贬损以及自身权益受损等情况进行举证。

3. 损害补偿金额确定

担保债权的中止行使必然会对担保权人利益造成一定损害,但《破产法》仅在87条规定强裁适用类型时对其进行简单规定,导致担保债权人寻求救济时没有可参照的标准。对于担保债权人损失的补偿可从两个方面进行考虑,其一,因担保债权暂停行使导致的物的直接价值贬损;其二,因权利的延迟实现导致的利息损失。

学界有较多观点认为,担保物在正常使用时的贬损处于合理损失范围,考虑到重整目的在于实现整体利益最大化,担保债权人应作出适当权利让步,因而无需对担保债权人作出赔偿。该观点的合理性有待商榷,因债权人会议表决中担保债权人组两次明确反对重整计划草案后,担保债权人事实上表明了对于进入重整该群体本身持反对意见。依据私法精神,担保债权人与其他民事主体均为平等主体,他们并无义务为帮助其他利益主体实现债权最大化而牺牲自身利益。因此,尽管担保物在使用时处于正常磨损状态,也应对该损失进行评估并作出相应赔偿。此外,考虑到市场经济波动因素,实践中可能出现担保债权人并不同意重整计划草案并主张即时行使权利,但因法院强裁致使权利行使中止,在重整过程中受市场波动影响,该担保物价值较担保债权人主张权利实现时损失严重的情况,例如在年初担保债权人提出主张权利,此时担保物市场价值1 000万,但被权利中止后,担保物市场价值仅为200万,此时也应对担保债权人进行足额补偿。对于具体补偿金额的确定,本文认为较为合理的是,在破产管理人接管资产并审核资产时应对担保物价值进行评估,担保物价值以破产后的资产价值评估为准。若因重整导致担保物价值较资产评估时价值减少,则对于损失部分应对担保债权人作出赔偿。

对于担保债权因中止行使而造成的利息损失是否该赔偿,根据举轻以明重的逻辑推断,既然担保物不当使用造成的损失理应赔偿给担保债权人,那么延迟清偿造成的利息损失也应赔偿给担保债权人。须注意的是，借鉴美国判例法中对担保财产和担保价值的差额补偿的规定，尽管支持担保债权人对延迟清偿造成的利息损失进行追偿，但该追偿范围以担保物的足额价值为准，这也可理解为，不足额担保中高于担保财产价值部分的利息不应被清偿。①

4. 兜底性保护措施

尽管已有救济措施对应担保债权人所受到的利益损害，但这些救济措施仅针对破产重整计划草案协商过程前或者协商中担保债权人所提出的受损权利进行补偿。这也意味着，担保债权人可能在被迫接受重整计划草案后，发现担保物在重整中出现了远超重整计划草案协商时价值贬损的情况，但因对担保物使用直接影响企业正常经营状态致使其无法从整体资产中抽离，此时应有兜底性措施来保障担保债权人利益。若出现上述情况，担保债权人有权向法院提出新的赔偿申请，法院若不予同意，则应赋予其向上一级法院复议的权利。

## 结　　语

积极推动破产法律制度的实践，优化破产程序的运行，是进一步改善营商环境、服务经济社会发展的重要措施。担保制度作为市场经济的基本规则之一，是营商环境的核心保障。长期以来，担保制度与破产法之间存在着密切的交织与互动，两者相互影响，相辅相成。因此，重视担保制度与破产制度的协调关系，对于提高破产审判的质量和效率，确保破产程序的公正和高效具有重要意义。然而，由于缺乏明确的法律规范，在司法实践中，关于重整程序中担保债权的限制与保护往往存在难以把握的困境。为此，需要进一步明确破产重整制度中担保债权的行使规则，清晰界定破产重整中对担保债权行使的限制边界，并细化担保债权受损时的补偿机制。只有这样，才能实现挽救破产企业与保护担保债权人利益的双赢局面，充分发挥重整制度在整体化解债务危机、保护债权人利益以及促进企业复工复产等方面的积极作用。

---

① See Charles J. Tabb, Law of Bankruptcy, 4th edition, St. Paul, Mann.: West Academic Publishing, 2016, p. 289.

# 新公司法下股东债权出资若干问题探讨

谢若婷[*]　岳　鹏[**]　吴　涤[***]

**摘要：**公司法修订后，债权出资首次在法律层面被明确为出资方式。股东对第三人的债权或对公司的债权均可以作为出资债权，但应先评估出资债权的价值，后将债权转让给公司，并以债权的评估价值作为认定实缴出资的金额依据。债权出资下，股东可能承担因瑕疵出资造成的补足出资及损害赔偿责任，且有失权风险；对于公司设立时债权出资人未按规定实际缴纳出资的，其他发起人应承担连带责任；债务人如与债权人恶意串通虚构债权的，不得以债务不存在为由拒绝履行债务；董事对债权出资未履行核查或催缴义务造成公司损失的，应承担损害赔偿责任；此外，评估机构亦可能因出具的评估结果不实而对公司债权人承担赔偿责任。关于实践中的典型实务争议，本文认为：第一，出资债权的评估作价应当由专业机构进行，但未由专业机构评估作价的不影响出资效力；第二，仅有在公司具有充足的清偿能力的情况下，股东才能以对公司的债权履行（而非抵销）其货币出资义务。

**关键词：**新公司法　债权出资　法律责任　评估作价　抵销

## 引　言

2023年12月29日修订通过的《中华人民共和国公司法》（以下简称“新公司法”），首次在法律层面明确了债权出资的方式。公司法的该项修订回应了商业实践的真实需求，对优化我国营商环境、激发市场活力有重要意义。新公司法公布前，学

*　北京竞天公诚律师事务所合伙人。

**　北京竞天公诚律师事务所合伙人。

***　北京竞天公诚律师事务所律师助理。

理及司法实践围绕债权出资已有较多争议，如股东能否以债权抵销出资义务、股东对第三人的债权是否可以作为出资对象、债权出资应经何种程序等。新公司法虽明确股东可以以债权出资，但未区分出资债权是对第三人享有的债权还是对本公司的债权，也没有对债权出资作进一步规定。本文拟通过梳理现有法律规定及实务观点，以探讨债权出资的有关问题。

## 一、如何以债权出资

就债权人股东应如何以债权出资，现行法并无明确规定。《公司注册资本登记管理规定》《公司债权转股权登记管理办法》曾就债转股进行规定。如今，随着《公司注册资本登记管理规定》《公司债权转股权登记管理办法》先后被废止，股东如何以债权出资的问题可以说仍处于制度空白之中。

### （一）出资债权的类型

新公司法出台前，司法实践对可出资的债权类型多持保守态度。通常认为，就对公司的债权而言，股东只能通过将债权转为公司新增注册资本的方式实现债权出资①；而股东以对第三人享有的债权出资的，一般为无效，但以如国债、公开发行的企业债等具有高信用水平的债权出资的除外②。

新公司法第 48 条未对出资债权的类型进行任何限制，对此本文理解，债权类型本身不再是出资的障碍。换而言之，在满足法律法规其他要求的前提下，股东既可以以对公司的债权出资，亦可以以对第三人享有的债权出资。

### （二）债权出资的程序

关于出资程序，新公司法第 48 条第 2 款对非货币财产出资的程序作出了一般性规定："对作为出资的非货币财产应当评估作价，核实财产，不得高估或者低估作价。法律、行政法规对评估作价有规定的，从其规定。"

根据该规定，本文认为股东如以债权出资，应先评估出资债权的价值，后将债权

① 《公司注册资本登记管理规定》《公司债权转股权登记管理办法》规定，债权转为公司股权的，应当增加注册资本。原国家工商行政管理总局局长周伯华曾在就《公司债权转股权登记管理办法》的答记者问中亦指出，"在公司债权转股权……仅适用于债权人对公司的直接债权转为公司股权等，排除了以第三人债权出资等情形。"司法实践中，亦有法院认为债权出资仅能通过增资实现，例如北京市海淀区人民法院在（2020）京 0108 民初 1564 号案中持此观点。

② 参见杨永清、潘勇锋：《公司法修订若干问题探讨》，载《法律适用》2023 年第 1 期。

转让给公司,并以债权的评估价值而非账面价值作为认定实缴出资的金额依据。

1. 出资债权的评估作价

债权作为典型的非货币资产,其实际价值不以账面价值为唯一表征,因此,以评估价值而非账面价值为出资额度依据是债权出资的应有之义。然而,债权作为一项期待性财产权,有其特殊性,评估价值在不同时点下可能存在显著差异,故应以哪一时点对债权进行评估作价,对公司、股东及公司债权人利益均有重要影响。

在资本认缴背景下,有关争议在于认缴债权的评估时点应以股东协议或章程生效时、出资期限届至时,还是以转让出资债权的时点进行评估。在认缴出资的情形中,股东享有期限利益,其订立股东协议及章程等仅是承诺了认缴数额,而只有在出资期限届满时,股东才负有现实具体的出资义务。在股东转让债权前,债权的贬值、无法实现等价值波动的风险均应由债权人股东承担。因此,对认缴出资的债权,作价评估的时点应为债权转让之时。

此外,评估结果与股东是否全面履行出资义务息息相关。股东以非货币财产评估结果为参照确定出资价额,如评估确定的价值高于章程所定价额或者与章程所定价额相当,则出资义务履行完毕;相反,如出资债权的评估价额低于所认缴的出资额的,则应认为出资义务未得完全履行。

2. 出资债权的转让

以债权实际缴纳出资,实质上是债权人股东将其用以出资的债权转让给公司,从而履行出资义务。故债权出资虽较一般债权转让有特殊之处,但仍应符合债权转让的一般规则。

《民法典》第545条规定,除因债权性质等不得转让外,债权人可以将债权的全部或者部分转让给第三人。《民法典》有关规定虽未要求债权转让采书面形式,但出资语境下债权转让作为股东实际缴纳注册资本的方式,公司与债权人股东应尽可能签订书面协议,以避免不必要的争议与风险。

此外,对于转让人与受让人间何时发生债权转让,我国法律未予明确。司法实践中通常认为,债权转让属于处分行为,只要转让人与受让人达成有效的让与合意,即产生债权转让的效力,受让人从让与人处取得债权。具体就债权出资而言,如债权人股东与公司就债权转让订立协议,则在协议约定的条件成就或期限届至时,债权即相应转移至公司。

就债权转让对债务人效力的问题,《民法典》第546条规定,债权人转让债权,未通知债务人的，该转让对债务人不发生效力。据此，为避免股东在债权转让后仍然获得清偿，债权人股东与公司均应就转让事项及时通知债务人。但《民法典》第 546 条没有明确受让人是否为转让通知的适格主体，理论界与司法实务对受让人可否通知债务人也存在不同观点。《民法典》第 764 条规定，保理人向应收账款债务人发出应收账款转让通知的，应表明保理人身份并附有必要凭证。参考该条规范要旨，本文理解公司作为债权受让人可以就转让事项通知债务人，但应当表明受让人身份并就债权转让提供必要证明。[①]

另外，根据《民法典》第 547 条，债权人转让债权的，受让人取得与债权有关的从权利，但该从权利专属于债权人自身的除外。据此，出资债权依债权转让协议发生移转后，除从属于原债权人股东自身的权利外，其他与该出资债权有关的从权利，如保证、抵押权、质权等亦一并转移给公司。

## 二、债权出资下的法律责任

新公司法出台前，债权出资之所以争议不断，在于债权本身的特殊性：一方面，债权相比其他非货币财产而言缺乏权利外观，无法通过登记或占有进行公示，导致债权是否真实存在难为第三人所知晓；另一方面，债权作为典型的请求权，其得否实现又受各种因素影响。基于债权的前述固有特点，有必要明确新公司法下债权出资的法律责任，否则可能造成公司资本空洞化、公司债权人利益受损等不利影响。

### （一）债权出资下的股东责任

新公司法第 49 条第 3 款规定，"股东未按期足额缴纳出资的，除应当向公司足额缴纳外，还应当对给公司造成的损失承担赔偿责任。"据此，债权人股东未按期足额缴纳出资的，一方面，股东应对公司承担足额缴纳出资的责任；另一方面，由于未按期足额出资直接影响到公司的资本充实性，可能对公司经营发展产生不利影响，故当瑕疵出资造成公司损失时，相应股东应当承担赔偿责任。

此外，债权人股东也可能面临失权后果，具体而言：根据新公司法第 52 条第 1 款，债权人股东如未按公司章程规定的出资日期缴纳出资，公司依法进行催缴。宽限期届满，股东仍未履行出资义务的，公司经董事会决议可以向该股东发出失权通知。

① 参见贾玉慧：《债权转让规则的具体适用及相关问题研究——以〈民法典合同编通则解释〉第 48—50 条为中心》，载《中国应用法学》2024 年第 1 期。

自通知发出之日起,该股东丧失其未缴纳出资的股权。

值得一提的是,2018年10月26日发布的《中华人民共和国公司法》(以下简称“原公司法”)第28条第2款规定,股东未按期或未按照法律规定的程序足额缴纳出资时,还应向已按期足额缴纳出资的股东承担违约责任。该种违约责任的请求权基础在于股东之间的股东协议或相关约定,瑕疵股东未按约履行出资义务,当然应向其他股东承担违约责任。新公司法虽删除了该项规定,但并非意味着其他股东无权基于股东协议或相关约定请求瑕疵出资股东承担违约责任,由于该等责任系属合同责任,其他股东依协议约定及《民法典》合同编有关规则向其主张即可。

(二)债权出资下其他发起人责任

根据新公司法第50条及第99条,在设立有限责任公司或发起设立股份公司的情形中,实际出资的非货币财产的实际价额如显著低于所认缴的出资额,设立时的其他股东或发起人应在出资不足的范围内承担连带责任。

《最高人民法院关于适用〈中华人民共和国公司法〉若干问题的规定(三)》(以下简称“《公司法司法解释三》”)第13条第3款规定,“股东在公司设立时未履行或者未全面履行出资义务,依照本条第1款或者第2款提起诉讼的原告,请求公司的发起人与被告股东承担连带责任的,人民法院应予支持;公司的发起人承担责任后,可以向被告股东追偿。”

据此,公司设立时债权人股东出资未到位的,其他发起人应承担连带责任。但发起人认缴出资有瑕疵,也即发起人在公司设立后应缴出资未到位的,其他发起人应否承担连带责任,在实务中存有争议。事实上,该争议一定程度上源于原公司法规定的不明确。

原公司法第30条及第93条规定,公司成立后发现作为设立公司出资的非货币财产价额显著低于章程所定价额的,其他发起人就补足出资承担连带责任。基于文义解释,似乎可以认为其他发起人应对于发起人认缴出资的补足责任承担连带责任。

然而,2023年12月29日全国人民代表大会宪法和法律委员会在《关于〈中华人民共和国公司法(修订草案四次审议稿)〉修改意见的报告》指出,“有限责任公司设立时的股东,在出资不足的范围内承担连带责任。有的意见提出,上述要求应仅适用于设立时股东未实际缴纳出资或实际出资的非货币财产的实际价额显著低于所认缴的出资额的情形,建议进一步予以明确。宪法和法律委员会经研究,建议采纳这一意见,对相关表述进行调整。”结合新公司法第50条及第99条将原有“公司成立后”改为"公司设立时"等调整，本文理解发起人仅对公司设立时未按规定实际缴纳的出资承担连带责任，公司设立后、运营中的发起人出资有瑕疵的，其他发起人不承担责任。但考虑到新公司法尚未实施，实施后司法实践对该条款的具体适用可能尚有不确定性。

（三）债权出资下的债务人责任

在债权评估阶段，公司通常会通过询证函等形式向债务人确认核实债权真实性。如果债权不存在或债权内容等方面存在与债权人股东所称不一致的情况，而债务人却与债权人股东串通，向公司确认债权而制造虚假的债权外观，属于虚构债权。在此情形中，债权人股东以该等债权实际缴纳出资的，固然构成出资不实，应按新公司法第 49 条规定承担相应责任，然而对于债务人应当承担何种责任，现行法并无明确规定。

司法实践中，法院通常认为通谋虚伪意思表示不得对抗善意第三人。如最高人民法院在"（2020）最高法民申 131 号"案件中认为，"某公司与吴某签订的商品房买卖合同因双方通谋虚伪表示而被确认无效，但该无效不能对抗基于信赖预告登记公示公信效力而为后续交易的善意第三人，不影响之后某银行与吴某等人之间借款、抵押合同及抵押预告登记的效力。"[①]

类似地，《民法典》第 763 条也规定，"应收账款债权人与债务人虚构应收账款作为转让标的，与保理人订立保理合同的，应收账款债务人不得以应收账款不存在为由对抗保理人，但是保理人明知虚构的除外。"据此，应收账款债权人与债务人虚构应收账款的，除非保理人明知虚构外，不得以应收账款不存在为由对抗保理人。

参考前述裁判精神与规范要旨，在债权转让或债权出资语境下，如果债务人与债权人通谋而为虚伪意思表示，形成了债权外观，公司对此产生了合理信赖，则债务人不得以债权不存在为由对抗公司。[②] 如此，公司仍得请求债务人履行债务，以维护资本充实性。

（四）债权出资下的董事责任

新公司法第 51 条规定，有限责任公司成立后，董事会应当对股东的出资情况进行核查，发现股东未按期足额缴纳公司章程规定的出资的，应当由公司向该股东催缴

① 参见最高人民法院"（2020）最高法民申 131 号"案件。

② 参见蔡睿：《虚假债权转让中债务人的表见责任——〈中华人民共和国民法典〉第 763 条的解释论展开》，载《政治与法律》2023 年第 6 期。

出资;未及时履行前款规定的义务,给公司造成损失的,负有责任的董事应当承担赔偿责任。

该条为新公司法新增重要条款,董事会据此对股东出资情况负有核查和书面催缴义务。如债权人股东的出资债权实际价额显著低于所认缴出资额的,董事会应当采取催缴甚至诉讼等相应措施,以免公司利益受损。董事的核查与催缴义务不仅是其职责所在,也为董事勤勉义务的应有之义。如果董事会在公司成立后没有核查股东的出资情况,或者核查发现股东存在违反出资义务的行为后未向该股东发出书面催缴书的,则应当对公司损失承担赔偿责任。

(五) 债权出资下的评估机构责任

如债权人股东出资不实,承担资产评估职责的机构因其出具的评估结果不实,给公司债权人造成损失的,根据新公司法第 257 条的规定,应承担过错推定责任,亦即如评估机构不能证明自己没有过错,则应在其评估不实的金额范围内向公司债权人承担赔偿责任。

此外,如资产评估机构提供虚假材料或者提供有重大遗漏的报告的,还可能被有关评估行政管理部门依《中华人民共和国资产评估法》等法律法规进行处罚。

## 三、债权出资的典型实务争议

现行法下,除原公司法第 27 条第 2 款(新公司法第 48 条第 2 款)就非货币财产出资作一般性规定外,债权出资方面可资援引的规范供给不足,而债权出资又牵涉多方利益,实务中多有争议。篇幅所限,本部分主要关注以下问题:其一,债权(非货币财产)出资是否必须经专门机构评估作价?其二,债权人股东能否以其对公司的债权直接抵销出资义务?

(一) 债权出资是否必须经专门机构评估作价

针对债权或者其他非货币财产出资是否必须经由专门机构评估作价的问题,在司法实务中存在争议。原因在于,原公司法第 27 条第 2 款(新公司法第 48 条第 2 款)及《公司法解释三》第 9 条尽管都要求非货币出资应评估作价,但却未明确评估作价的主体。对此,实务中有以下不同理解:

一种观点认为,评估作价必须由专业机构进行。最高法院民二庭采此观点,其在《最高人民法院关于公司法解释(三)、清算纪要理解与适用》中指出,“为了保障股东不因其他股东非货币出资被不当高估而稀释其股东权益，维护债权人对公司实际偿债基础的信赖，我国公司法对非货币出资采取强制性评估模式，通过独立的专业机构来保障非货币出资价值的公允性。”[①]司法实践也有较多案例采该种观点，例如新疆维吾尔自治区高级人民法院“(2021)新民申1773”号案件、浙江省宁波市中级人民法院“(2023)浙02民终3636号”案件等。

另一种观点认为，尽管公司法要求“评估作价”，并未要求评估作价的主体必须为专门机构，故除法律法规有强制性要求的外，债权等非货币出资的评估作价可以由股东与公司协商作出。例如，最高人民法院潘勇锋法官认为，“股东出资的相对方是公司，应当由公司决定是否接受出资股东对非货币财产的作价评估结果……并非必须聘请注册会计师事务所或者资产评估事务所等专业机构进行。”[②]类似地，在“(2020)最高法民终303号”案件中，一方当事人以债权转为股权未经评估为由主张另一方出资未到位，最高人民法院并未予以支持。

本文认为，非货币财产的评估作价应当由专业机构进行，但未由专业机构评估作价不影响出资行为的效力。《公司法司法解释三》第九条规定，“出资人以非货币财产出资，未依法评估作价，公司、其他股东或者公司债权人请求认定出资人未履行出资义务的，人民法院应当委托具有合法资格的评估机构对该财产评估作价。”股东与公司间的协商评估显然不在本条的“依法评估作价”的范畴之内。但在商业实践中，公司投融资场景多样，其中不乏股东以数额小、价值低的债权等非货币财产出资的情况，如若此时以出资未经专业机构评估否定出资行为效力，势必给公司与股东造成不合理的负担。而不以未经专业机构评估为由否定非货币财产出资行为的效力，也符合司法实践中法院的一般做法。[③] 但债权人股东出资行为构成出资不实时，应依法承担相应责任。具体而言，如其他股东、公司债权人主张债权人股东未全面履行出资义务，而法院聘请的专业机构评估所得价额确实显著低于公司章程所定价额的，债权人股东构成出资不实，应依新公司法第49条承担责任。

(二) 股东债权是否可以抵销货币出资义务

自《最高人民法院关于适用〈中华人民共和国企业破产法〉若干问题的规定(二)》第46条明确破产程序中出资不得被抵销以来，实务中对于股东债权是否可

① 参见最高人民法院民事审判第二庭编著：《最高人民法院关于公司法解释(三)、清算纪要理解与适用》，人民法院出版社2014年版，第153—154页。

② 参见潘勇锋：《关于股东出资方式的实践思考》，载《法律适用》2024年第2期。

③ 如最高人民法院“(2020)最高法民终303号”案件、“(2013)民申字第2479号”案件等。

以抵销其出资义务的问题有不同理解。有观点认为,由于股东与公司互负金钱债务,而一方已明确送达抵销通知,故股东债权与出资义务可以相互抵销。[①] 但也有观点认为,实缴出资系属股东的法定义务,即使股东因向公司出借款项而对该公司享有债权也系普通债权,二者性质不同,无法抵销,股东出资义务的抵销也非股东会决议可以决定。[②]

在2024年2月27日上线的人民法院案例库中,第2023－08－2－084－028号参考级别案例对此问题作出回应。在该案中,法院认为:“相较于股东对公司的债权而言,股东对公司的出资义务是法定义务,二者之抵销需考量是否损害其他债权人的利益……在北京某建材公司已起诉请求马某承担出资瑕疵赔偿责任的情况下,即使马某对公司享有债权,其主张以对公司享有的债权抵销出资义务,等同于股东债权具有优先于其他债权受偿的权利,损害了公司其他债权人的利益。故对于马某关于抵销出资义务的主张,法院不予支持。”

在该案裁判要旨部分,法院进一步认为,股东对公司享有到期债权而主张以该债权抵销出资义务的,应当符合以下条件:第一,应通过股东会决议修改公司章程,将出资方式变更为债权出资,并确认实缴出资;第二,该股东会决议作出时,公司应具有充足清偿能力;第三,修改后的公司章程应经公司登记机关备案,否则不得对抗善意相对人。

据此,就股东以其对公司的存量债权履行出资义务的问题,由于直接关涉公司债权人利益,故应结合公司资信及经营状况进行判断。具体而言:

如公司已经丧失清偿能力或存在其他经营异常的情况,以及债权人起诉要求股东在瑕疵出资范围内承担责任时,倘若允许未履行出资义务的股东以其对公司享有的债权履行出资义务或与出资义务相抵销,无异于使得股东债权优先于外部债权人受偿,直接使债权人利益受损。故在此情况下,不应允许债权人股东抵销或以债权履行货币出资义务。

相反,如公司资信状况良好、具有充足的清偿能力,此时股东主张以其对公司的存量债权履行货币出资义务并不会损害债权人利益,故应允许股东的该项主张。但根据公司法及公司章程的要求,股东会应作出同意该事项的决议,并相应修改公司章程,将债权人股东的出资方式变更为债权出资;此外,修改后的出资方式亦应按新公

① 参见北京市第三中级人民法院“(2021)京03民终14964号”案件。

② 参见北京市第一中级人民法院“(2021)京01民终4078号”案件。

司法第四十条规定通过国家企业信用信息公示系统公示,否则不得对抗善意第三人。

尽管如此,本文就法院对此情形按抵销处理的做法持保留意见。本文理解,在满足股东会作出决议并变更章程等条件下,股东以其对公司的债权履行出资义务的,并非以其既有的货币出资义务与债权相抵销,而是先变更其出资义务(由货币出资变更为债权出资),再依约实缴出资,而公司受让债权后,相应出资债权因债权债务同归于一人而消灭。[①] 换而言之,此在行为模式上属于股东先变更出资义务再实际履行,而非将债权与出资义务相抵销。

至于股东债权得否抵销货币出资义务,本文倾向于认为应予否认。其一,与一般的债权债务不同,出资义务尽管发生于股东或准股东之间的合意,但由于同时受到公司资本管制与公司法组织法属性的影响,因此还额外兼具了法定与强制性。[②] 而公司法对货币出资方法已明确规定,以货币出资的股东应将货币出资足额存入公司在银行开设的账户。据此,无论该股东与公司之间的债权是基于垫付款还是借款而形成的,均不符合公司法关于货币出资方法的要求,故不能与出资义务相抵销。其二,债务抵销制度的目的是简化交易、降低交易成本,而公司法中的注册资本制度主要是为了维持公司的资本充盈及保护公司的债权人的合法权益。因此本文理解,股东提出债权抵销出资义务时,通常情况下公司的经营情况并不乐观,如果仍然允许货币出资的股东直接以其对公司的债权抵销出资义务,可能在一定程度上违反了公司法中资本维持的基本制度,不利于保护公司债权人的合法权益。

---

① 《民法典》第557条:“有下列情形之一的,债权债务终止:(一)债务已经履行;(二)债务相互抵销;(三)债务人依法将标的物提存;(四)债权人免除债务;(五)债权债务同归于一人;(六)法律规定或者当事人约定终止的其他情形。合同解除的,该合同的权利义务关系终止。”

② 参见张其鉴:《论公司出资债权不得抵销》,载《中国政法大学学报》2022年第2期,第162—167页。

# 投教园地

# 以实干实绩书写化茧成蝶的投教答卷

林健芳[*]　陈若丹[**]

**摘要：** 在资本市场不断变化和投资者需求日益多样化的浪潮中，华福证券投教团队在全新的企业文化中探索转型，冲破舒适圈，拓展投教新思路，将证券行业文化与企业文化深入融合进投资者教育工作，用“专业、真诚、创新”为核心的投教理念做事，以投资者为本为广大投资者尤其是中小投资者提供全方位、专业暖心的金融服务，推进资本市场高质量发展。

**关键词：** 专业为先　真诚为本　图强求新　企业投保文化

习近平总书记强调，“惟改革者进，惟创新者强，惟改革创新者胜”。2023 年是华福证券成立 35 周年，也是公司“自我革命”开篇之年，华福证券升级公司企业文化，以践行国家战略、服务实体经济、助力美好生活作为使命，将致力于成为最具客户满意度、员工幸福感与品牌影响力的一流金融机构作为愿景，秉承专业为先，真诚为本，图强求新，成人达己的价值观。在资本市场不断变化和投资者需求日益多样化的浪潮中，华福证券投教团队在全新的企业文化中探索转型，冲破舒适圈，拓展投教新思路，将证券行业文化与企业文化深入融合进投资者教育工作，用“专业、真诚、创新”为核心的投教理念做事，为广大投资者尤其是中小投资者提供全方位、专业暖心的金融服务。

## 一、专 业 为 先

专业是华福证券投教工作的基石。在快速发展的资本市场中，投资者需要专业

*　华福证券有限责任公司运营管理部投资者服务中心副总经理。

**　华福证券有限责任公司运营管理部投资者服务中心投教专员。

的指导和帮助来树立理性的投资理念。华福证券坚持以专立业,积极营造学习型氛围,培育专业精神和匠人情怀,把提升专业能力作为每个人的首要任务。通过以赛促学组建坚实的后备国民教育讲师力量,制定科学的培训教学计划,定期召开投教专员赋能培训,开发实用的投教课程等方式加强专业知识累积,打造知识体系,学以致用知行合一,不断提升投教工作的专业性和实效性。

(一)专业+人才建设,让投教队伍“壮”起来

传道授业解惑,匠心筑梦前行。华福证券始终对讲师队伍建设高度重视,自2017年以来已经连续举办七届讲师大赛,不断推进内部讲师队伍壮大,打造企业内生式人才培养体系,为公司投资者教育工作储备了雄厚的讲师力量,积极发挥内部讲师作为企业战略的传播者、企业文化的弘扬者、学习型组织的营造者、企业人才的培育者、国民教育的先行者等重要职能。在内训讲台上与投教工作中践行着敬业、精益、专注、创新的工匠精神。

心有所信,方能行远;学有所悟,而后笃行。每年一度的讲师大赛与国民教育讲师大赛不仅为公司选拔和培养一批又一批内部讲师与投教讲师,更是华福讲师团的匠心铸造、薪火传承,业已成为华福证券文化建设的品牌项目之一。师课同建智慧传承,星星之火可以燎原,优秀的华福讲师团不仅将在各自的专业领域积极萃取、在内训讲台上与投教工作中展示风采、播种希望,更将带着这份荣光走向集团、走向行业、走向国民教育,为集团与广大投资者供给专业证券课程、为行业文化建设和投资者教育贡献华福力量。

(二)专业+职业培养,让投教技能“专”起来

随着当下金融市场快速更迭,投资者的投资需求日益变化,投资者教育工作需要逐步改变传统填鸭式和说教式的方法,在规范化、标准化的基础上探索精准投教,提升投资者教育有效性。2023年,在华福上下一心的支持与努力下,投资者教育工作取得了可喜的成绩,先后获得中国证监会、上交所、深交所、中证中小投资者服务中心、福建省证券期货业协会及新闻媒体等单位颁发的近七十个奖项,华福证券国家级投资者教育基地连续六年在中国证监会投资者教育基地年度考核中获“优秀”评级,并在中国证券业协会、上交所、深交所、股转公司2023年投资者教育工作评估中获评“A”等次,获得“金融系统学雷锋活动示范点”称号及“2023—2025年”省级青年文明号。

但在监管要求的日益严格以及行业各经营机构等市场主体对此的重视下,投资者教育工作无论在开展数量、覆盖人数、活动影响力乃至创新创意方面都需要向前迈

进。基于此华福证券投教团队定期组织各分公司投教专员开展赋能培训，仔细聆听各分支机构在投教工作具体执行过程中的难点痛点，分享优秀工作经验，深入解读特色活动、国民教育、集团联动、产品制作等投资者教育工作中的四大课题。在一次次的培训中收获满满，肩负投教使命与担当，将公司投资者教育工作整体计划与部署带到五湖四海，坚定作为华福投教人守正军的决心，怀着专业与热忱，使命与重任启程。

（三）专业+能力建设，让投教能力“精”起来

华福证券不停锤炼自身本领彰显金融担当，为加强队伍建设与能力建设，加速激活队伍能效与活力，提升协同与创新意识，强化学习赋能，启动北京大学、浙江大学“自强班”“领跑者计划”等培养项目及每周“学习会”进行数智引领、专业赋能、商业智慧、创新思维、情商沟通、管理工具等领域的课程学习，将学习融入日常化为平常，通过华福云课堂平台、晨夕会及碎片化时间精进投教能力建设，以学习奠定专业力，实现智慧和活力“涌流迸发”，全面提升华福投教战斗力。

非知之难，行之惟难。华福证券将汲取的理论与实践相融，秉承专业性与实用性兼具的原则，在福州理工学院、泉州信息工程学院、集美大学、闽江学院等学校开设金融实训等必修课及选修课程，做好与中国证券业协会、上海证券交易所、福建证监局等的合作，落实好“四合一”机制建设，为高校投资者教育打造人才支撑的“头雁效应”。

## 二、真诚为本

真诚是华福证券投教工作的灵魂。在投教过程中，华福证券始终坚持以客户为中心，真诚地对待每一位投资者。无论是面对面的沟通交流，还是线上服务教学，华福证券都力求做到真诚、耐心、细致，以真诚的态度拉近与投资者的距离，增强投资者的信任感，让投资者感受到温暖和关怀，使投教工作更加深入人心。

（一）真诚+阵地建设，让投教平台“潮”起来

华福证券投教工作线上线下同步并行，建立了以国家级投资者教育基地、省级投资者教育基地为主，运营管理平台、总分联动及投教基地公众号宣传为辅的投教阵地，形成常态化的投资者教育工作运行机制，三百六十五天全年无休只为向投资者提供更贴心的金融服务。带着对投教工作要勇于不断突破，要联合更多市场力量，要为更广泛的群体服务的思考，华福证券投教基地迁址到中国十大历史名街之一的福州市三坊七巷，取名为守正学堂，充分融合了中华优秀传统文化、闽台文化和证券文化，

始终倡导和传播“尊重市场规律、理性投资、恪守正道”的理念,目前基地客流量已突破 130 万人次,较 2022 年同比增长了 102.66%。

多年来华福证券投教基地始终坚持人民至上,举办了趣味游园、投资讲座、培训课程、沙龙分享等特色活动,寓教于乐地向广大投资者普及金融知识,增强风险防范意识引导投资者树立正确的价值观和投资观。同时,发挥党建引领作用,对证券历史长廊场馆进行升级改造,深入将红色金融教育作为“办实事”活动的出发点和落脚点,播放党史学习教育、投资者教育保护相关视频,设置红色金融党建专区并新增 VR 线上虚拟体验,让人身处于基地却能参观全国各地的红色纪念馆。通过党建主题讲座、党史学习、党建联建等方式,构建党建与投教深度融合的投教服务体系。正是因为有了党建的引领,华福证券在投教工作中更加坚定地贯彻党的方针政策,以投资者为中心,强化金融机构的社会责任感和服务意识。交得其道,千里同好。华福证券投教基地秉承“有朋自远方来”的态度,2023 年与安信证券、兴业证券、中信证券、中信建投、财达证券、易方达基金、福能期货等行业伙伴们齐聚守正学堂交流探讨“不亦乐乎”。

(二)真诚+产品创作,让投教声音“响”起来

华福证券投教团队作为投教内容的生产者和传播者,聚焦市场热点,关注投资者实际需求,侧重投资者权益保护,推出涵盖股票、基金、债券、ETF 等十余个业务品种投教产品,涉及股票发行上市、交易、退市、投资者适当性管理、多元纠纷化解机制、防范金融风险、防非反诈、等多方位内容,通过图文、漫画、视频、音频、实物产品等形式输出。投资者教育的目标从来不是要把投资者“教育”成为投资大师,而是要帮助投资者建立一套成熟的投资理念,在变幻莫测的市场下,明晰风险、科学决策,提升自我保护能力和投资实操的判断能力。

一直以来华福投教团队朝着这个目标不停前行,在资本市场全面实行注册制的重大改革下,兼顾注册制改革重点和改革全貌推出“全面注册制 周末出去玩”“全面注册制专列”“探秘之旅”“聚焦全面注册制 Q&A”“全面注册制模拟试卷”等多个系列专题,期待广大投资者通过这些投教产品熟悉改革、理解改革、支持改革,拥抱注册制,共享高质量。通过形式多样、内容丰富的投教产品贴近投资者、服务投资者,向投资者传递北交所市场理念,帮助投资者准确理解上市公司及其行业发展态势。推出符合广大投资者及社会群众阅读习惯的“防非”系列投教产品,强调防范非法证券活动、假冒证券公司名义实施诈骗、非法证券投资咨询等重点问题。紧跟电视剧《繁花》热点,抓住剧中提及诸多与投资、金融、经济相关的看点,深挖其背后的故事,推出《股

里看“繁花”》系列推文，盘点爷叔的“生意经”，探寻西康路101号背后的故事，介绍拉开中国资本市场序幕的股票等等，与投资者一起“追剧”，一同回望我国资本市场规范发展之路。

勇于突破大胆创新，运用原创歌曲、原创脱口秀表演、穿越古今对话等形式，创作有深度、有温度、有广度的投教视频产品，在福建证监局、福建省证券期货业协会、福建省上市公司协会联合举办的福建辖区“全面注册制”第三届优秀短视频展播活动中揽获七大奖项。在福建证监局的指导下，小学生金融素养研学课程《探秘金融岛》获得证监系统、教育系统、金融行业专家组建的评审小组一致认可，成功入选2023年度中国证监会年度“受欢迎的投资者教育产品”。追溯过往篇章，一切挚情备至。长期、持续地通过投教产品达成投资知识科普目标、做好投资者陪伴服务，是投教人之于投资者最长情的告白。

（三）真诚+用心维权，让投教温度“暖”起来

证券市场的发展离不开信息的对称和透明，但由于市场参与者众多、交易复杂，因此纠纷在证券市场中仍然持续发生。证券监管机构、证券公司、上市公司以及投资者等参与主体之间经常因责任的追究、股权保护、信息披露不及时、股票交易、内幕交易等方面产生纠纷。2023年，中国证券集体诉讼和解第一案——泽达易盛案、全国首例“追首恶”示范案件——退市金钰案、全国首单投保机构提起的资金占用代位诉讼案、紫晶存储先行赔付等案件广受社会关注。将实时追踪的案件进展情况，转化为投教产品进行线上宣传、线下分发，帮助投资者及社会公众了解案件进展和要点、寻求更多纠纷解决的选择和保障，增加市场参与者的信心，促进市场的稳定和发展。

凝聚双方力量，华福证券与中证中小投资者服务中心共创友好合作。紧扣建设中国特色现代资本市场发展大局，持续提升投资者联络、持股行权、诉讼与支持诉讼、纠纷调解、投资者教育等方面的工作质效，以实际行动打造投资者权益保护的坚实阵地，在日常投资者保护工作中协助中证中小投资者服务中心对接联络投资者，做好适格投资者维权愿意调查，积极组织开展“股东来了”知识竞赛活动。未来，必将齐心协力把投资者保护工作做得更扎实、更有温度。

（四）真诚+各方聚力，让投教力量“强”起来

2023年华福证券锐意进取，与沪深北交易所及中国证券业协会同行。携手上交所在“拥抱注册制 共享高质量”的投资者服务周福建行中，走进营业部、走进社区及党建共建，与投资者面对面沟通交流。联合深交所开展“学思践悟二十大 投教服务

启新程”“深交所阳光服务行—福建站”“踔厉奋发新征程 投教服务再出发”等投教系列活动,走进下党乡、闽江学院、上市公司拉近和投资者的最后“一公里”。不仅如此,还特邀北京证券交易所全国股转公司投资者服务部老师以线上直播的形式,为投资者便捷送达《提高上市公司质量与投资者关系管理能力》课程知识。资本市场发展至今,已成为一部复杂精巧浑然一体的机器,离不开任何一个零部件,各方合力只为让投教力量更强起来,更有效地保护投资者权益。

为更好地给投资者带来防非体验,越健康越快乐,碰撞全民健身和投教的火花。华福证券国家级投资者教育基地持续四年组织开展中国证券业协会“跑遍中国·2023中国证券业防范非法证券宣传线上健康跑”华福证券站系列活动,把投保与防非工作紧密相联、与行业文化建设深入融合、与公司企业文化紧密结合,推广“防非”金融知识普及覆盖面,传递证券行业正能量。

## 三、图强求新

创新是华福证券投教工作的动力源泉。在数字化、智能化的时代背景下,传统的投教方式已经难以满足投资者的多元化需求。华福证券积极探索投教工作的创新路径,运用新技术、新媒体手段,打造陪伴一体式的投教产品。丰富投教工作与国民教育相结合,以赛促学、研学实践,致力创新融合形式。通过理论沉淀知识积累,大胆持续创新,使投教工作更具吸引力和影响力,为投资者带来更好的学习体验。

### (一)创新+科技赋能,让投教陪伴“动”起来

投教基地围绕“业务同行 投教相伴”的目标,三步走打造多元投教场景。以投教人员为原型制作线上“数智人”,在业务办理渠道及研究所公众号平台等,全面嵌入数智人视频,从延伸业务知识、热点主题宣贯、加强风险揭示等全方面构建“了解—提示—办理—学习—巩固”的系列化投教业务联动模式,让投资者随时找得到看得见,在业务办理中也能时时获得热点新知,让投资者感受触手可及的投教关怀与便捷服务。

35载予你共赴未来,守正学堂华丽转身直播间。一位位投教人、投顾大咖带着投资者玩转投教818直播,通过线上直播带领投资者云参观投教基地,解读证券发展历史,解析非法证券活动,与投资者们共度美好投教时光。

### (二)创新+国民教育,让投教氛围“热”起来

求木之长者,必固其根本,欲流之远者,必浚其泉源。华福证券在国民教育方面

主动求变、变中求新，拓展投教合作新模式，设立书店投教图书角，面向现场读者、公众号读者及其他受邀读者、小嘉宾定期开展“走进金融小世界”金融素养课程。携手派出所走进校园开展反诈防非创意作画活动。聚焦未来资本市场改革创新发展的生力军高校学生群体，探索投教模式创新实践，与上海证券交易所、上海证券报社合作打造“上证-华福杯”子品牌。集各家之所长，共同推动国民教育，提升投资者教育实效。

众力并则万钧举，群智用则庶绩康。华福证券总分联动以众力并举之势，积极响应中国证监会、中国证券业协会关于推动投资者教育纳入国民教育体系号召，深入践行投资者教育进百校工作，建立丰富的多层次教育体系，以福建辖区为起点，构筑辐射全国范围的国民教育格局，遍布东、南、西、北、中部等十六个省份及四个直辖市，走进小学、中学、大学、职业技术学校等开展形式多样化的系列活动。立足于龙岩市全国中小学生研学实践教育营地华福证券小学生证券期货知识教育体验馆的资源，开展“星火起航”投教研学之旅系列活动，将闽西红色金融体系发展及历史文化，与研学实践相融合，以红色为背景色，做好投教活动讲好金融知识。关注老年金融教育空白、金融教育体系化薄弱等问题，与福建老年大学合作开设“金融福享会”公益课程项目，有针对性地在老年大学中大力普及证券期货知识，帮助老年人学习财经知识，增强识别、抵制非法金融活动的能力，提升老年群体国民金融素养，切实为老年人办实事办好事，守护“银龄”群体对美好生活的向往。

（三）创新+理论沉淀，让投教成效“富”起来

华福证券投资者教育基地始终坚守小学生金融素养研学体系的建构与打磨，携手龙岩市教育科学研究院、行业优秀的老师、金融专业专家及公司领导齐聚龙岩古田，启动了《小学生金融素养研学课程教学指导用书》编制研讨活动，以视频课程内容为基础，通过视频导学延伸进行知识梳理，结合案例分析深化应用，并以任务形式展开研学实践，以知促行完成理论与实践的有机结合，全力推动小学生研学体系成型与完善。

华福证券投资者教育基地深度参与《2022 年度证券公司投资者服务与保护报告》投资者教育章节编写工作，并在“5·15 全国投资者保护宣传日”于中国证券业协会官网发布，系统展现了证券公司投资者保护基础制度建设、投资者保护理念推广、投资者保护机制完善、投资者纠纷投诉处理等方面的工作成效和典型案例。积极承担中国证券业协会《证券行业客户投诉团体标准》撰写工作。同时，华福证券运营管

理部、法律事务部、厦门大学合作的《证券投资者保护路径有效择优》课题研究被评选为中国证券业协会2023年重点课题研究优秀课题。

专业、真诚、创新在华福证券的投教工作中具有举足轻重的地位。它们相互支撑、相互促进,共同构成了华福证券投教工作的价值观与核心竞争力。在未来的发展中,华福证券将继续践行证券行业文化与企业文化,不断创新和完善投教工作,向投资者提供更专业、更真诚、更创新的金融服务,推进资本市场高质量发展。

# 投资者保护调解案例两则

中证资本市场法律服务中心

## 案例1：熟人介绍关系好　勿忘投资风险高

### 一、纠 纷 概 要

2022年，投资者王先生听好朋友介绍，自己的亲戚在某证券营业部担任客户经理，通过其介绍购买基金，赚了不少钱。王先生听后很是心动，随后在朋友的介绍下，在该证券营业部开设了基金账户，进行场内基金买卖、场外基金申赎。王先生表示，该营业部客户经理承诺所推荐的基金肯定能挣钱，并且不断推荐其购买新基金。出于对好朋友亲戚的信任，王先生对于该客户经理的投资建议基本全盘接受。后来自己购买的基金不断亏损，客户经理仍建议即使出现亏损，也要一直持有，肯定可以扭亏为盈。王先生碍于朋友情面，于是继续持有基金，最终导致巨额亏惨。投资者遂向中证法律服务中心山东调解工作站提出调解请求，要求证券营业部赔偿本金和承诺的收益共计60万元。

### 二、主 要 争 议

本次调解的主要争议有两点：① 客户经理的建议是否在合理合法范围内，有没有尽到风险提示义务？② 投资者要求赔偿全部本金和承诺收益，是否具有法律依据？

## 三、调 解 过 程

山东调解工作站受理该纠纷后,迅速组织调解员开展调解。首先调解员就该客户经理的相关资格进行调查,通过核实,客户经理在 2015 年注册了证券和基金的执业资格,有推荐基金产品的资格。随后调解员针对投资者提供的微信聊天记录进行分析,聊天记录中有“三年期限,中间涨跌不用担心,到期会给您一个满意收益”、“我让你买的任何一个基金,就算是最高点买的,赶上跌到最低点,你就放着,不出两年也能再给你赚回来”的表述,调解员认为客户经理在与投资者沟通时,对于产品的风险表述存在明显不当之处,给客户造成误解,让客户产生基金风险小,长期持有就可以挣钱的错误观念。调解员据此与营业部授权代理人进行沟通,营业部表示客户经理与投资者的聊天记录确有不妥之处,愿意与投资者进行相关赔偿的协商,但是客户提出的 60 万赔偿金额不合理,营业部无法接受。调解员认为双方对于事实依据争议较小,矛盾主要集中在赔偿金额上,为了让沟通更为高效,所以选择组织当事人进行现场调解。在现场调解过程中,投资者认为,客户经理在推荐基金产品时没有正确提示产品风险,而是承诺一定可以挣钱,因为是朋友介绍的关系,所以对客户经理言听计从,没有防范心理,最终导致巨额亏损,并且 60 万赔偿就是按照客户经理承诺计算出来的金额。营业部表示投资者购买基金时已进行适当性匹配并签署相关合同及风险提示,投资者所购买基金产品发生亏损主要为市场原因,要求营业部赔偿全部损失的要求不合理。根据双方之间存在的分歧,调解员与双方进一步沟通,首先,投资者购买基金产品是一个持续的投资过程,计算投资者损失时,需要按照客户整体盈亏来计算,单独计算目前账面亏损是不合适的。所以在调解员的建议下,营业部对投资者开户至今的基金盈亏情况进行统计,投资者共计申购过 9 支场外基金,1 支 ETF 场内基金,其中 5 只场外基金均已盈利赎回,盈利 10 万余元,目前账面亏损 35 万余元,所以账户净亏损 25 万余元。其次,对于亏损金额的责任划定,调解员认为,一方面根据客户经理的陈述,自己是在投资者购买基金出现亏损的情况下,出于安慰投资者的目的,对市场行情做出的错误判断,所以并不能认定是承诺收益的行为,但该行为确实造成投资者错失减仓机会,造成了比较大的亏损。另一方面投资者作为合格投资者,对于自己的投资行为应当承担一定的责任,不能完全依赖他人的建议做决策。据此调解员建议双方当事人在净亏损金额的基础上,各自承担 50%的责任,由营业部赔偿给投资者 12.5 万元,双方经过调解员的耐心沟通解释,最终就该方案达成一致意见,纠纷圆满解决。

## 四、案 例 启 示

《证券法》第135条规定明确规定,证券公司不得对客户证券买卖的收益或者赔偿证券买卖的损失作出承诺。现实中,证券营业部的营销人员为了完成产品销售任务,往往会使用比较夸大的话术,甚至承诺收益的现象也屡见不鲜,投资者在听取营销人员投资建议时,一定要多看多想,自己弄清楚产品性质,再结合自身需求购买,切记一时冲动,或者碍于熟人情面,不了解情况就购买产品。当然证券营业部营销人员也不应该因为是熟人关系信任度高,或为了维护客户关系,就把投资风险、法律法规置之脑后,最后可能得不偿失。证券从业人员在展业过程中要有敏感性和自我保护意识,更要有底线意识、合规意识,切忌不要心存侥幸,不要以身试法。

# 案例2:推介产品要合规　售后服务放首位

## 一、纠 纷 概 要

张某反映,其为某期货公司客户,销售人员多次以额度紧张为由向其推介某资管产品,张某便于2022年9月购买该资管产品合计300万元,封闭期半年,开放日为2023年2月。2023年1月,张某向期货公司提出拟于产品封闭期满后的第一个开放日申请赎回,后因期货公司递交退出申请时间有所延误,导致无法赎回。期货公司为解决问题便采取违约退出的处理方式,最终将赎回款项划转至张某账户。张某表示虽然钱如期到账了,期货公司也主动承担了相应的违约赎回费,但他认为实际上本人并没有违约,期货公司的做法会对其个人征信造成一定负面影响,因此向中证广东调解工作站(以下简称工作站)申请调解,要求期货公司承担相应责任。

## 二、主 要 争 议

期货公司销售人员在推介产品的过程中是否存在虚假宣传?期货公司采取的

违约退出处理方式是否会对张某个人征信造成不良影响?是否应承担相应赔偿责任?

## 三、调解过程

工作站调解员介入后,期货公司反馈,公司是在开放日当天向基金管理人提出客户退出申请的,根据合同约定“退出申请日为:以退出开放日为基准日提前1—5个工作日”,因此公司提出申请赎回的时间有延误,导致张某无法按时赎回。事后,张某多次向公司强调赎回资金必须在2023年2月15日到账。公司为保障资金能够准时到账,经与张某、管理人多次沟通后,才采用了违约退出(即资产委托人申请在合同约定的退出开放日之外的日期退出)的处理方式,且违约退出费用由公司承担,并非张某所说的未经其允许擅自采用该方式。此外,公司已与管理人再三确认,违约退出事宜不会对张某的个人征信造成影响。

随后调解员又耐心倾听张某对事情经过的补充说明,进一步了解到张某的心结在于:一是所签署的产品合同已明确约定“发生资产委托人违约退出的,资产管理人应当于每季度结束之日起15个工作日内将客户资料表报中国证监会备案”,虽然期货公司已多次表明根据现行规定该条款已失效,但其仍是不放心。二是期货公司曾就违约退出事宜要求其签署《和解协议》,承诺后续不得就违约退出事宜主张任何权利,张某对该做法强烈不满。三是期货公司销售人员曾采用“额度紧张”的说法向其推介该产品,事后向管理人确认该问题,管理人表示并无此事,因此认为期货公司在代销过程中存在欺诈情形。

为此,调解员针对张某反映的问题逐一进行了核实。首先中国证券投资基金业协会于2019年5月发布的《集合资产管理计划资产管理合同内容与格式指引(试行)》中第25节“违约责任”已将“发生资产委托人违约退出的,资产管理人应当于每季度结束之日起15个工作日内将客户资料表报中国证监会备案”的内容删除。张某于2022年9月购买产品,但签署的产品合同仍保留上述内容,是因为公司未及时更新合同内容。

其次,调解员查看了双方提供的微信聊天记录,发现销售人员在沟通时曾有“产品额度非常紧张,这个月会有一些额度出来”的表述。调解员向公司指出,《私募投资基金募集行为管理办法》第24条第五项规定:“募集机构及其从业人员推介私募产品时，禁止使用‘欲购从速’‘申购良机’等片面强调集中营销时间限制的措辞。”因此销售人员在推介产品时使用“产品额度非常紧张”的措辞违反上述规定。对此，期货公司承认在推介产品的过程中存在问题，表示会尽快对涉事员工进行内部问责。

在调解员的沟通和协调下，张某消除了对合同约定的顾虑，期货公司也就违约退出的处理方式及推介产品的不当表述向张某表示了歉意，并给予一定补偿，最终双方协商一致，签署了调解协议，本纠纷得以圆满解决。

## 四、案例启示

一是期货公司在代销过程中应严格履行适当性义务，如实说明产品的重要内容，向投资者充分揭示投资风险，切实做到合法合规推介产品。同时，重视合规管理工作，做好合同审查，定期梳理完善公司现行制度和业务流程，强化内控情况的审查，及时弥补内控薄弱环节，加强业务培训，提高员工的责任意识和操作技能，减少业务差错。此外，在处理客户问题时，应将心比心，从客户的角度去看待问题，若自身存有过失，应及时采取应对措施，主动承担相应责任。

二是投资者应不断提高自身的风险识别能力与投资判断能力，不要轻信销售人员的花言巧语，尽可能主动了解产品的重要信息，如运作模式、投资标的及投资风险等，根据自身的实际情况审慎作出投资决定。

# 案例探析

# 证券虚假陈述保荐机构的民事责任：乐视网案的启示与疑问

樊　健[*]　朱倩颖[**]

**摘要：** 就保荐机构在证券虚假陈述中的民事责任，北京金融法院在乐视网案中的裁判要旨具有相当重要的启示意义：一是，法院应当在判决中明确被告的主观要件，使被告知晓自己的失职所在；二是，法院应当秉承精确追责的原则，考虑多种因素来判决被告承担比例连带责任。乐视网案的裁判要旨对于债券市场的虚假陈述民事案件也具有相当重要的参照功能。但是，在本案中，北京金融法院认为由于被告不能充分举证，故不应扣除非系统风险和专业投资机构与普通投资者一样都可以适用信赖推定的裁判要旨，则存在进一步讨论的空间。

**关键词：** 保荐机构　证券虚假陈述　乐视网案

2023 年 9 月 21 日，北京金融法院就引发全社会关注的乐视网案①作出了一审判决，其判决书对于乐视网案中的诸多争议和疑难问题给出了较为详尽的解答。鉴于乐视网案的社会关注度和北京金融法院的专业性与权威性，本案的裁判要旨必然对后续的证券虚假陈述案件具有重要参考价值。

本文以乐视网案中的保荐机构民事责任为视角，来分析乐视网案裁判要旨对后续案件的启发意义，同时对于本案的若干裁判观点提出商榷，希望对于我国证券虚假陈述民事责任制度的发展和完善有所助益。

---

*　法学博士、上海财经大学法学院副教授。

**　华东政法大学硕士研究生。

①　王雁序等诉乐视网信息技术(北京)股份有限公司等证券虚假陈述责任纠纷案，北京金融法院(2021)京 74 民初 111 号民事判决书。

## 一、乐视网案关于保荐机构民事责任的裁判要旨

乐视网案的基本案情如下:在首次公开发行阶段(IPO),乐视网通过虚构业务及虚假回款等方式虚增业绩以满足上市发行条件,并持续到上市交易之后。乐视网上市后,除利用自有资金循环和串通"走账"虚构业务收入外,还通过伪造合同、以未实际执行框架合同或单边确认互换合同方式继续虚增业绩。此外,乐视网其他被起诉的虚假陈述行为还包括:未按规定披露关联交易;未披露为乐视控股等公司提供担保;未如实披露贾跃芳、贾跃亭向上市公司履行借款承诺;2016年非公开发行股票行为构成欺诈发行。[①]

乐视网案涉及两类保荐机构,其一是在公开发行阶段的保荐机构,即平安证券;其二是在非公开发行阶段的保荐机构,即中泰证券和中德证券。就后者而言,北京金融法院认为,由于非公开发行阶段的财务造假行为并未影响公众投资者,故公众投资者不能向保荐机构索赔,因此本文所分析的保荐机构民事责任是公开发行阶段的保荐机构,即平安证券。

关于公开发行阶段保荐人平安证券的民事责任,北京金融法院的裁判要旨如下:

(1)平安证券提供的是深度参与并对乐视网股票发行有重要作用的服务行为。保荐人在各个中介机构中具有统揽全局、组织协调的关键作用。保荐机构的履职行为对于证券的发行实质上起到了推荐和担保的作用,意义重大。在乐视网IPO过程中,平安证券担任保荐人这个至为重要的工作角色,干系重大。

(2)平安证券作为保荐机构的特别注意义务具有特殊性。在IPO中各个中介机构虽然主要基于其特别注意义务进行履职,但保荐人的特别注意义务又有所不同。其他中介机构的特别注意义务一般只及于某一专业领域,但保荐人的特别注意义务则较为复杂。

(3)IPO阶段的信息披露对于投资者的投资决定具有重要参考意义。股份有限公司只有经过IPO上市,其股票才能在交易所市场流通。而上市公司因为对投资者影响巨大,所以在信息披露和法律合规等方面的要求远高于非上市公司。这种要求转化的分水岭就是IPO。只有经过IPO这道关口让实质上符合上市条件的公司进入

---

① 由于本案案情较为复杂,时间跨度也比较长,涉及的被告众多,本文无法详细地介绍本案案情,有兴趣的读者可参阅本案判决书或者参阅证监会的行政处罚决定书来了解详细的案情。

公开市场，才能维持IPO的制度价值，提升上市公司治理水平，更好地维护资本市场的健康。本案中，平安证券作为IPO中最重要的中介机构，为实际上不符合上市条件的乐视网推荐上市，未完全履行勤勉尽责义务，应当承担相应赔偿责任。

（4）信息披露的影响会随着时间的推移而衰减。一般而言，当收到新的信息时，投资者会更新对未来结果的信念，并根据信息作出自己认为的最优决策，选择最高预期效用。但现实中，投资者仅仅具有有限的理性和信息获取、处理能力。相对而言，投资者更重视较近出现的、容易获取的、容易理解的信息，而非较早出现的、难以获取的、晦涩难懂的同类信息。因此，在考虑到投资者信息处理现实约束的情况下，信息具有时效性，即投资决策尤其是以投机为主的短期投资决策会更多受到当期的信息影响，随着时间的推移，信息的重要性随着期限的拉长而呈现逐渐衰减的趋势。但由于投资决策本身的复杂性，长期主义的价值投资者和短期主义投资者同时汇集在市场中，甚至有的投资者本身就是各种风格兼有。而长期主义的投资决策倾向于关注上市公司长期的基本面，较长时间以前的招股说明书、年度报告等对该部分投资者仍然具有参考价值。因此，上述信息披露的衰减效应不能绝对化。本案中，北京金融法院在考虑平安证券参与的IPO阶段的信息披露衰减效应的同时，也会考虑投资者关注乐视网长期基本面的情况，因而不会简单地将平安证券的责任做每年递减的判定，而是充分考虑上述因素后衡平确定一个比例。

最终，北京金融法院判定，平安证券作为乐视网IPO阶段的保荐人和主承销商，在履行职责过程中未勤勉尽责、内控机制执行不到位，出具的发行保荐书中发行人财务数据与实际情况不符，对乐视网虚假陈述行为的发生存在重大过失。同时，北京金融法院也注意到，乐视网的财务造假系实际控制人贾跃亭指挥组织其团队策划实施，手段较为隐蔽。平安证券在获取、查阅审计机构出具的无保留意见《审计报告》基础上，通过尽职调查未能发现相关异常情况，也受2010年当时的核查手段和工具的局限性的制约，对此不应无视。根据平安证券的过错程度及上述分析的各方面因素，北京金融法院酌情确定平安证券就原告投资者损失在10%的范围内，与乐视网承担连带赔偿责任。

本文认为，北京金融法院根据保荐机构在IPO中的作用、保荐机构的具体履职情况、虚假陈述本身的隐蔽性以及虚假陈述对投资者影响的衰减性等角度出发，在认定保荐机构具有重大过失的基础上，判决保荐机构承担10%的比例连带责任，做到了精准化追责，值得肯定。

## 二、乐视网案的启示

本文认为就保荐机构的虚假陈述民事责任,乐视网案的重要启示在于以下三个方面,具体而言:

(一) 保荐机构主观要件的明确化

证券法第 85 条规定保荐机构承担证券虚假陈述民事责任的归责原则是过错推定,即只有保荐机构证明自身没有过错的情况下,才能免于承担责任。就其中的过错,证券法条文并未规定,如果参考民法典的规定,则过错类型包括故意、重大过失和一般过失。对此,市场普遍认为在保荐机构仅存在一般过失的情况下,如果其就与发行人对外承担连带赔偿责任,则对于保荐机构的责任负担过重,不符合侵权责任中的过责相当原则,不利于证券市场服务机构的健康良性发展。[①] 对此,《最高人民法院关于审理证券市场虚假陈述侵权民事赔偿案件的若干规定》(以下简称《虚假陈述若干规定》)第 13 条明确规定,[②]保荐机构仅因故意或者重大过失才对外承担连带责任,司法解释的目的性限缩有其坚实的政策性考量值得赞同。

然而,在实际的审判过程中,针对被告的主观过错,法院并未严格按照司法解释的要求,在明确认定被告具有故意或者重大过失的基础上,才判定被告承担民事责任,法院通常笼统地说被告由于存在过错,是故应对投资者承担赔偿责任。例如,在刘利秋与山东雅博科技股份有限公司等证券虚假陈述责任纠纷案中,[③]法院认为"根据中国证监会《行政处罚决定书》以及本案查明的其他事实,……金元证券在出具《2015 年持续督导意见》时,未勤勉尽责,出具的报告或意见存在虚假记载,……金元证券未按照《上市公司并购重组财务顾问业务管理办法》第 31 条规定开展工作,未对木尔坦项目进行必要的核查、未对公司盈利承诺履行情况进行必要的核查,未关注到雅博公司建筑材料购销业务异常增加,也未与会计师核实雅博公司的业务结构、盈利模式等情况,在知悉李某松担任多家雅博公司供应商董事长、相关贸易业务存在异常

---

① 王琦:《审验机构虚假陈述民事责任的制度机理——以威慑功能的实现为逻辑轴线》,载《法学家》2023 年第 1 期。

② 本条规定为,"证券法第 85 条、第 163 条所称的过错,包括以下两种情形:(一) 行为人故意制作、出具存在虚假陈述的信息披露文件,或者明知信息披露文件存在虚假陈述而不予指明、予以发布;(二) 行为人严重违反注意义务,对信息披露文件中虚假陈述的形成或者发布存在过失。"

③ 山东省济南市中级人民法院(2021)鲁 01 民初 1326 号民事判决书。

的情况下，未尽到注意义务，未进一步核实购销情况，未发现雅博公司存在虚构建材销售收入的情况。……金元证券未能举证证明其在出具案涉不实报告时没有过错，应依法承担相应责任。”虽然从法院认定的事实来看，金元证券确实在执业过程中存在重大过失，但是仅就法院最后的判断来看，其仅认为被告金元证券存在过错，而判决其与发行人承担连带责任，至少从形式上看，不符合司法解释的规定。如果法院能够明确金元证券的过错性质，应能让其更容易接受法院的裁判结果。

相比之下，在本案中，北京金融法院明确认定保荐机构平安证券存在重大过失，因此应当与发行人承担比例连带责任。并且，法院并未简单地以保荐机构已经被课以行政处罚而直接认定其具有故意或者重大过失，而是从保荐机构的职能定位、工作内容以及查验手段等多个角度，在民事诉讼中独立论证保荐机构的过错程度，适当地分开了行政处罚和民事责任之间的差异，值得肯定。

在证券虚假陈述司法实践中，中介机构等故意参与发行人财务造假的情况较为罕见，更多的是中介机构等对于财务造假存在重大过失。因此，如何判断中介机构等存在重大过失，或者说如何区分中介机构等对于发行人的虚假陈述究竟是一般过失还是重大过失？即为司法实践中的重大争议问题。对此，学界已有诸多讨论，足供参考。[①] 对此，本文认为“行政的应归行政，民事的应归民事”，针对被告不具有重大过失的抗辩，法院应当从民事过错的角度进行独立审查，并在民事判决书中清晰地阐明法院的判断依据，不能仅以被告已经被课以行政处罚而直接认定或者存在先见的认定被告具有重大过失。主要理由有二：第一，从目前行政执法的实践来看，行政相对人是否具有主观过错仅仅是证监会课以行政处罚的考量因素之一，有时即使行政相对人没有主观过错，证监会也会课以行政处罚。例如在“保千里案”中，[②]法院认为，“证券虚假陈述中行政处罚和民事侵权责任的法律依据不同，判定标准亦存在差异。因此，上市公司的董事、监事、高级管理人员和其他直接责任人员因证券虚假陈述受到行政处罚，并不必然推定其存在过错并承担相应的民事赔偿责任。”第二，虽然有的

---

① 湘财证券股份有限公司、北京市天同律师事务所联合课题组：《债券违约情景下承销商虚假陈述民事责任及风险防范研究》，中国证券业协会 2019 年优秀课题。

② 中车金证投资有限公司与江苏保千里视像科技集团股份有限公司证券虚假陈述责任纠纷上诉案，广东省高级人民法院（2019）粤民终 2080 号民事判决书。另参见王辉与鞍山重型矿山机器股份有限公司、杨永柱证券虚假陈述责任纠纷案，辽宁省沈阳市中级人民法院（2017）辽 01 民初 416 号民事判决书。法院认为，“所谓侵权责任的过错，是指侵权行为人对于侵权行为具有主观故意或者过失。行政违法与民事侵权应依据不同法律、法规予以认定，两者具有不同的法律构成要件。”

行政处罚会明确认定行政相对人的主观状态(例如盛运环保案),[①]但是绝大多数的行政处罚并不明确认定行政相对人的主观状态到底是重大过失还是一般过失。因此,也就无法从行政处罚本身来判断行政相对人的主观状态为何。所以,在证券虚假陈述民事案件中,法院应独立判断并详细论证被告的主观状态究竟为何。

(二) 保荐机构承担责任的精细化

1. 信息递减理论的引入

本案中,北京金融法院创新性地提出了信息递减理论,来论证虚假陈述对于投资者损失的影响。该理论认为,随着时间的经过,虚假陈述对于投资者的影响呈现逐渐减弱,甚至不会影响投资者投资决策的影响。北京金融法院认为,一般情况下,投资者通常会对近期发生的信息予以关注和考虑,而对于远期的信息相对关注较少,这样远期信息的虚假陈述对于投资者的影响就不如近期信息虚假陈述对投资者影响大,因此远期信息的虚假陈述和近期信息的虚假陈述不能同等对待。同时,北京金融法院又认为,这样的信息递减情况,对于长期主义投资者而言可能不那么明显,因为长期主义可能也同时关注远期信息,例如本案中乐视网上市时的招股说明书等,因此对于信息递减理论也不能绝对化。由于长期主义投资者也会将远期虚假陈述信息反映到股价上,因此普通投资者也可能受到远期虚假陈述的影响。综上而言,信息递减理论会在一定程度上减少被告的赔偿责任,而不是切断交易因果关系,进而免除被告的赔偿责任。

北京金融法院的信息递减理论有其理论基础,同时也符合证券市场的实际情况。但是需要进一步讨论的是,该信息到底是影响了投资决策还是对于投资者损失有影响,如果是前者的话,那么交易的因果关系就被切断,被告无需赔偿投资者。如果是后者的话,则需要酌情扣减被告的赔偿责任。从北京金融法院的分析来看,应该是对投资者的损失产生影响。但是,按照北京金融法院的理论,在信息不断递减的情况下,可能不会对投资者产生影响,那么此时交易因果关系就会被切断。因此,如何从时间维度和信息重要性维度来划分出对交易因果关系有影响的信息和对损失因果关系有影响的信息,需要在后续审判实践中进行更为精细的区分。此外,即使认为信息递减理论仅对损失因果关系有影响,则该影响程度到底有多少,法院在酌定减免被告的赔偿责任时应当如何说理,以便投资者信服,也是对该理论在后续被采用时所要解

① 中国证券监督管理委员会安徽监管局行政处罚决定书〔2019〕4 号。

决的难题。但是，不论如何，北京金融法院对于证券虚假陈述民事责任中的因果关系理论进行更为精细化的发展，这点无疑是值得肯定的。

2. 比例考量因素的细致化

比例连带责任已经成为我国证券虚假陈述民事责任的主流表现形式。在本案中，保荐机构平安证券被北京金融法院判决与发行人向原告投资者承担10%的比例连带责任。北京金融法院给出了具体的考虑事由：一是，由于保荐机构存在重大过失，按照司法解释的规定应当与发行人承担连带责任；二是，考虑到乐视网的财务造假系实际控制人贾跃亭指挥组织其团队策划实施，手段较为隐蔽。平安证券在获取、查阅审计机构出具的无保留意见《审计报告》基础上，通过尽职调查未能发现相关异常情况，也受2010年当时的核查手段和工具的局限性的制约，因此判决承担10%的比例连带责任。

这种通过较为详细说理来分析各被告所要承担的具体比例的司法裁判，有助于保荐知晓承担责任的基础，也便于在后续的保荐业务中吸取教训，避免重蹈覆辙。在比例连带责任已经成为证券虚假陈述连带责任制度的主流方式下，如何能够准确地判定各被告承担比例责任的范围，是未来司法实践所需要重点克服的难题，北京金融法院在乐视网案中的说理，无疑具有重要的启示意义。事实上，如果能够相对准确地确定各被告对外承担责任的比例，也能较为顺利和有效率地解决各被告内部追偿的问题，可谓是毕其功于一役。

总之，越是精确化的裁判说理，越是能够让保荐机构等中介机构知晓自身的职能边界和责任边界，实现“过责相当”的侵权责任基本原则，取得较为良好的司法效果。正如北京金融法院在本案判决书中所总结的那样，资本市场是规则先行的市场，法治是中国特色现代资本市场健康发展的基石，法治兴则市场强，只有坚持市场化法治化，才能为资本市场营造稳定、透明、可预期的发展环境。而上市公司的财务造假行为，严重挑战资本市场信息披露机制的严肃性，严重毁坏资本市场的诚信基础，严重打击资本市场信心，严重损害广大投资者合法权益，可谓是资本市场的“毒瘤”。民事责任是清除这一“毒瘤”的重要手段，是救济被“毒瘤”侵害的投资者的重要机制。但是也要看到，民事责任的承担不应搞粗放式的笼统式追责，亦不应搞“一刀切”的无差别追责，更不能搞“根据执行能力定责”的功利性追责。这三种追责逻辑中，前两种会导致责任不清，起不到正向引导作用，第三种则将证券虚假陈述民事赔偿责任中的追“首恶”演变为追“首富”，将民事责任异化为保险机制，直接损害社会公平正义。我们需要在坚持“过罚相当”原则的基础上,根据被告各自岗位、职责、参与的虚假陈述行为在整体中的占比、过错程度等多种因素,进行精准追责。同时,也应当统筹考虑绝对赔偿数额与赔偿责任比例,避免出现只顾及责任比例而忽略绝对赔偿数额的问题。总之,只有合理确定发行人、实际控制人、董监高和中介机构的民事责任,才能更为有效地规范、引导、督促各市场主体归位尽责,为打造规范、透明、开放、有活力、有韧性的资本市场提供坚实的法治保障。

(三)乐视网案对债券虚假陈述案件的参照

乐视网案的裁判要旨不仅对于股票虚假陈述,尤其是涉及股票首次公开发行时即存在虚假陈述的案件具有非常重要的参考价值,对于债券虚假陈述民事案件的审理也具有重要参照意义。事实上,本文认为,包括银行间债券市场在内的债券市场都应适用统一的司法裁判规则,[①]当然要考虑债券市场与股票市场的重要差别,例如市场的效率性、参与者的成熟度以及两类证券的价格确定方式等,进行有针对性的调整。

乐视网案对于债券虚假陈述的重要参照,至少体现在以下两点:一是,针对债券虚假陈述中,被告是否具有故意或者重大过失,诸多判决书都未予以明确,因此被告往往对于一审判决并不服气。所以,在后续关于债券虚假陈述的司法审判中,法院重点考察的问题之一便是被告是否具有故意或者重大过失,并且应当在判决书中予以明确;二是,针对债券承销商的虚假陈述民事责任,其工作内容与职责范围等与保荐机构在股票公开发行中所起到的作用并不相同,因此法院在决定债券承销商的责任时,需要进行精细化地分析,从其具体工作内容等出发来准确、合理地确定其责任。

以引起市场广泛关注的胜通债案为例,[②]法院在认定承销商的民事责任时,认为:“首先,承销商应对按照法律、行政法规、监管部门制定的规章和规范性文件、相关行业执业规范的要求,对信息披露文件中的相关内容进行了审慎尽职调查。本案中,国海证券已被中国证监会认定违反《公司债券承销业务尽职调查指引》《公司债券承销业务规范》《公司债券发行与交易管理办法》等相关行业执业规范的要求,未进行审慎的尽职调查,国海证券对此未能作出合理解释;其次,承销商应对信息披露文件中证券服务机构出具专业意见的重要内容,经过审慎核查和必要的调查、复核,有合理理由排除了职业怀疑并形成合理信赖。本案中,国海证券并未提供充足证据予以证

① 不同意见,参见邢会强:《论银行间债券市场非金融企业债务融资工具虚假陈述民事纠纷对〈证券法〉的适用性》,载《债券》2023年第9期。

② 平安养老保险股份有限公司诉山东胜通集团股份有限公司等证券虚假陈述责任纠纷案,山东省青岛市中级人民法院(2022)鲁02民初1063号民事判决书。

明其对案涉审计报告进行核查,也并未提供合理理由证明其对案涉审计报告排除了职业怀疑并形成合理信赖。最后,承销商应对信息披露文件中没有证券服务机构专业意见支持的重要内容也应经过审慎尽职调查和独立判断。本案中,钢帘线作为胜通集团主营业务之一,国海证券应对胜通钢帘线产能利用率、销售收入、纳税申报材料等作为专项问题予以审慎查验,但国海证券并未提供充足的证据证明其履行了必要的查验程序。……国海证券作为专业的承销机构,应在尽职调查中发现胜通集团的财务造假行为,而因其未保持合理的职业怀疑导致其出具的《核查意见》《核查报告》及《承诺函》存在虚假记载,具有过错。国海证券未提供充足证据证明其已经按照相关法律和行业规范的要求尽到了勤勉尽责的义务,应当对本案原告损失承担连带赔偿责任。"

本文认为,本案的判决有两处需要进一步讨论:一是法院认为,既然证监会已经对国海证券进行了行政处罚,就直接认为其未勤勉尽责,具有过错。如前所述,证监会处罚债券承销商可能基于多种事由,并不一定表示行为人具有过错。此外,即使认为承销商国海证券具有过错,到底是重大过失还是一般过失,本案法院也没有予以明确。尤其是在司法解释已经明确规定被告仅因故意或者重大过失才承担责任的情况下,法院仅认定承销商存在过错就判决其承担连带责任,显然不能说服被告。二是本案法院直接以国海证券存在过错为由,直接判决其与发行人承担100%的连带责任,显然是过分加重了债券承销商的责任,有违"过罚相当"的侵权责任原则,也有违精细化追责的审判实践。

## 三、乐视网案的疑问

当然,乐视网案的裁判要旨也存在一定的讨论空间,本部分就两个方面提出本文的疑问,希望能引起法院在后续审判时的关注。一是,是否应当扣除非系统风险;二是,资管机构等机构投资者是否负有更高的注意义务。

### (一) 非虚假陈述因素的扣除

《虚假陈述若干规定》第31条第2款①明确了被告可以举证损失由非系统风险所

① 本款规定为,"被告能够举证证明原告的损失部分或者全部是由他人操纵市场、证券市场的风险、证券市场对特定事件的过度反应、上市公司内外部经营环境等其他因素所导致的,对其关于相应减轻或者免除责任的抗辩,人民法院应当予以支持。"

导致而减免自身的赔偿责任。因此,仅从请求权基础或者法律适用的角度来说,司法实践中对此可能并没有太大争议,主要的问题大概是被告对此的举证;换言之,被告到底提供什么样的证据能够使法院确认存在非虚假陈述因素,因而可以减少被告的被告责任。

在乐视网案中,北京金融法院却拒绝了被告的非系统风险扣减的抗辩,主要理由如下:就本案虚假陈述责任纠纷而言,不应考虑其他风险因素。理由在于,被告未能证明其他风险因素独立于虚假陈述行为对乐视网股价产生消极影响。考虑证券市场风险因素(即所谓系统风险)对股价影响时,主要从大盘指数、行业指数方面去对比分析。因为与案涉股票紧密联系的大盘指数和行业指数代表了案涉股票所处的由大到小的环境,这些自身所处的环境因素无疑会对个股产生影响。但是,在考虑其他风险因素(即所谓的非系统风险)对股价的影响时,则很难基于某一个体事件当然认为该事件对股价产生影响。从证券市场的运行特点看,股票的价格围绕着公司价值上下波动是常态。将上市公司股价的涨跌完全归因于上市公司日常经营中的特定事件,必须有充分的证据予以证明。本案中,乐视网连续十年财务造假,属于较为少见且情节恶劣的虚假陈述行为,其对乐视网股价的影响一直在持续。甚至,随着年复一年的财务造假的累积,对股价的影响还在不断强化。再叠加实施日至揭露日期间的其他虚假陈述行为,乐视网整体的虚假陈述行为对于乐视网股价的影响显而易见。在此情况下,以乐视网日常经营中发生的相关事件对股价的影响,去抵消虚假陈述对股价的影响,必须进行充分的证明。本案中,被告并未举证证明其提出的诸多事件如何影响乐视网股价,亦未举证证明这些事件独立于虚假陈述行为对乐视网股价产生了消极影响。基于上述理由,北京金融法院认为,案涉虚假陈述行为导致的损失不存在非系统风险的影响。

事实上,在其他虚假陈述案件中,法院依托专业损失核定机构的专业意见,使用金融学上的事件分析法,大体已经能够测算出单个事件对于投资者损失的影响。例如,在上海金融法院所审理的一系列虚假陈述民事案件中,法院通过"收益率曲线同步对比法"来较为准确地计算包括非系统风险在内的损失扣减因素。该方法的基本原理是:通过对比投资者实际投资的损益比例(名义损益比例)与排除虚假陈述因素的模拟损益比例,得出投资者受虚假陈述而产生的差额损失。其中,模拟损益比例是通过对影响股价的各因素予以定量分析,计算出除虚假陈述外的各因素所形成的案涉证券模拟收益率曲线,并根据投资者实际投资时间、数量进行模拟投资形成的损益比例。"收益率曲线同步对比法"的计算公式为：投资差额损失金额=名义买入成本×(名义损益比例-模拟损益比例)。其中,(名义或模拟)损益比例=(买入成本-回收成本)÷买入成本×100%;买入成本=买入均价×实施日至揭露日期间的净买入股数;回收成本=揭露日后每笔卖出股数×(实际或模拟)卖出股票价格+基准日仍持有股数×基准价。[①] 因此,本文认为,如果法院认为被告提交的证据还不足以说服法官非系统风险对于损失的影响,则可以依职权委托具有专业资质的机构按照通行的计算方法来测算非系统风险对于损失的影响。[②]

（二）专业投资机构的注意义务

专业投资机构,例如证券私募基金等在投资时是否负有更高的注意义务？换言之,以保护普通投资者为主要目的的信赖推定,是否可以同样适用于专业投资机构,从而免除其证明存在交易因果关系的义务,不论是理论还是实务,都存在不同的观点。

持有肯定论的观点认为,信赖推定的主要作用是免除普通投资者的举证义务,因为如果法律坚持要求普通投资者自行证明其投资行为是由于信赖了发行人所披露的虚假信息所导致,则普通投资者由于其保留证据的难度,甚至是做出投资决策的依据等(例如听从朋友的推荐),其无法提供证据证明,从而其必然会在民事诉讼中败诉。反之,由于专业投资机构具有内部的决策流程,在投资上市公司前需要进行充分和专业的投资分析,因此其举证是受到虚假陈述欺诈而进行的投资难度不高。此外,由于对于专业机构投资有较高的举证要求,反过来还能促使这些机构进行谨慎投资,更有助于形成理性的投资文化,反过来对我国资本市场的理性发展颇有助益。[③] 例如,在

① 肖凯等:《构建多因子量化计算模型精准认定证券虚假陈述投资者损失——许某某等诉普天公司案评析》,载《证券法苑》2021 年第 2 期。

② 相关讨论,参见丁宇翔:《证券司法中专业资源的运用逻辑及其规范进路》,载《中国法律评论》2023 年第 5 期;陈广辉:《证券虚假陈述侵权损失核定的路径选择》,载《政法论坛》2023 年第 6 期。在李向东与广东柏堡龙股份有限公司等证券虚假陈述责任纠纷案中(广东省广州市中级人民法院(2023)粤 01 民初 2518 号民事判决书),广州中院原则上同意依据第三方机构的证据来扣减非系统风险对投资者损失的影响,但是在本案中法院经过审查认为第三方机构所列举的重大事件没有对投资者损失产生影响。法院认为,"中证中心以及中国证监会下属的其他评估机构客观上确实暂时均不具备评估非系统风险的条件,故而在本院之前委托的评估中,中证中心确实未对非系统风险予以评估。柏堡龙公司对此抗辩有理,应予以采信,即虽然深圳价值在线是柏堡龙公司单方委托的评估机构,但其也是独立存在的第三方中介机构,在现有中国证监会下属的评估机构不具备评估非系统风险的情况下,该机构作出的评估报告具备一定参考价值,可作为本案非系统风险问题的参考依据。……深圳价值在线的评估报告可知:其采用多因子模型算法,并对重大事件进行分类筛查,在获得叠加事件分析法的模拟日收盘价序列后,基于'滑动窗口模拟对比法',最终确定对非系统风险造成重大影响的显著事件以及各事件的风险比例影响。……柏堡龙公司单方委托的第三方评估机构——深圳价值在线作出的评估报告中认定的存在非系统风险的 5 个事件均不是上述规定中应减轻或免除柏堡龙公司相应责任的因素,根据现有证据显示,柏堡龙公司所述的本案中存在的非系统风险并不存在,中证中心对投资者作出的损失评估测算结果合理合法,可作为本案原告投资损失的认定依据。"

③ 参见樊健:《我国证券市场虚假陈述交易上因果关系的新问题》,载《中外法学》2016 年第 6 期。

上海雨浩投资咨询有限公司与浙江祥源文化股份有限公司等证券虚假陈述责任纠纷上诉案中,[①]浙江省高级人民法院认为:"虚假陈述赔偿的规定采用'市场欺诈'和'推定信赖'原则确定因果关系的目的在于保护我国证券市场中不具备专业投资知识的中小投资者,而对于专业投资机构,因其应当具备高于普通证券市场投资人的投资技能和专业研究分析能力,不能仅凭其买入受虚假陈述影响的股票即认定其投资损失与虚假陈述存在因果关系,应分析辨别其投资损失是受虚假陈述影响还是其他因素导致。原审法院根据雨浩投资咨询公司主体身份的特殊性,认定在判断雨浩投资咨询公司'推定信赖'能否成立的问题上,对其应适用高于普通证券市场投资人注意义务的标准,并无不当。该注意义务对外一般表现为对上市公司公开文件的分析、对上市公司进行实地考察和提出可行性研究报告等,对内则表现为按照公司章程规定履行了相应的审批、讨论、决策程序等。如果没有证据证明专业投资机构尽到审慎注意义务,则不能当然依据'推定信赖'原则认定投资损失与虚假陈述之间存在因果关系。本案中,在尚无充分证据证明雨浩投资咨询公司运用了专业知识和技能对祥源文化公司股票的投资价值进行了判断并严格遵循了投资决策程序的情况下,可以认定雨浩投资咨询公司在投资祥源文化公司股票时未能尽到审慎对待虚假陈述信息的注意义务,并非基于对虚假陈述的合理信赖进行投资。"[②]

但是,在乐视网案中,北京金融法院认为专业投资机构并不负有更高的注意义务,其理由是"从投资者的分类体系看,普通投资者是和专业投资者相对的投资者,二者在信息告知、风险警示、适当性匹配等方面存在差别。但机构投资者并非与普通投资者相对的投资者类别,机构投资者不一定是专业投资者。从相关答辩意见看,被告意在强调专业投资者在本案中应该有更高的注意义务,从而应该减轻其赔偿责任。对此,本院认为,《虚假陈述若干规定》在适用范围上并未区分普通投资者还是专业投资者。除一些特殊的市场外,专业投资者和普通投资者不应有所区别。专业投资者不应因其专业身份而受到歧视或更不利。客观上,保护专业投资者的信赖,实

① 浙江省高级人民法院(2019)浙民终1414号民事判决书。

② 有法院区分面对面交易和非面对面交易,在前者,专业投资者负有更高的注意义务,例如在北京中金弘基投资管理中心与广东中钰科技股份有限公司等证券虚假陈述责任纠纷案中(广东省广州市中级人民法院(2022)粤01民初2092号民事判决书),广州中院认为,"按照常理,原告作为机构投资者,进行数百万元的定增认购交易,理应提前与交易对手协商交易标的及细节,可以推知,原告是在中钰科技发布2014年财务报告之前就与其进行协商,甚至确定了涉案交易内容,作出投资决定。故此,本院认为,综合本案现有证据,原告理应提交进一步证据如可行性分析报告等,证明其系基于中钰科技涉案虚假陈述行为作出投资决定,但经本院释明,原告未能对此提交相应证据,本院据此认定,涉案交易因果关系不成立,原告要求中钰科技等赔偿其相应损失依据不足,本院不予支持。"对此,本文认为,不论是面对面交易还是非面对面交易,专业投资机构同样负有较高的注意义务,理由如后所列。

际上也是在保护普通投资者的信赖。这样可以促进上市公司和发行人进一步提升信息披露质量,降低投资者的信息调查成本,从而提高市场效率。被告抗辩所称的专业投资者的谨慎勤勉义务,是其作为受托人或资产管理产品的管理人,在信托法律关系之下对参与募集其产品的投资者的义务,而非对发行人的义务。因此,原则上,不论是普通投资者还是专业投资者,都应该受到推定信赖的保护,二者的注意义务应当一致。"

本文认为,北京金融法院这一裁判要旨值得进一步研究的问题有四:一是,机构投资者与专业投资者确实不是一类,机构投资者也可能是普通投资者,例如一般性的企业法人等。但是,被告抗辩的真正问题是,针对那些专业投资机构,例如商业银行的理财公司或者私募基金等,其在投资时是否负有更高的义务,北京金融法院对此有偷换概念之嫌。二是,《虚假陈述若干规定》并未明确专业投资机构负有更高的义务,因此不能对其提出更高的要求。对此,本文认为,该司法解释也没有明确否认专业投资机构更高的注意义务。例如北京金融法院判决被告之间承担比例连带责任,该司法解释同样没有规定。持平地说,可能是司法解释的起草者对此也没形成一致看法,故而对此未做规定。三是,北京金融法院认为,保护专业投资机构的信赖,就是保护普通投资者,从而促进资本市场的效率。对此,即在于如何理解保护专业投资机构的信赖。如果专业投资机构提交了决策报告,证明虚假陈述行为是其投资决策的因素之一,法院就认为其信赖了虚假陈述,同样是对于专业投资机构信赖的保护;换言之,直接推定专业投资机构信赖并非唯一的保护方式。事实上,如果专业投资机构未做调查研究直接购买证券同样也能被推定信赖的话,则专业投资机构的专业性何在?专业投资机构收取其投资者那么多管理费的合理性又何在?将专业投资机构和普通投资者同等对待,到底是有助于我国资本市场的效率提升,理性化发展还是反之?答案不言自明。四是,专业投资机构的谨慎投资是其对机构投资者的义务,固然没错;但是这种义务又何尝不是一种法定义务,试问专业投资机构可以和其投资者签订免除该义务的协议吗?事实上,专业投资机构对何人负担该种义务并不是关键问题;关键问题是专业投资机构应当自行举证其信赖了虚假陈述,证明该点的主要证据支持就是其履行了谨慎投资义务,例如向法院提交了决策报告来证明虚假陈述对其投资的影响。不排除专业投资机构提供其他的证据材料来证明其真实信赖,例如提交和发行人之间的邮件往来等。总之,本文认为,北京金融法院否认专业投资机构相比于普通投资者负有更高的注意义务是可以进一步研究的。

## 四、结　　论

针对保荐机构在证券虚假陈述中的民事责任,北京金融法院在乐视网案中的裁判要旨具有相当重要的启示意义:一是,法院应当在判决中明确被告的主观要件,使被告知晓自己的失职所在;二是,法院应当秉承精确追责的原则,在证券虚假陈述案件中,考虑多种因素来判决被告承担比例连带责任。乐视网案的裁判要旨对于债券市场的虚假陈述民事案件也具有相当重要的参照功能。但是,在本案中,北京金融法院认为由于被告不能充分举证,故不应扣除非系统风险和专业投资机构与普通投资者一样都可以适用信赖推定的裁判要旨,存在进一步讨论的空间,期待其他法院在后续案件的审理中继续完善。就前者,法院可委托专业损失核定机构来计算;就后者,不论是从信赖推定的立法目的、促进资本市场的理性发展等角度,专业投资机构应当负有更高的注意义务,其应当举证因为真实信赖虚假陈述从事了投资,而不受信赖推定的保护。

# 新公司法背景下的知情权赔偿制度检视

张　晖*

**摘要：** 公司法的修订从"形式上"扩张了股东知情权的范围，但"实质上"保护股东知情权的惩罚制度过于单薄。"法无恐惧则不生效"，经实证研究发现，以《公司法解释（四）》第12条为请求权基础提起的赔偿几无胜诉。结果是既无相关文件可供查阅，又无证据证明损失与未制备文件的因果关系，陷入循环论证。作为保护股东知情权的重要工具，该条已经独木难支。综合新西兰的行政处罚模式、日本的多机构监察模式、德国的全面主动披露模式、美国的自治与税制模式与我国台湾地区的均衡模式、我国大陆司法实践，较为现实的进路是通过激活章程自治、明确规制定位、建立双罚制度来保护范围扩张后的股东知情权。

**关键词：** 公司法　知情权赔偿机制　章程自治　双罚制度

## 一、问题的来源

现代公司往往被认为是所有权与控制权相分离[①]。可往往是小股东的分离，大股东可以利用优势地位选择公司的董事，甚至大股东本身就选择成为执行董事或者董事长。在法律层面，应当承认控股股东与实际控制人正确行使控制权参与公司治理所具有的积极意义[②]，但在承认资本多数决合法性的同时，也要防止大股东利用优势地位损害小股东的权利。2023年12月29日，《中华人民共和国公司法》（以下简称新公司法）由十四届全国人大常委会第七次会议修订通过，新公司法全面加强了对中小股东的

---

*　华东政法大学法学硕士。

①　［美］伯利、米恩斯：《现代公司与私有财产》，商务印书馆2005年版，第6页。

②　李建伟：《公司制度、公司治理与公司管理》，人民法院出版社2005年版，第124—145页。

保护力度,在知情权上体现为股东知情权范围的扩张。股东知情权范围的扩大,将使更多未依法制备相关文件的公司在诉讼中面临暴露的风险;修订后会计凭证可供查阅,加之会计凭证不同于会计账簿,会计账簿若被系统性的造假则很难识别,而会计凭证可以直观地反应公司的业务和经营状态。因此,管理层为了隐匿利用控制权实施违背信义义务的行为,可能产生故意隐匿、销毁会计账簿、会计凭证或其它文件的风险。

团体生产理论认为,董事是公司的受托人,服务于公司各方参与人的利益,而不仅仅是股东。但是,为了防止董事本身的不当行为,团体生产理论要求对董事进行必要的监督①。《公司法解释(四)》第12条就是综合各方利益,防止股东不当行为的产物②,作为股东知情权损害赔偿制度的请求权基础,有事前预防和事后惩罚的双重作用。既被寄予以上限不定的民事赔偿制止董监高不履行制备义务的行为,又处理董监高既已未制备法定文件,给股东造成的损害赔偿问题,从而满足股东保护方面法律供给侧结构性改革③。实践中屡屡出现一些公司不做账,不留账或者故意隐匿账,给中小股东的权益带来实质性的损害。不参与实际经营的小股东维权的第一步就是提起股东知情权诉讼,若公司不做账,或者虽然做账但故意隐匿,就只能诉诸《公司法解释(四)》第12条请求民事赔偿,可请求赔偿又需以存在经济损失的结果和认定损失的证据为前提,最终进入循环论证。一条已经牢固确立的比较法规则是,在进行比较思考之前,人们应该从对本国法律的清晰分析开始④。因此,本文首先通过实证研究的方式探寻《公司法解释(四)》第12条在实践中的适用情况、争议焦点,并通过对比其他国家制备必备文件的相关制度,分析隐藏在它们的诸多准测和超级结构的外壳中的法律现象的内核⑤,来检视新公司法时代下的《公司法解释(四)》第12条是否能够协调股东之间的利益关系。

## 二、知情权赔偿制度的实证梳理

### (一)研究设计与方法

本文的数据主要来源于三处:一是裁判文书网,笔者首先以高级查询-法条查询

① 黄辉:《现代公司法比较研究——国际经验及对中国的启示》,清华大学出版社2011年版,第160页。

② 具体内容参见《最高人民法院〈公司法司法解释〉(四)理解与适用》第2页。

③ 贺小荣、曾宏伟:《关于适用〈中华人民共和国公司法〉若干问题的规定(四)》的理解与适用,载《人民司法(应用)》,2017年第28期。

④ [德]伯恩哈德·格罗斯菲尔德著,孙世彦、姚建宗译《比较法的力量与弱点》,清华大学出版社2002年版,第20页。

⑤ Rabel, zit. nach von Caemmerer, Das deutsche Schuldrecht und die Rechtsvergleichung, NJW., 1956: Rn.569 - 570。

的方式,输入“最高人民法院关于适用《中华人民共和国公司法》若干问题的规定(四)第12条”,查询相关判决、裁定,共得8个案例;二是通过北大法宝查找该条项下的司法案例,共得26个;三是通过威科先行法律数据库,搜索全文里包含该法条的内容,共得46个案例;除此之外,还查阅了最高人民法院主管的三家刊物《人民法院报》《人民司法》《法律适用》,均未找到相关判例。将上述查阅案例汇总,减去重复与无关的案例,共得到19个有效案件,共40份判决、裁定书。

调查选取的案件时间跨度包括解释(四)2021年1月1日生效之前至今的所有公开可查阅的案件,主要原因有二:一是因为有关知情权的实证研究虽然层出不穷,但多集中在“正当目的的认定”“查阅范围的争论”之中①,而缺少对于损害股东知情权赔偿制度的关注与分析;二因为是案件样本总量较少,从目前的查询结果也可看出,截至2024年3月13日,总计得相关案件19件。职是之故,为了削减因样本量较少而可能引发的缺少权威性,故采取穷尽式查找的方式。

(二)实证结果

(1)查阅结果概况。经过查询,共得相关案件19件,共得一审、二审、执行相关判决、裁定共40份。其中仅有1件支持,2件虽然不支持但是酌定赔偿了一定金额,16件完全不支持。29个无关案件被排除,排除的主要理由是原告的诉请并非请求赔偿,而是法官在判决、裁定中主动援引《公司法解释(四)》第12条,援引的情形主要有二:要么是在判决股东有权查阅相关后,在主文部分“顺便”附上该条;要么是法院最终认定公司确实未制备财务会计报告与会计账簿,因此在判决主文中提出股东有权另行起诉。

**表1 案件情况**

| 案件情况 | 支持 | 不支持,但酌定赔偿 | 完全不支持 |
|---|---|---|---|
| 数　量 | 1 | 3 | 15 |

(2)案涉主体的情况。经过统计,所有案涉公司皆为小微企业,其中只有1家公司的注册资本超过了500万元,其余均不超过50万元,且公司的组织结构较为简单,只有一家案涉公司设置了董事会,其余均为大股东担任公司法定代表人和执行董事,出资较少的小股东担任公司监事或者不在公司任职;案涉原告皆为公司的小股东,且

① 黄辉:《〈公司法〉修订背景下的股东知情权制度检讨:比较与实证的视角》,载《比较法研究》2023年第3期。

诉讼时均已不参与实际经营;被告必然包含公司的大股东,且大股东又无一例外的担任公司董事长或执行董事,部分被告涵盖公司的现任或前任董事、监事。

(3) 裁判说理情况。原告胜诉的案件只有一例,在(2020)浙 06 民终 4047 号案中,会计师事务所在对案涉公司清算审计时,发现存在两套报表,账目银行核算与对账单严重不符等重要问题。导致无法判断财务报表的真实性、无法判断账目开支的真实性,于是原告就以出资额为计算基础,请求被告赔偿出资款,法院认为被告无法证明设立以来的财产支出状况,于是认为被告应当承担责任,这种通过转移证明责任的方式来判决被告败诉的案例,在案件统计过程中仅发现一例。

酌定赔偿的案例同样较少,在(2022)鲁 1082 民初 4163 号案中,原告同样以出资额为依据,请求赔偿 54 万元,法院最终酌定赔偿 2 万元。法院不支持的理由很简单,即公司不制备法定文件与原告主所的出资款至今的利息作为经济损失没有关联;但是又考虑到案涉公司董事、高管未履行制作、保管公司法规定文件材料,客观上影响了原告作为公司投资人的决策能力,最终综合案涉的经营状况、股东人数、原告占股比例以及荣达公司董事、高管违法程度、社会效果等因素,酌情判令案涉公司董事、高管共同赔偿原告损失 2 万元。在(2020)沪 0114 民初 23441 号中,法院在认定原告的损失时,认为原告主张以 50 万元计算损失没有提供计算依据,没有提供未制备财务会计报告和公司会计账簿与原告损失之间的因果关系。但又话锋一转:考虑到原告的知情权确因被告行为受到损害,客观上影响了原告作为公司投资人的决策能力,故本院综合原、被告行为的违法程度等因素,酌情判令被告赔偿原告损失 5 万元。法院最终以损害了原告的决策能力为由酌定赔偿 5 万元,影响决策能力不等于造成损失,法院之所以这样判决,同前案一样,是因为被告在诉讼中极不诚信,首先,既称原告在公司中担任有一定职位,所以应当对文件的缺失负责,又主张原告仅为名义股东,虽然在公司任职,但并未实际参与管理过公司,所以无权查看;其次,被告在前案中从未提出过部分财务资料缺失,也曾书面通知原告查阅,但是直到查阅时才承认缺少部分资料;最后,公司增资从未通知过原告,随后公司经营状况良好,股权价值上涨。法院综合全案考虑,酌定支持了 5 万元。在(2022)京 0113 民初 19511 号案中,原告本为被告一的债权人,双方于 2019 年 2 月签订《还款、欠款确认书》,约定被告一以持有的案涉公司 18.98%的股权作价 500 万元登记在原告名下,以抵消部分欠款 500 万元。但事实上公司于 2019 年 1 月就已经停工停产、人员解散。后来公司又搬至别处,到 2019 年 5 月已经不在正常经营状态,无法提供会计账簿、股东会会议记录等材料。法院认为原告无法正常行使知情权,并导致其遭受了包括难以证明公司具备可分配利润并请求公司分配利润、难以证明公司具有可分配剩余财产并请求相应分配,以及因无法组织公司清算而依法应承担赔偿责任等带来的损失。原告主张以500万元作为损失金额,但是法院认为公司的工商登记状态为正常存续,未被吊销营业执照,不能当然认为股权价值已经归零,况且股东因知情权无法行使而遭受的损失并不能直接等同于股东出资,因此最后酌定被告赔偿员工10万元。经过统计可以发现原告并没有能够成功举证证明未制备法定文件与所受损失的关系,往往因被告的行为违背诚实信用原则,明显未尽忠实勤勉义务,法院才酌定赔偿。

15个案件完全不支持赔偿主要是基于以下几点:没有证明未按规定制作保管账簿与遭受的损失之间存在因果关系;原告与被告皆为制备义务人;公司并未清算,原告以“入股款”作为损失额并不准确;原告若发现董监高存在侵占公司利益的行为,应由公司自行提起诉讼或由原告作为公司股东通过法定程序为公司利益另行直接提起诉讼的方式解决。

(4)争议的焦点。从以上分析可以看出,法院无论是支持还是不支持,论述重心均在于股东的损害与未制备法定文件之间是否存在因果关系。在唯一胜诉的案件中,法院认为损失与被告存在因果关系,在其他败诉案件中,法院认为不具备因果关系。在酌定赔偿的案件中,法院认为存在抽象的因果关系,原告虽然未证明其具体的损失数额,但是法庭在综合双方的意见及证据,对全案做整体分析后,认为原告利益确实已经受损,只不过该损失实在难以衡量——要么是影响了“投资决策权”,要么是缺少账册,根本无法判断公司的经营状况,大股东是否侵吞公司资产,占用公司资金,再加上被告前后不一,违背诚实信用原则的表现,故酌定了一定数额赔偿给原告。

(三)实证结果分析

原告诉请赔偿的理由往往包含以下几个方面:投入了十几万元乃至几十万元的资金,却从未分红,公司也未制备账册可供查询;怀疑大股东滥用股东优势地位,通过关联交易、资金占用等方式损害公司利益,但却没有账册可供查阅;公司经营状况恶化,被诉时往往已经濒临破产、公司资产或者剩余可分配财产大幅度减少,原告希望查阅相关账册却无账可查。这些纠纷中,双方矛盾较为尖锐。通过统计可以发现,涉案公司往往规模较小、组织架构简单、内控制度并不完善,多为一个大股东掌控着公司,涉案原告股东不在公司任职,或曾经任职,但起诉时已经不再参与公司的实际经营。仅一例案件胜诉的原因固然有当事人确实无法证明损害结果与未制备法定文件之间的因果关系,可值得思考的是:这种论证方式确实有循环论证之嫌,如果当事人能获得相关账册或有关证据,又何必依据《公司法解释(四)》第 12 条起诉,大可诉诸其他类型的股东直接诉讼或者股东派生诉讼,比如若有证据证明股东通过关联交易谋取不当利益,直接按照法律规定请求公司监事会起诉或者自行提起派生诉讼即可,又何必舍近求远。正是因为没有证据且又无法获得证据,不得已才适用《公司法解释(四)》第 12 条,若法院再以缺少证据为由,驳回诉讼请求,实在是使小股东求助无门。可是再进一步思考,原告也确实无法证明所受损失,法院也是依法判决,并未枉法裁判。首先,不制备法定文件这一行为难以和具体的经济损失相关联;其次,原告在实践中往往以实际出资额作为计算的基础,但公司又未经清算,如何确定具体的损失。

因此有必要检视该条的原意,思考公司法立法和相关司法解释所建立的相关规范是否能够建立较高的违法成本,从而打击董监高不做账或者为了特殊目的而故意隐瞒账册的行为。

《公司法解释(四)》第 12 的本意是加强投资者保护①,可是自生效以来仅一例胜诉可查,即使抛去那些因为被震慑而主动制备法定文件的公司,胜诉败诉比仍然达到了 1∶19。由此观之,本条并没有发挥出在《公司法解释(四)》第 12 条制定之初的期望,既没有能在事前起到威慑作用,即阻止义务人违反制备义务;也没有能在事后起到补救作用,即请求违反义务人赔偿损失。由此,不免生出疑问,即股东是否会因为董监高未制备、隐匿或者毁坏法定必备账册而利益受损?是否必然导致金钱损失?如果股东不会受损或者损失无法衡量,那就要重新检视该条存在的意义。如果股东会因此受损,那就要探索新的保护路径。

(四)知情权受损与金钱损失

股东当然会因为董监高未制备、隐匿或者毁坏法定必备文件而利益受损。在这种情况下,股东知情权首当其冲地受到损害,可是知情权受损不能直接和特定金额画等号,因为知情权本身的价值无法衡量。如果进一步和实践案例相结合,会发现,即使是针对实践中最常见的问题——未制备或故意隐匿账簿而无法分配利润,该条仍然束手无策,最终仍将落入循环论证的窠臼。当然这里仅讨论非上市公司,因为上市公司的现实规制重点往往不在于“有没有”,而在于“真不真”。上市公司有比较健全

① 杜万华:《最高人民法院关于适用〈中华人民共和国公司法〉若干问题的规定(四)》新闻发布会。

的内控制度，且又因为涉及不特定主体的利益，所以披露义务较为严格，建立了相对完善的刑事责任制度，如违规披露、不披露重要信息罪。

实践中，一些法官也认识到难以衡量，承认具体赔偿情形需要根据实际情形加以探索[①]；可能的损害比如：公司因为未能保存文件而产生的外部责任，包括行政处罚和产生的不当债权债务数额；股东出资额度因为这种过错而受到的价值下降。就前者而言，处罚为公司承担，非为股东损失；就后者而言，证明股权价值的降低是因为未制备文件而造成的，可谓困难。

一个比较完美的设想是，如果公司因为未制备相关账册而导致无法清算，因此承担了连带责任的股东，可以要求有过错的董监高赔偿，其他情况付诸阙如。但是新公司法将清算义务人一律定为董事，使得这个设想丧失了存在的基础。

虽然我国存在故意隐匿、销毁会计凭证、会计账簿、财务会计报告罪，但是入刑门槛较高[②]，且仅规制隐匿与销毁行为，实践中情况复杂，很难有证据判断是销毁、隐匿抑或是没有制作，并且因故意隐匿、销毁而入刑是一种双输的局面；虽然有行政处罚，但是仅限于会计资料，且惩罚轻，董监高违法成本低，收益高而处罚小[③]。他山之石，可以攻玉，有必要采取比较的视角，来检视其他国家或地区的公司法是如何预防、规制董监高不制作法定文件、不保存法定文件的行为。

## 三、境外相关规则的考察

### （一）新西兰公司法

新西兰公司法设计了对公司本身及董事几乎无处不在的行政责任，在股东知情权保护方面尤甚，不论是未制备[④]、制备的文件不含法定要素、违反存放地点[⑤]、存放年限、可供查阅的时间[⑥]、保持文件不受任何改动的要求[⑦]、未允许行使复印权、摘抄权、检察权等，只要有不符合公司法的情况产生，就可能受到行政处罚。而新西兰公

① 参见山东省荣成市人民法院判决书：(2022)鲁1082民初4163号。

② 《最高人民检察院、公安部关于公安机关管辖的刑事案件立案追诉标准的规定(二)》的通知第八条涉嫌下列情形之一的，应予立案追诉：(一) 隐匿、故意销毁的会计凭证、会计账簿、财务会计报告涉及金额在五十万元以上的。

③ 《中华人民共和国会计法》第42条。

④ 《新西兰公司法》第87(4)(a)条。

⑤ 《新西兰公司法》第88(5)(a)。

⑥ 《新西兰公司法》第217条。

⑦ 《新西兰公司法》第379条。

司法对股东知情权的规定本身比较前卫,前卫的规定加上严格的处罚共同保障了股东知情权的满足。如该法规定的查阅主体不仅仅是股东,还包括一般的以书面形式提起查阅要求的人,而一般主体的权限也不仅限于一些简单的工商登记查询,还包括公司的注册证书、公司章程、公司实际控制人的信息、董事的姓名及住所、公司的注册办事处和送达地址①;而股东除了查阅股东会会议记录和决议外,还包括过去10年内发给所有股东或某类股份的所有持有人的书面通信副本,包括年度报告、财务报表、财务报表摘要(如有)和集团财务报表。② 总的来说,严格前卫的披露要求再加上贯穿于事前、事中、事后的行政责任,是新西兰公司法保护知情权保护的灵魂。

(二)日本公司法

日本为了克服监事虚置的问题,设置了会计参与、会计监察人,监察委员会、检察官、审计委员会等制度。既丰富了监事的工作内容、又引入了新的监督模式。

会计参与人的主要职务虽然是同董事共同制作会计报表,但并不局限于会计报表的制作与保存。也有义务应股东的要求,在股东大会上说明特定事项③;可随时查阅、复制会计账簿或者相关资料④。如果会计参与人在履行其职务之际,发现董事就职务执行有不正当行为或者违反法令或章程的重大事实时,还应当按照公司机构的设置,及时将其报告给股东、监事、监事会或监查等委员⑤。如果会计参与人不履行义务或怠于履行义务,为自己或第三人谋取利益或者以损害公司为目的,实施违背其职务的行为,并对该股份公司已造成财产损害时,会被判处10年以下的有期徒刑或1 000万日元以下的罚金⑥;如果懈怠进行记录、制作、保存、披露,会被处以100万日元以下的罚款。⑦ 后文所述的会计监察人、监察委员会委员、检察官、董事、监事等皆依其职务、地位不同而有不同的与知情权有关的要求,如果违背就会受到上述处罚,后文不再赘述。

会计监查人有义务制作会计监查报告。会计监查人可以随时查阅、复制会计账簿、相关资料或者要求董事、会计参与人、经理等对财务会计进行报告;会计监查人在履行职务时如果认为有必要,可要求子公司对其财务会计进行报告,或者可对公司或

① 《新西兰公司法》第215条。
② 《新西兰公司法》第216条。
③ 《日本股份公司法》第314条。
④ 《日本股份公司法》第374条。
⑤ 《日本股份公司法》第375条。
⑥ 《日本股份公司法》第976条。
⑦ 《日本股份公司法》第977条。

其子公司的业务及财产状况进行调查①;若发现董事的职务履行存在不正当行为或者存在违反法令或章程的重大事实时,须及时将其报告给监事②。为了保持会计监察人的独立性,法律赋予监事会对会计监察人的解职权以及报酬同意权。

监察委员会可以监察董事的履职情况并出具监察报告③;委员会指定的委员可以随时对执行官、经理、及其他使用人等索取关于其职务行为的执行事项的报告、调查公司的业务和财产状况,如果认为由必要,还可以调查子公司的业务和财产状况④。与此同时,监察委员会也可以监督会计监察人,可以向股东大会提交会计监察人的选任或者解任的议案⑤。

除了上述主体之外,股东大会还可以选任一个调查人,以对董事、会计参与、监事、监事会以及会计监察人已经提交给股东大会的资料、业务和财产状况进行调查⑥。这种“调查”之上再设“调查”的方式,可以令不参与实际经营的股东有能力掌握公司的经营状态。总体来说,日本公司法的内控制度比较复杂,需要一批既有专业知识又严格履行忠实、勤勉义务的群体,否则就容易造成职位或机构的虚置。

(三)德国公司法

有限责任公司在德国尽管被认为是资合性公司,但是立法者认为,在有限责任公司中,股东是企业的主人,因此股东必须有不受限制地了解企业的权利,在股东与代表公司的经理之间不能有秘密⑦。德国《有限责任公司法》第 51 条 a、第 51 条 b 的规定使得股东有权请求公司经理报告公司的事务和查阅公司的账簿。有限责任公司的质询权远超过了股份有限公司股东的质询权⑧。事实上《股份有限公司法》中根本没有与查阅权相对应的概念。因此,从内容和范围上来看,有限责任公司法规定的信息权更像股份法中监事会享有的质询权和查阅权。质询权的内容非常广,还包括经理同第三人所签订的合同,即使该合同定有保密条款⑨。立法概括规定董事负有应股东请求及时告知的义务,这就几乎能满足股东的所有知情要求,因此关于董事备置文

---

① 《日本股份公司法》第 396 条。
② 《日本股份公司法》第 397 条。
③ 《日本股份公司法》第 399 条。
④ 《日本股份公司法》第 405 条。
⑤ 《日本股份公司法》第 404 条。
⑥ 《日本股份公司法》第 316 条。
⑦ Lutter ZGR 1982,1,5ff.
⑧ 《有限责任公司法》第 51 条中的质询权也被译为查询权,这里采查询权的称谓。
⑨ 托马斯·莱赛尔、吕迪格·法伊尔著,高旭军等译:《德国资合公司法第 3 版》,法律出版社 2005 年版,第 452 页。

件、主动送达等方面的规定也就很少[①]。如果业务执行人拒绝答复,则股东还可以要求请求法院裁决答复,这些规定增加了公司经理的违法成本,使得经理很难对抗股东的知情权。

对于未设置监事会的小型公司,经理必须向股东提交年终决算报表,若公司状况报告书编制完成,也要一并提交[②],并由股东会确认[③],如果公司设置了监事会,则经理必须先向监事会提交报告,通过审查后,再由经理将年终决算报表和审查报告一并提交给股东会[④]。这里面任何一个环节的违反,不论是编制的内容还是确认的程序不符合《有限责任公司法》或者《德国商法典》的规定,都有可能会受到惩罚。比如,如果一个公司的有权代表机关或者监事会的成员,在报告中有隐瞒或者掩饰,则会被处以3年以下的自由刑或者处以罚金[⑤]。

与此同时,德国还在有限责任公司中引入了亏损报告制度。如果业务执行人在亏损达到基本资本一半时未向股东报告,会被处以三年以下有期徒刑或者科处罚金,即使是过失导致未报告,也不会免于刑事处罚,而是处以一年以下有期徒刑或者科处罚金。

(四)美国公司法

美国公司法立法较为复杂,既有联邦层面的反托拉斯法,也有各州州议会制定的本州公司法和本州法院的判例法。从组织法这个角度来说,美国不存在一个统一的,国家级的公司法。美国各州普通公司法的立法基础,皆是以开放性募集资本以及大规模企业为基调[⑥],再加上美国严格的税收制度,直接影响了股东知情权立法的侧重点,因为大规模企业的内控制度完善,相较于不制定或保留账册,更可能的是对某些想要行使知情权的股东持敌意态度,因而拒绝股东行权。所以,美国有些州的公司法规定:若董事不当拒绝股东行权,则按照股东股权价值的1%—2%处罚或者按天计算处罚等。

对美国各州公司法立法产生巨大影响的《美国标准商事公司法》规定了对股东的年度财务报告制度,如果是由会计师拟定,则必须附上该会计师的报告。否则必须由

① 李建伟:《股东知情权的层级结构及其展开——以八个国家、地区的立法比较研究为背景》,载《暨南学报(哲学社会科学版)》2012年第8期。
② 《德国商法典》第264条。
③ 《德国商法典》第46条。
④ 《德国商法典》第42a条。
⑤ 《德国商法典》第331条。
⑥ 虞政平:《美国公司企业立法之进程,美国公司法规精选》,商务印书馆2004年版,第12页。

公司的相关负责人说明该报告是否基于普遍认可的会计原则或者该报告的制作基础。这种财务报告制度和严格的美国税收制度结合，降低了公司不作账或作假账的可能。《特拉华州有限责任公司法》则是鼓励通过自治的方式促使责任人履职，鼓励在公司章程中规定未依照公司章程的方式履职需要承担的特定后果。一旦责任人在发生有限责任公司协议规定的事由之时或之后，应接受特定的处罚或承担特定的后果。针对人合性较强的封闭公司，《法定封闭公司附加规定》了法院为了保护股东而采取的行动，一旦控制公司的股东以非法的、压迫性的、欺诈性的或不公平的方式正作出或已作出不利于小股东的行为时，小股东可以向法院申请救济，必要时法院可以对公司争议事项进行调查、解除特定董事的职位、甚至指定一位临时董事，且该董事和正当选举的董事所拥有的一切权利、权力和职责均相同，并在法院规定的项目和条件下处理公司事务。如果法院发现在诉讼中，一方当事人专横跋扈或存在缺乏诚信的行为，可以支持另一方当事人的程序费用，包括律师费、鉴定费或者其他专家费。临时董事可以釜底抽薪的方式调查公司的业务和经营状况，从而满足知情权的需要。

## 四、我国台湾地区相关规则的考察

我国台湾地区“公司法”细致又详实的规定了董事会报告和股东会承认制度、检查人制度。1983 年 12 月 7 日修法时，将董事责任的部分从“公司负责人”改为“代表公司之董事”，以示不能法罚及全体董事，本部分以“责任人”作为“代表公司之董事”的简称。

首先，该法将股东会决议、董事会决议、公司章程、财务报表、亏损报告等分条规定，分别按照该文件的特点规定保存及公布的要点。

对于股东会决议、董事会决议，董事会应当将包含议事方法、议事经过的议事录于 20 日内发送于股东，否则责任人就会被处以新台币一至五万元的罚款[①]；股东会可以检查董事会制备的法定文件、监察人的报告，也可以选任检查人。对上述行为有妨碍、拒绝或规避行为的，会被处以新台币两万元以上十万元以下的罚款；如果代表公司之董事未制备公司章程、财务报表，则会被处以新台币一万元以上，五万元以下的罚款。如果是公开发行股票的公司，则责任人会被处以新台币 24 万元以

① 我国台湾地区“公司法”第 183 条、207 条。

上240万元以下的重罚[①]。董事会应当将制作的各种文件,在股东会提出并请求承认,经过股东会承认后,董事会才应将公司财务报表及盈余分配及亏损填补的决议分发与各股东[②]。公司亏损达实收资本的二分之一的,董事会应当于最近一次的股东会报告,否则责任责任人会被处以新台币2万元以上,5万元以下的罚款[③]。

其次,建立了公司检查人制度,由法院选取一个对公司业务有专门学识、经营经验而又不存在利害关系的人对特定事项进行调查。既包括董监高的履职情况检查、也包括股东知情权检查。就前者来讲,法院可以依据清算人,监理人,或连续六个月以上持有已发行股份总数百分之三以上之股东,或占有公司明知之债权总额百分之十以上的债权人等申请,检查公司的业务和财产[④]。检查人会将发起人、董事、监察人、经理、清算人的尽职情况进行调查并报告,一旦发现上述人员损害公司利益的,还应当向法院报告是否有必要对责任人实行财产保全,以保证公司对责任人追偿时得到受偿[⑤];就后者来讲,连续六个月以上,持有已发行总股份百分之一以上的股东,可以向法院申请并附上检查的理由及必要性,并由法院选派监察人,在"必要"的范围内检查公司账目、财产状况、特定事项、特定交易文件及记录。并且规定了对于规避、妨碍或拒绝检查行为的责任人,处以新台币二万元以上十万元以下罚款。如果有多次上述行为的,按次处罚[⑥]。

我国台湾地区的规定使得中小股东虽然不参与实际经营,但却仍然可以了解公司的运营状况。其中的检查人制度既可以弥补监事不作为时的不足,也可以对症下药,在董事会不制作账册或隐匿账册时主动调查,破解知情难。

## 五、反思与建议

### (一) 鼓励章程自治,促进自我调节

常态化的公司治理只能依靠无副作用的理性自治,[⑦]总之,他们的股权结构比我

① 我国台湾地区"公司法"第184条。
② 我国台湾地区"公司法"第230条。
③ 我国台湾地区"公司法"第211条。
④ 我国台湾地区"公司法"第352条。
⑤ 我国台湾地区"公司法"第353条、354条。
⑥ 我国台湾地区"公司法"第245条。
⑦ 刘俊海:论基于理性自治的公司监督模式创新——兼评《公司法(修订草案)》中监事会与董事会审计委员会"二选一"模式,载《中国社会科学院大学学报》2023年第4期,第6页。

们复杂,但是登记文件却比我们简单。这自然有利于简化设立公司的手续,提高工作效率。不过,他们的内部规章往往很长,有好几页纸,写得很详细,凡是内部管理和公司运作方面的规定都写在规章里。规章像一本操作手册,含有日常交易的所有基本原则,董事和官员们对规章一般都比较熟悉,在处理公司事物时常常把它当做一张核对单。[①] 从知情权保护的角度出发,我国公司法看似没有设计复杂的制度,但是股东们可以通过法定程序将知情权特殊保护的意志章程化。

为了鼓励股东自治,各地工商局应当摒弃格式章程,鼓励章程自治,甚至可以更进一步,拟定专门的股东知情权保护条款,供发起人选择。发起人可以在公司设立时,结合公司的股权结构、行业特点、业务模式规定多样化的保护制度。比如在有限公司章程中约定董事、监事的亏损报告义务,如果亏损达公司实收资本的百分之八十或百分之五十,就应当及时通知股东,否则应当对股东承担一定的惩罚性赔偿;而股东人数、董事人数较多的公司可以按照新公司法的规定设立审计委员会,目前有限责任公司并没有明确规定审计委员会具体的职权,只是规定可以代行监事会的职权,在监事会的职权之外,还有广阔的探索空间;或者规定董事、监事的定期报告义务,特定主体应当以书面方式报告业务经营、公司财产情况,并且附上足以证明报告为真的说明依据;虽然我国未引入检查人制度,但是可以在公司章程中设立检查人,引入检查人制度的收益在于该项制度能胜任作为保障股东查阅权与公司权益之“平衡仪”的角色,同时作为一种控权机制,能够超越内部权利冲突调和者的角色,从外部施以“复眼”确保权益冲突达到平衡时制度收益最大化的实现。[②] 共同在股东、董事或者在中介机构中选取一名专业人员,对公司业务或财产保持状况进行检查;再次,可以在章程中约定,如果董监高不依法制备法定文件所应当对公司或股东的惩罚性赔偿。

(二) 明确规则定位,统一司法政策

有时候,商事主体在商事活动中的自我调节机制是有局限性的,需要国家以社会的名义进行整体调节。[③] 鉴于新公司法扩张了知情权的范围,有疑问的是,是否允许通过章程排除《公司法解释(四)》第 12 条的适用。对此应当持否定态度,美国特拉华州公司法虽然自 1986 年起允许公司通过修改章程的方式消除董事的法律责任,但是仅仅针对董事的注意义务,第 102 条明确规定忠实义务的赔偿责任不可排除;且美

① 朱锦清:《公司法学》,清华大学出版社 2019 年版,第 132 页。
② 彭真明、方妙:《股东知情权的限制与保障——以股东查阅权为例》,载《法商研究》2010 年第 3 期。
③ 王树保:《商事法的理念与理念上的商事法,载商事法论集(第 1 卷)》,法律出版社 1997 年版,第 210 页。

国公开公司占比较高,股权较为分散,股份流动性较强,一项实证研究表明规定了损害豁免条款的公司的股价会下跌。但是我国的股权结构较为集中,且知情权损害多见于有限公司,股份流动性差、量价反应不明显,若允许章程规定知情权损害豁免条款,将更加不利于保护中小股东也与我国新公司法全面加强董监高、控股股东、实际控制人的责任,降低公司治理中的代理成本的意志背道而驰。

在现有制度下,存在疏漏的商事法律文为司法审判供给的裁判规则不足,为此的弥补手段主要来自审判机关体系内的努力。① 司法实践中首先要解决同案不同判的问题。同样是未依法清算即注销,有的股东可以全额获赔 190 万元出资款②,有的股东却得不到任何补偿③。

核心问题是损失如何计算,实际上,在该类案件中,往往存在两种损失,分别是公司利益受损的直接损失以及股东所持股权贬值的间接损失,如果股东能够通过知情权之诉获取董监高实施违背忠实义务的行为并造成公司损失的相关证据,则可以在知情权之诉结束后寻求公司内部机制或股东代位诉讼制度,就无提起知情权损害赔偿之诉的基础。如果股东无法通过知情权之诉获取相关证据,在现行法律构造之下,代位诉讼就转变成了知情权损害赔偿之诉,这又恰恰解决了两个问题:第一,即在代位诉讼无证据的情况下公司权利、股东权利的保护问题;第二,鉴于我国没有规定股东在公司无账可查时请求建账的权利,可以和举证责任结合,弥补我国法定建账权的缺失。适用举证责任时应当注意保护投资者的最终目的与知情权赔偿制度的特殊性。不能认为只要原告没有证据衡量实际经济损失就一律不支持。原告如果就知情权查阅之诉已经胜诉并经强制执行而被告仍未履行的,如果是公司清算,就应当由被告举证证明公司无剩余财产可供分配,否则应当就不能举证的部分承担责任,如果是在公司正常经营过程中,损失计算的基础是原告的入股资金加上双方共同认可的会计年度的纯利润。除了举证责任的转换,建议在未来制定新公司法配套的司法解释时,综合考虑保护中小投资者的目的、综合双方的证据、过错来综合认定原告的损失。

### (三)变更民事赔偿模式为行政处罚+民事赔偿双模式

法经济学强调以“理性经济人”为基本假设,即任意行为人均为理性个体,其会在

---

① 李建伟:《公司诉讼类型化专题 24 讲》,法律出版社 2021 年出版,第 170 页。

② 见浙江省绍兴市中级人民法院判决书:(2020)浙 06 民终 4047 号判决书。

③ 见山西省怀仁市人民法院判决书:(2021)晋 0624 民初 167 号、山西省朔州市中级人民法院判决书:(2021)晋 06 民终 1340 号判决书。

权衡行为的成本和收益后,做出最有利于自身的选择[1]。知情权是股东的基础性权利,但考虑到损害知情权的赔偿金额确实难以衡量,不如采双轨制,变被动为主动,变原告费力的去证明一个特定的,可以被衡量的金额为驱使制备义务人主动履行制备义务。既设定不履行制备义务的民事赔偿责任,又设置不履行制备义务的行政处罚。行政处罚的金额设定在一个限度内,并由执法机构在个案中衡量是应有之意,行政处罚不应包含公司。新西兰公司法是双罚制,既罚责任人,又罚公司本身;我国台湾地区"公司法"是单罚制,只罚公司。我国公司法规定了董监高执行职务时给公司造成损害时的赔偿责任以及股东派生诉讼制度,从理论上讲,公司可以向有责任的董监高追偿,符合条件的股东也可以提起派生诉讼,但是从前述的案件统计中可知,涉案公司均为小微企业,组织结构简单,由大股东牢牢把控着公司,此时如果再要求公司起诉追偿是不太可能的,最终仍不得不借助于股东派生诉讼,结果是既让小股东承担了更高的维权成本,又会给法院增加讼累,且案件的争议往往是无法分配利润或者确定可供分配的剩余财产,大股东早已通过资金转移、占用或关联交易等行为中饱私囊、掏空公司,对公司的行政处罚反而可能加速公司经营状况的恶化,更不利于维护投资者的利益。因此,可以仅仅对责任人设置行政处罚,并将对公司免去的行政处罚加在责任人身上,即最高罚金额确定一个较高的数额,就如我国台湾地区,在 1983 年"修法"时,在免去非责任股东的罚款的同时,对责任股东的罚款提高了三倍,以加重处罚。只有以金钱罚增加责任人的违法成本,才能抓到责任人的"七寸"。

① 波斯纳著,苏力译:《法理学问题》,中国政法大学出版社 2002 年版,第 47 页。

# 域外视野

# 市场操纵新论(上)*

汤姆 C.W.林** 著　伍　坚***　杨亦好**** 译

**摘要:** 市场面临着一种全新且令人生畏的操纵模式。在这种新的市场操纵模式下，数百万美元可以在几秒钟内消失,无赖行为人可以阻止市值数十亿美元公司间的交易,而市值数万亿美元的金融市场也可以通过简单的鼠标点击或几行代码被扭曲。每个投资者和机构都面临风险。这正是我们金融市场所面临的岌岌可危的新现实。

本文讲述的是我们糟糕的金融现实、危险的新市场操纵模式以及制定务实政策的必要性,以更好地应对日益增长的操纵金融市场的威胁。首先,本文概述了近期新金融技术的兴起和监管情况。文章对 2010 年的"闪电崩盘"(Flash Crash)和迈克尔·刘易斯(Michael Lewis)所著的《高频交易员》(Flash Boys)进行了仔细研究。接下来,文章对不断变化的市场操纵格局进行了调查。文章指出了传统的操纵方法,如"囤积居奇"(cornering)、"抢先交易"(front running)和"拉高抛售"(pumping-and-dumping),以及新的操纵方法,如"幌骗交易"(spoofing)、"试单"(pinging)和"大规模错误信息"(mass misinformation)。它解释了利用电子网络、社交媒体和人工智能等现代技术的新型网络市场操纵方案比传统方案更具危害性。然后,文章探讨了为什么这种新的市场操纵模式会给监管机构带来严峻的挑战。最后,它提出了三个务实性的建议,通过提高中介机构的诚信度、加强金融网络安全和简化投资策略来应对控制论市场操纵的新威胁。最终,这篇文章为重新思考和开展市场监管、市场运作和市场操纵问题提供了一个新颖且完善的框架。

---

* Tom C.W. Lin, The New Market Manipulation, Emory Law Journal 66, no. 6 (2017), available at https://papers.ssrn.com/sol3/papers.cfm?abstract_id=2996896#. 本文翻译出版获得了作者授权,特此感谢。译文分两期发表。

** 坦普尔大学比斯利法学院法学副教授。

*** 华东政法大学经济法学院教授。

**** 华东政法大学研究生。

**关键词:** 市场操纵　高频交易　市场监管

## 导　言

华尔街是一个幻象。[①] 纽约证券交易所、实时股票行情报价器、交易商、银行家、经纪人和华尔街铜牛都给人这样的印象:华尔街和华尔街人构成了一个透明、公平和高效的世界金融中心。实际上,如今的许多行动的发生之地都大大远离华尔街——发生在不起眼街道上匿名建筑里的机器、数据中心、超级计算机和光纤电缆中。[②] 在这个全新的金融现实下,数十亿美元可以在几分钟内消失,一小部分人可以从根本上改变金融运行的轨迹,一个不法分子可以让世界五百强的公司停止交易,价值万亿美元的金融市场可以通过轻轻点击鼠标或编写几行代码被随意操控。[③]

2015年秋季,这一新兴金融现状的危险表现在美国司法部史无前例地宣布对三名个人的指控上,他们涉嫌入侵多家美国银行和企业,"实施了历史上最大的金融相关数据盗窃之一",进行了大规模的欺诈性市场信息传播,以及策划了一场价值数百万美元的全球性股票操纵计划。[④] 根据未公开的起诉书,这些黑客仅用电脑入侵私人

---

① *See*, *e.g.*, JUSTIN FOX, THE MYTH OF THE RATIONAL MARKET: A HISTORY OF RISK, REWARD, AND DELUSION ON WALL STREET 280－83 (2009); Jonathan R. Macey & Maureen O'Hara, *From Markets to Venues: Securities Regulation in an Evolving World*, 58 STAN.L.REV. 563, 563 (2005); Lynn A. Stout, *Are Stock Markets Costly Casinos? Disagreement, Market Failure, and Securities Regulation*, 81 VA. L. REV. 611, 625－28 (1995).

② *See* SCOTT PATTERSON, DARK POOLS: HIGH-SPEED TRADERS, AI BANDITS, AND THE THREAT TO THE GLOBAL FINANCIAL SYSTEM 233－78 (2012).

③ *See*, *e.g.*, Graham Bowley, *Lone Sale of $4.1 Billion in Contracts Led to 'Flash Crash' in May*, N.Y. TIMES (Oct. 1, 2010), http://www.nytimes.com/2010/10/02/business/02flash.html [https://perma.cc/6W26-DDR2]; Matthew Goldstein, *S.E.C. Charges Man in Bulgaria in Fake Takeover Offer for Avon*, N.Y. TIMES (June 4, 2015), https://www.nytimes.com/2015/06/05/business/dealbook/sec-charges-bulgarian-man-in-faketakeover-offer-for-avon.html?_r=0 [https://perma.cc/A5BM-92FQ]; Michael Lewis, *The Wolf Hunters of Wall Street*, N.Y. TIMES MAG. (Mar. 31, 2014), https://www.nytimes.com/2014/04/06/magazine/flash-boys-michaellewis.html [https://perma.cc/G42L-R6H8]; Nicole Perlroth, *Hackers Using Lingo of Wall St. Breach Health Care Companies' Email*, N.Y. TIMES (Dec. 1, 2014), https://www.nytimes.com/2014/12/02/ technology/hackers-target-biotech-companies.html [https://perma.cc/YS8P-NBZT].

④ *See* Press Release, DOJ, Attorney General and Manhattan U.S. Attorney Announce Charges Stemming from Massive Network Intrusions at U.S. Financial Institutions, U.S. Brokerage Firms, a Major News Publication, and Other Companies (Nov. 10, 2015), http://www.justice.gov/usao-sdny/pr/attorney-general-andmanhattan-us-attorney-announce-charges-stemming-massive-network [hereinafter Massive Network Intrusions Press Release]; see also Indictment, United States v. Shalon, S1 15 Cr. 333 (S.D.N.Y. 2015), http://www.justice.gov/usao-sdny/file/792506/download; Indictment, United States v. Murgio, 15 Cr. 769 (S.D.N.Y. 2015), http://www.justice.gov/usao-sdny/file/792511/download; Matthew Goldstein & Alexandra Stevenson, Nine Charged in Insider Trading Case Tied to Hackers, N.Y. TIMES (Aug. 11, 2015), https://www.nytimes.com/2015/08/12/business/dealbook/insider-trading-sec-hacking-case.html?_r=0 [https://perma.cc/R7PV-Q74L]; Nicole Hong, *Two Accused in J.P. Morgan Hacking Case Plead Not Guilty*, WALL ST. J. (June 9, 2016, 5:02 PM), https://www.wsj.com/articles/two-accused-in-j-p-morgan-hacking-caseplead-not-guilty-1465505356[https://perma.cc/G877-4LRN].

服务器并操纵某些股票的市场，就获得了超过 1 亿美元的非法收益。[①] 时任纽约南区联邦检察官的普里特·巴拉拉(Preet Bharara)将他们操纵市场的犯罪活动描述为“网络类固醇证券欺诈”。[②]

本文主要介绍这一全新且危险的金融现实，新出现的市场操纵模式，以及制定更好的务实政策来应对操纵金融市场日益严重的技术威胁的必要性。本文对被称为“控制论市场操纵”的新型高科技市场的扭曲形式进行了初步的研究，解释了这些危险的破坏性行为对市场造成的严重后果，并提出了合理的政策建议，以更好地保护投资者和维护金融体系。

本文以作者之前关于新金融技术的著作为基础，并借鉴了与现代金融监管相关的丰富文献，力图做出三方面的贡献。[③] 首先，本文旨在为理解新的金融市场提供一个令人信服的说法。其次，本文旨在强调新的金融技术、电子通信和信息系统可被用来操纵金融市场，从而不公平地使少数人享有特权，多数人的利益则受到损害。最

---

① *See* Indictment, *Shalon*, S1 15 Cr. 333, at 4; *see also* Indictment, *Murgio*, 15 Cr. 769, at 1; Goldstein & Stevenson, *supra* note 4.

② *See* Portia Crowe, *BHARARA: The JPMorgan Hackers Committed 'Securities Fraud on Cyber Steroids'*, BUS. INSIDER (Nov. 10, 2015, 1:27 PM), http://www.businessinsider.com/preet-bharara-on-jpmorgan-hackers-2015-11 [https://perma.cc/4ATP-98U7].

③ 自 2008 年金融危机以来的几年里，对金融创新和金融监管的学术研究一直是一个新兴的法律研究领域。*See*, *e.g.*, Stephen M. Bainbridge, *Dodd-Frank: Quack Federal Corporate Governance Round II*, 95 MINN. L. REV. 1779 (2011)(讨论为什么《多德·弗兰克法案》会产生不利后果); William A. Birdthistle & M. Todd Henderson, *Becoming a Fifth Branch*, 99 CORNELL L. REV. 1, 12-24 (2013)(描述证券监管和自律组织的发展); John C. Coffee, Jr., *The Political Economy of Dodd-Frank: Why Financial Reform Tends to Be Frustrated and Systemic Risk Perpetuated*, 97 CORNELL L. REV. 1019 (2012)(关于改革立法为何举步维艰的不同理论分析); Jill E. Fisch, *Top Cop or Regulatory Flop? The SEC at 75*, 95 VA. L. REV. 785 (2009)(认为美国证券交易委员会在监管时缺乏“功能有效性”); Merritt B. Fox, Lawrence R. Glosten & Gabriel V. Rauterberg, *The New Stock Market: Sense and Nonsense*, 65 DUKE L.J. 191 (2015)(提出利用“逆向选择、委托代理问题和多渠道交易系统”分析股市的新框架); Erik F. Gerding, *Code, Crash, and Open Source: The Outsourcing of Financial Regulation to Risk Models and the Global Financial Crisis*, 84 WASH. L. REV. 127 (2009)(发现目前的行业风险模型不充分，新的金融法规带来了危险); Kathryn Judge, *Fragmentation Nodes: A Study in Financial Innovation, Complexity, and Systemic Risk*, 64 STAN. L. REV. 657 (2012)(应对金融创新和系统性风险的超越单纯披露的评估方法); Charles R. Korsmo, *High-Frequency Trading: A Regulatory Strategy*, 48 U. RICH. L. REV. 523 (2014)(考虑如何监管“闪电崩盘”后的高频交易); Donald C. Langevoort & Robert B. Thompson, *"Publicness" in Contemporary Securities Regulation After the JOBS Act*, 101 GEO. L.J. 337 (2013)(对上市公司意义的思考); Adam J. Levitin, *The Politics of Financial Regulation and the Regulation of Financial Politics: A Review Essay*, 127 HARV. L. REV. 1991 (2014)(金融危机相关的文献综述); Tom C.W. Lin, *The New Financial Industry*, 65 ALA. L. REV. 567 (2014)(解释技术在华尔街的兴起以及监管这一新领域的框架); Saule T. Omarova, *Wall Street as Community of Fate: Toward Financial Industry Self-Regulation*, 159 U. PA. L. REV. 411 (2011)(认为金融业可以采取更多的自我监管); Steven L. Schwarcz, *Regulating Complexity in Financial Markets*, 87 WASH. U. L. REV. 211 (2009)(比较复杂的金融市场和复杂的工程系统); Robert B. Thompson, *Market Makers and Vampire Squid: Regulating Securities Markets After the Financial Meltdown*, 89 WASH. U. L. REV. 323 (2011)(评估中介行为以了解监管的有效性); Charles K. Whitehead, *The Goldilocks Approach: Financial Risk and Staged Regulation*, 97 CORNELL L. REV. 1267, 1270 (2012)(警告监管应该分阶段进行，而不是一刀切).

后,旨在提出政策制定者和投资者应予考虑的可行方案,以更好地确保市场诚信,抵御新的市场操纵模式。毫无疑问,在一个快速发展、充满活力的市场中追求这些目标,过程中必然会导致产生某些过时并艰巨的工作。然而,无论多么过时与艰巨,这样的努力是有益且值得的,因为它可以洞察我们市场中正在发生的深刻变化,并为金融市场和市场操纵的未来走向提供启示。最终,本文旨在为政策制定者提供一个新颖有效的框架,让他们对市场监管、市场运作和市场操纵开展新的思考与行动。

本文通过五个部分构建这一框架。第一部分介绍背景,它探讨了2010年的闪电崩盘和迈克尔·刘易斯(Michael Lewis)出版的《高频交易员》(Flash Boys),这两个开创性事件将市场操纵和新金融技术推向了公众关注的前沿。[①] 其一,它批评了2010年美国证券交易委员会(SEC)和美国商品期货交易委员会(CFTC)对这一事件的联合调查报告,以及五年后2015年对一名交易员因与闪崩事件有关而作出的逮捕。其二,第一部分研究了《高频交易员》一书出版的相关事实和后果,该书揭开了当代华尔街的虚幻面纱,揭示了美国资本市场充满操纵性的内部运作模式。该书通过讲述一群非典型的改革者以及他们与高频交易者斗争的非凡故事,解释并揭露了新金融技术如何创造"操纵"市场的新方法。[②] 第一部分为讨论市场操纵和新的金融现实奠定了基础。

在此基础上,第二部分提供了更广泛的背景。这部分将"闪电崩盘"和《高频交易员》与金融市场正在发生的更大的巨变联系起来。它解释了为什么"闪电崩盘"和《高频交易员》实际上讲述的是金融市场上更大的事件,从描述性和规范性的视角阐述了新金融技术的兴起以及早期监管机构的应对措施。它还分析了随着新的市场操纵方法的出现,新的金融现实对市场诚信所带来的进步和挑战。并且探究了围绕新金融市场中的创新、监管和风险的更广泛的法律和政策问题。第二部分解释并揭示了我们的金融市场和新的市场操纵模式的发展背景。

第三部分从发展背景为基础转向探讨在新的金融现实下不断演变的市场操纵办法。首先对常见的传统市场操纵方法进行了分类,例如囤积居奇(cornering)、挤压

---

① *See generally* U.S. COMMODITY FUTURES TRADING COMM'N & U.S. SECS. & EXCH. COMM'N, FINDINGS REGARDING THE MARKET EVENTS OF MAY 6, 2010 (2010), [hereinafter CFTC & SEC FINDINGS] http://www.sec.gov/news/studies/2010/marketevents-report.pdf (详细说明政府对"闪电崩盘"的调查); MICHAEL LEWIS, FLASH BOYS: A WALL STREET REVOLT (2014) (检查导致"闪电崩盘"事件).

② LEWIS, *supra* note 8, at 34, 79, 89, 226.

(Squeezing)、抢先交易(front running)、拉高抛售(pumping-and-dumping)和基准失真(Benchmark Distortion);然后,第三部分指出了新兴的高科技市场操纵方法,如幌骗交易(spoofing)、试单(pinging)和大规模错误信息(mass misinformation)。它以最近涉及黑客攻击、社交媒体和人工智能的操纵计划为例,解释了为什么利用现代金融市场的电子通信、信息系统和算法平台的新型高科技控制论市场操纵模式比其传统的前身更具危害性和影响力。[①] 第三部分指出并强调了破坏、扭曲和操纵金融市场的新问题手段,这些手段破坏了市场价值和投资者信心。

第四部分预示了监管问题。该一部分剖析了为什么控制论市场操纵的新方法对监管者来说如此具有挑战性。新兴高科技金融市场越来越自主化、数据驱动化和碎片化,这部分解释了与资源、侦查和执法有关的核心问题将如何阻碍监管机构有效处理该市场中新的操纵方法。第四部分深入探讨了伴随金融创新和监管而来的改革、风险和回报等相互关联的挑战。

第五部分基于上述问题提出解决方案。它预测了控制论市场操纵所造成的影响,并提出了三项务实的政策建议,以便在短期内更好地解决新的控制论操纵模式所造成的危害。它主张提高中介机构的诚信度、加强金融网络安全和简化投资策略。诚然,这些建议并不能根治新金融现实带来的所有操纵弊端。但是,它们提供了可以在短期内实施的合理解决方案,在对更大的问题进行辩论与思考的同时,更好地保护投资者和市场免受操纵。第五部分初步构想了未来几年解决控制论市场操纵问题的新路径。

最后,本文以简短的结论收尾。本文叙述了在一个极其活跃的金融市场中进行监管所面临的挑战,并回应了对更细致入微、更可行地理解新的市场现实和新的市场操纵行为的迫切呼吁。

## 一、"闪电崩盘"和《高频交易员》

近代史上的两个开创性事件将新金融技术和市场操纵的残酷事实推到了公众意识的前沿。第一个事件是在 2010 年 5 月 6 日发生的美国股市史无前例的交易时段,

---

① *See*, *e.g.*, Shaun D. Ledgerwood & Paul R. Carpenter, *A Framework for the Analysis of Market Manipulation*, 8 REV. L. & ECON. 253, 282 - 84 (2012) (讨论市场操纵的各种危害).

现在简称为“闪电崩盘”。[①] 第二个事件是 2014 年 3 月 31 日迈克尔·刘易斯(Michael Lewis)的著作《高频交易员》的出版。[②] 这两个事件为更好地理解现代市场和市场操纵的演变奠定了早期基础,并提供了深刻的启示。

(一)“闪电崩盘”

1. 最初的故事

2010 年 5 月 6 日,作为全球最有价值、最受尊敬的资本市场,美国股市经历了前所未有的波动。[③] 交易日于上午 9:30(美国东部标准时间)开盘,有消息称希腊因政府采取与该国债务相关的行动而引发社会动荡。[④] 突然,在下午 2:40 左右,市场经历了持续约 20 分钟的急剧下跌和波动。[⑤] 在不到 30 分钟的剧烈波动时间内,约有 1 万亿美元的市值从美国股市蒸发。[⑥] 在这段波动时期,包括蓝筹股公司(blue-chip-companies)在内的数百种证券以荒谬的价格交易,价格从每股一分钱到每股 10 万美元不等。[⑦] 在急剧下跌之后,市场开始迅速反弹,挽回了大部分损失。[⑧] 2010 年 5 月 6 日这一波动剧烈的交易时段现在被简称为“闪电崩盘”。[⑨]

“闪电崩盘”发生后,美国证券交易委员会(SEC)和美国商品期货交易委员会(CFTC)展开了联合调查,并于 2010 年 9 月 30 日就调查结果发布了一份报告。[⑩] 根据该份报告,“闪电崩盘”很可能是由堪萨斯州共同基金公司 Waddell & Reed 的一个期货订单引发的。[⑪] 大约在下午 2 点 32 分,Waddell & Reed 通过高速自动计算机程序下达了卖出 41 亿美元电子化迷你型的标准普尔指数(E-MINI-S&P)期货合约的指令。[⑫] 这些期货追踪标普 500 指数(S&P 500)的走势,该指数衡量了美国 500 家最大上市公司的业绩。[⑬] Waddell & Reed 的程序“不考虑价格或时间”地执行订单,这意味

---

① CFTC & SEC FINDINGS, *supra* note 8, at 1.

② *New Book by Michael Lewis to Pub This Spring*, W.W. NORTON & COMPANY, INC. (Jan. 15, 2014), http://books.wwnorton.com/Books/news.aspx?id=4294981077.

③ CFTC & SEC FINDINGS, *supra* note 8, at 1.

④ *Id.* at 9.

⑤ *Id.*

⑥ Andrew G. Haldane, Exec. Dir. Fin. Stability, Bank of Eng., The Race to Zero, Speech at the International Economic Association Sixteenth World Congress (July 8, 2011), at http://www.bankofengland. co.uk/archive/Documents/historicpubs/speeches/2011/speech509.pdf.

⑦ CFTC & SEC FINDINGS, *supra* note 8, at 1.

⑧ *Id.* at 9.

⑨ Bowley, *supra* note 3.

⑩ *See* CFTC & SEC FINDINGS, *supra* note 8.

⑪ *Id.* at 2; Bowley, *supra* note 3.

⑫ CFTC & SEC FINDINGS, *supra* note 8, at 2.

⑬ *Id.*

着即使价格下跌，程序也会自动继续出售合约，无论完成订单需要多长时间。[①] 整个订单在大约 20 分钟内完成。[②] 在过去几年中，由于技术的限制，这种规模的订单通常需要几个小时或几天才能完成。[③]

在 Waddell & Reed 的订单完成几分钟后，其他市场参与者的计算机交易程序在期货和股票市场上执行了相应的高速交易，造成股票和期货市场的大幅波动与流动性问题。[④] 在 Waddell & Reed 首次交易后的 20 分钟内，标准普尔期货下跌了 3%，[⑤] 道琼斯工业平均指数（Dow Jones Industrial Average）下跌了 9.16%，跌幅接近 1 000 点。[⑥] 在道琼斯指数迅速自由下跌的过程中，个股股价也经历了快速下跌。宝洁（Proctor & Gamble）和 3M 等蓝筹股公司的跌幅均接近或超过了 20%，市值达数十亿美元。[⑦] 知名咨询公司埃森哲（Accenture）的股价从 40 美元暴跌至 0.01 美元，跌幅超过 99%。[⑧] 相反，著名拍卖行苏富比（Sotheby's）的股价却上涨了三千倍，从 34 美元涨至 99,999.99 美元。[⑨] 在这个史无前例的交易日结束时，主要期货和股票指数收盘时的价格均比前一天下跌了 3%左右。[⑩]

2010 年 5 月 6 日交易日的最后几个小时动荡不安，犹如一场过山车，数万亿美元的资金岌岌可危。华尔街日报直观地将“闪电崩盘”概括如下：[⑪]

最终，美国证券交易委员会和商品期货交易委员会的联合调查并未将“闪电崩盘”归咎于操纵行为或非法行为。[⑫] 调查也没有将闪电崩盘完全归咎于自动算法交易程序。相反，调查的初步结论是，这些交易员和程序在“闪电崩盘”当天削弱流动性和波动性加剧方面发挥了关键作用，但并没有造成“那天观察到的证券价格的剧烈波动”。[⑬]

---

① Bowley, *supra* note 3.

② CFTC & SEC FINDINGS, *supra* note 8, at 2.

③ *See id.*

④ *Id.* at 3.

⑤ *Id.*

⑥ *See* David M. Serritella, *High Speed Trading Begets High Speed Regulation: SEC Response to Flash Crash, Rash*, 2010 U. ILL. J.L. TECH. & POL'Y 433, 435.

⑦ CFTC & SEC FINDINGS, *supra* note 8, at 84 – 85.

⑧ *Id.* at 83; Haldane, *supra* note 16.

⑨ Haldane, *supra* note 16.

⑩ CFTC & SEC FINDINGS, *supra* note 8, at 1.

⑪ Matt Phillips, *Flash Crash Anniversary: Relive the Thrills and Spills in Charts!*, WALL ST. J.: MARKETBEAT (May 6, 2011, 10: 40 AM), http://blogs.wsj.com/marketbeat/2011/05/06/flash-crash-anniversaryrelive-the-thrills-and-spills-in-charts/ [https://perma.cc/YC2Q-FQVS].

⑫ CFTC & SEC FINDINGS, *supra* note 8, at 79.

⑬ *Id.* at 79.

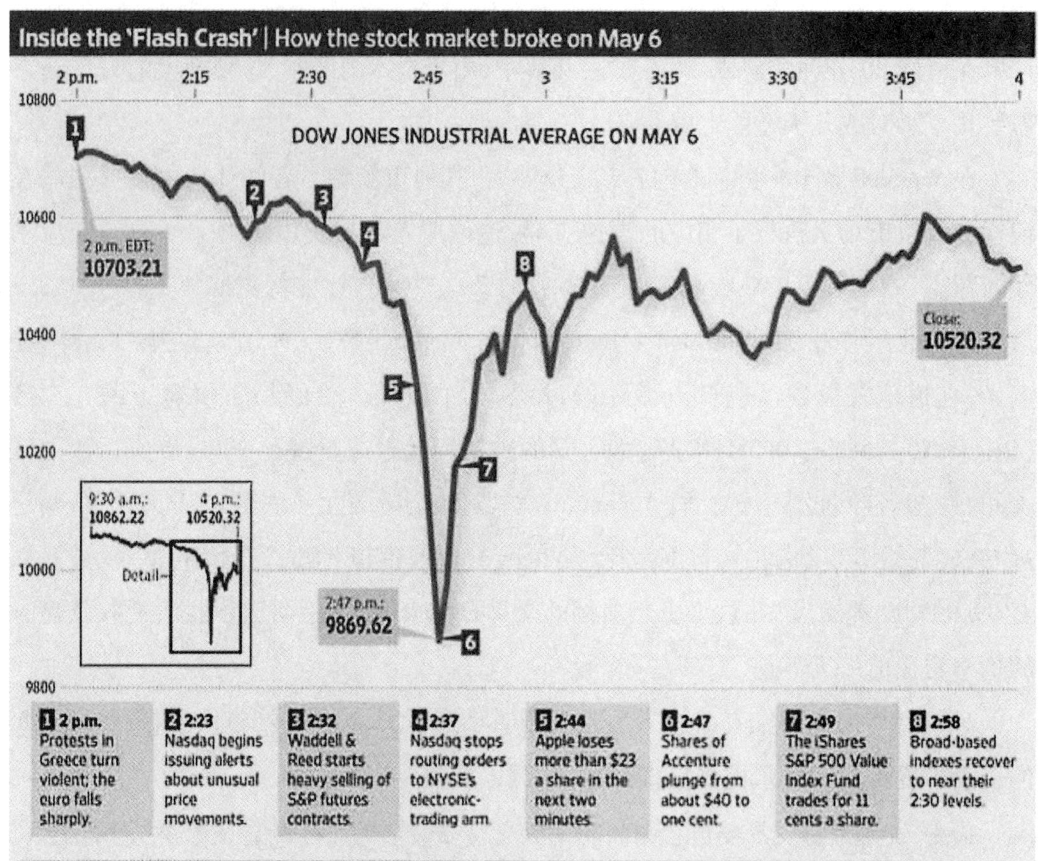


**图 1　2010 年 5 月 6 日《华尔街日报》闪电崩盘时间线**

除初步调查结果外,美国证券交易委员会和美国商品期货交易委员会还承诺,将更好地保护市场的诚信与可靠,防止可能导致价格扭曲的“任何无意的或潜在的滥用或操纵行为”。①

2. 身价万亿的富翁

2015 年 4 月,即“闪电崩盘”发生近五年后,纳文德·辛格·萨劳(Navinder Singh Sarao)在伦敦郊外的家中因涉嫌操纵市场被捕,据称导致了这场万亿美元的崩盘。②美国司法部(DOJ)指控萨劳犯有刑事违法行为,美国商品期货交易委员会(CFTC)指

① CFTC & SEC FINDINGS, *supra* note 8, at 8.

② *See Futures Trader Charged with Illegally Manipulating Stock Market, Contributing to the May 2010 Market 'Flash Crash'*, DOJ (Apr. 21, 2015) [hereinafter *Futures Trader*], http://www.justice.gov/opa/pr/ futures-trader-charged-illegally-manipulating-stock-market-contributing-may-2010-market-flash; *see also* John Detrixhe & Suzi Ring, *Study Says Sarao May Not Have Been Responsible for Flash Crash*, BLOOMBERG (Jan. 27, 2016), http://www.bloomberg.com/news/articles/2016-01-27/hound-of-hounslow-s-flash-crash-blamequestioned-before-hearing [https://perma.cc/BR55-ZWLH].

控萨劳犯有民事违法行为。①

司法部和美国商品期货交易委员会的起诉书中详细说到，萨劳被控“一项电信诈骗罪、十项商品诈骗罪、十项商品操纵罪和一项‘欺骗’(spoofing)罪，即指投标或报价时意图在执行前取消投标或报价的行为”。② 根据未公开的法庭文件，萨劳涉嫌设计并利用计算机算法程序操纵与标准普尔 500 指数挂钩的期货合约。③ 具体而言，他涉嫌操纵在芝加哥商品交易所交易的电子化迷你型的标普 500 指数的期货合约市场。④ 据称，他通过大量欺诈性交易扰乱了市场，扭曲了电子化迷你型期货的价格，使其对自己有利。⑤ 据司法部称，萨劳多年来一直操纵与标普 500 指数挂钩的期货合约，包括在“闪电崩盘”前的几天和几个小时里，这使他获得了 4 000 万美元的不义之财。⑥

2016 年 11 月，在与被引渡美国的指控斗争了一年多之后，萨劳承认犯有电信诈骗和欺骗罪。⑦

萨劳一案在市场上引起了许多不安和质疑。⑧ 如何将萨劳的被捕与美国证券交易委员会和商品期货交易委员会的初步调查结果相协调？一个人怎么能在家里就可以操纵价值数万亿美元的美国金融市场？为什么监管机构花了五年时间才找到并逮

---

① *See Ex Parte* Motion, CFTC v. Nav Sarao Futures Ltd. PLC, No. 15 - cv - 3398, 2015 WL 2456322 (N.D. Ill. Apr. 17, 2015); *see also* Consent Order, CFTC v. Nav Sarao Futures Ltd. PLC, No. 15 - cv - 3398, 2016 WL 8257513 (N.D. Ill. Nov. 14, 2016); Complaint, CFTC v. Nav Sarao Futures Ltd. PLC, No. 15 - cv - 3398, 2015 WL 1843321 (N.D. Ill. Apr. 17, 2015).

② *Futures Trader*, *supra* note 38.

③ *See* Complaint, *Sarao*, No. 15 - cv - 3398, 2015 WL 1843321.

④ *Id.*

⑤ *Id.*

⑥ *Id.*

⑦ Aruna Viswanatha, '*Flash Crash*' *Trader Navinder Sarao Pleads Guilty to Spoofing*, WALL ST.J. (Nov. 10, 2016, 10: 26 AM), http://www.wsj.com/articles/flash-crash-trader-navinder-sarao-pleads-guilty-to-spoofing-1478733934 [https://perma.cc/A9TH-LVW4].

⑧ *See*, *e.g.*, Tim Cave, Juliet Samuel & Aruna Viswanatha, *U.K. 'Flash Crash' Trader Navinder Sarao Fighting Extradition to U.S. Granted Bail*, WALL ST. J. (Apr. 22, 2015, 7: 28 PM), http://www.wsj.com/ articles/u-k-trader-navinder-sarao-vows-to-fight-u-s-extradition-plans-1429705635 [https://perma. cc/CRG3- 9GCX]; Julia La Roche, *Wall Street Can't Stop Talking About the 'Ridiculous' Arrest of the 'Flash Crash' Trader*, BUS. INSIDER (Apr. 25, 2015, 2: 40 PM), http://www. businessinsider. com/arrest-of-nav-sarao-isridiculous-2015-4 [https://perma. cc/3EP4-YHVT]; Douwe Miedema & Ann Saphir, *Delayed Flash Crash Arrest May Herald Future Spoofing Detection Woes*, REUTERS (Apr. 23, 2015, 7: 12 PM), http://uk. reuters. com/article/2015/04/23/us-flashcrash-trader-cme-idUKKBN0NE0I220150423 [https://perma.cc/5UT9-2ENW]; Nathaniel Popper &Jenny Anderson, *Trader Arrested in Manipulation That Contributed to 2010 'Flash Crash'*, N. Y. TIMES (Apr. 21, 2015), https://www. nytimes. com/2015/04/22/business/dealbook/trader-in-britainarrested- on-charges-of-manipulation-that-led-to-2010-flash-crash. html [https://perma. cc/9BJL-GPHT]; James Surowiecki, *New Ways to Crash the Market*, NEW YORKER (May 18, 2015), http://www. newyorker.com/magazine/2015/05/18/new-ways-to-crash-the-market [https://perma.cc/4FSP-9KWN].

捕他?如果一个资金和技术能力相对较弱的交易员就能造成如此恶劣的影响,那么金融市场的稳定性和安全性如何保证?虽然这些问题和其他问题的答案仍然悬而未决,但监管机构在“闪电崩盘”发生后的几年里已采取了一系列措施,以更好地保障市场的稳定性和诚信,防止恶意操纵市场的行为。① 虽然与“闪电崩盘”的速度和规模相匹配的另一场崩盘尚未发生,但已经发生了许多规模较小、单独的市场波动与市场混乱事件。② 不过,一些专家和政策制定者推测,随着市场对技术的依赖性越来越强,再次发生类似“闪电崩盘”的其他大崩盘事件只是时间上的问题。③

(二)《高频交易员:一场华尔街的反抗》

除了“闪电崩盘”,近代史上让市场操纵和新金融技术成为公众关注焦点的另一个开创性事件是迈克尔·刘易斯所著的《高频交易员》。这本书在“闪电崩盘”事件发生的四年后出版,讲述了华尔街上高频交易的发展和威胁,以及一小群人为挑战高频交易所付出的努力。书中有反派,有英雄,还有一个涉及数十亿美元的引人入胜的背景,为最近和正在进行的关于市场操纵和市场改革的高层讨论奠定了基础。

1. 故事背景

《高频交易员》的故事发生在当今的华尔街,一个正在经历根本性转变的市场。

---

① For a discussion of the post-Flash Crash regulatory actions, see *infra* Part II.B.

② *See* Graham Bowley, *The Flash Crash, in Miniature*, N.Y. TIMES (Nov. 8, 2010), http://www.nytimes.com/2010/11/09/business/09flash.html [https://perma.cc/T5GH-APB7](报道小型“闪电崩盘”的发生); Jacob Bunge, Justin Baer & Kaitlyn Kiernan, *Goldman Issues Mistaken Options Orders, Roiling Prices*, WALL ST. J. (Aug. 20, 2013, 10:26 PM), https://www.wsj.com/articles/SB10001424127887324747104579024964124614096 [https://perma.cc/LC9L-S8RD]; Amy Chozick & Nicole Perlroth, *Twitter Speaks, Markets Listen and Fears Rise*, N.Y. TIMES (Apr. 28, 2013), http://www.nytimes.com/2013/04/29/business/media/social-medias-effects-on-markets-concern-regulators.html [https://perma.cc/K8U7-7UU2](描述一条虚假推文引发的股市崩盘); Shen Hong, *Everbright Securities Fiasco Casts a Shadow: Chinese Brokerage Leads Losses in Sector with 10% Decline*, WALL ST. J. (Aug. 20, 2013, 12:36 PM), https://www.wsj.com/articles/SB10001424127887323608504579024360736416276 [https://perma.cc/E2EB-DVZL]; Edward E. Kaufman, Jr. & Carl M. Levin, *Preventing the Next Flash Crash*, N.Y. TIMES (May 5, 2011), http://www.nytimes.com/2011/05/06/opinion/06kaufman.html [https://perma.cc/F77B-HZVG](讨论自“闪电崩盘”以来的小型崩盘); Matt Krantz, *Mini Flash Crashes Worry Traders*, USA TODAY (May 17, 2011, 11:52 AM), http://www.usatoday.com/money/markets/2011-05-16-mini-flash-crashes-market-worry_n.htm [https://perma.cc/V87G-GX7A]; Annie Massa, *Headaches Set In for Traders with NYSE Glitch Near Market Close*, BLOOMBERG (Mar. 21, 2017, 10:56 AM), https://www.bloomberg.com/news/articles/2017-03-20/headaches-set-in-for-traders-with-nyse-glitchnear-market-close [https://perma.cc/JD8K-QEZH]; Nathaniel Popper, *Flood of Errant Trades Is a Black Eye for Wall Street*, N.Y. TIMES (Aug. 1, 2012), http://www.nytimes.com/2012/08/02/business/unusual-volume-roilsearly-trading-in-some-stocks.html [https://perma.cc/WA7S-P2T4](讨论与 Facebook 首次公开募股有关的计算机化交易和与 Knight trading 有关的流氓计算机程序导致的市场不稳定); Nathaniel Popper, *Stock Market Flaws Not So Rare, Data Shows*, N.Y. TIMES (Mar. 28, 2012), http://www.nytimes.com/2012/03/29/business/mishap-at-bats-stock-exchange-is-indicative-of-market.html [https://perma.cc/4GJ6-KCAF](报告电子证券交易所先驱 BATS Global Markets 首次公开募股的波动性).

③ *See* Kaufman & Levin, *supra* note 48(“自那以后,算法交易引发了小型闪崩,调查显示,大多数投资者和分析师认为大的闪电崩盘只是时间问题。”).

该书认为，我们对华尔街和市场运作方式的流行观念是过时和错误的。[①]

人们普遍认为股票市场是一种透明、公平的人类活动。[②] 在曼哈顿市中心的纽约证券交易所（New York Stock Exchange）等庄严建筑里，男男女女在拥挤的人群中代表客户执行着相关交易。美国消费者新闻与商业频道（CNBC）和彭博社（Bloomberg）等电视频道现场直播这些画面，并实时滚动显示股票价格和成交量的变化。一般来说，市场被认为是透明、公平的，并受到美国证券交易委员会等机构的良好监管。[③]

正如刘易斯所描述的，现代市场的真实情况与大众的看法大相径庭。它没有大众想象中的那么人性化、透明化、公平化。[④] 其一，大部分市场行为的操纵者不再是人类，而是通过高速频谱和电缆通信的自动化机器。[⑤] 事实上，在今天的美国，大多数股票交易都是由运行高频算法程序的强大超级计算机进行的，没有人工辅助。[⑥]

其二，当今市场上的大部分交易都发生在多个暗池和私人交易所，而不是一个透明的股票市场。这些暗池和私人交易所缺乏纽约证券交易所和纳斯达克（National Association of Securities Dealers Automated Quotations）等公共交易所的透明度。[⑦] 暗池指的是不受公共证券交易所监管和审查的私人电子交易论坛。[⑧] 刘易斯认为，“在暗池内部，除了管理暗池的经纪人外，没有人知道发生了什么”。[⑨] 最后，刘易斯认为，市场并不是一个公平、公正的竞争环境，而是被“操纵”的，有利于富有的高速交易者，却不利于市场中的其他人。[⑩] 事实的真相是，即使他们同时获得可操作的信息，在一个以毫秒为单位的市场中，普通投资者根本无法与高频交易者及其超强大、超快速的

---

① LEWIS, *supra* note 8, at 3.

② *Id.* at 9, 40.

③ *See*, *e.g.*, Henry T.C. Hu, *Faith and Magic: Investor Beliefs and Government Neutrality*, 78 TEX. L.REV. 777, 840 - 42 (2000)（讨论美国证券交易委员会如何促进公平、监管良好的股票市场）.

④ LEWIS, *supra* note 8, at 9 - 10, 40.

⑤ *See generally* DAVID J. LEINWEBER, NERDS ON WALL STREET: MATH, MACHINES, AND WIRED MARKETS 31 - 64 (2009)（讨论技术在市场中过去的影响并预测未来技术的使用）; PATTERSON, *supra* note 2, at 233 - 78; Felix Salmon & Jon Stokes, *Bull vs. Bear vs. Bot*, WIRED (Jan. 1, 2011), https://www.questia.com/magazine/1P3-2268084801/bull-vs-bear-vs-bot [https://perma.cc/5P9V-J72K]（“现在是机器的市场；我们只是在这里交易。”）.

⑥ *See* Graham Bowley, *Fast Traders, in Spotlight, Battle Rules*, N.Y. TIMES (July 17, 2011), http://www.nytimes.com/2011/07/18/business/fast-traders-under-attack-defend-work.html [https://perma.cc/ YV7C-2WFZ]（估计60%的股权交易由高频交易组成）.

⑦ *See* LEWIS, *supra* note 8, at 42; Matthew Philips, *Where Has All the Stock Trading Gone?*, BLOOMBERG (May 10, 2012, 10:20 PM), https://www.bloomberg.com/news/articles/2012-05-10/where-has-all-the-stocktrading-gone [https://perma.cc/BYW5-AM3X].

⑧ *See* BRIAN R. BROWN, CHASING THE SAME SIGNALS: HOW BLACK-BOX TRADING INFLUENCES STOCK MARKETS FROM WALL STREET TO SHANGHAI 116 (2010).

⑨ LEWIS, *supra* note 8, at 43.

⑩ *See id.* at 34, 79, 89, 226.

算法竞争。

总之,快速发展的现代股票交易市场是本书主角和对手争夺利润和原则的背景。

2. 反派人物

书中的反派是肆无忌惮的高频交易者,他们利用速度不公平地操纵市场。刘易斯认为,高频交易者利用其更胜一筹的速度与连接优势,抢先交易订单,并将交易引导向对许多交易对手不利的暗池。①

因此,高频交易公司通过购买卓越的速度和连接在市场中获得优势。通过"主机托管(Co-location)"的方式,高频公司将购买或租赁尽可能靠近交易所服务器和数据中心的不动产。② 这样,他们的高速机器可以将执行交易所需的时间缩短到几分之一秒。③ 由于速度在机器驱动的现代市场中非常重要,任何时间差,无论多小,都会给速度快的一方带来巨大优势。

除了"主机托管"外,高频交易公司还通过高速电缆和订单供给的特殊方式与交易所和暗池建立了良好的联系。④

这种特殊方式使这些公司能够保持速度上的优势,而订单供给途径则使这些公司相较于其他市场参与者具有更多的信息优势。速度优势与信息优势加在一起,使得竞争环境向高频公司倾斜。首先,由于允许高频公司看到进入暗池或交易所的订单流,它们可以利用自身的超快速度,领先你的订单之前在各大交易所中开展交易。⑤ 然后,他们会买入你想买的股票,再以高价卖给你。⑥ 刘易斯将这种掠夺性做法比作对整个市场征收每天1.6亿美元税款的幌子。⑦ 由于其卓越的速度,高频公司能够通过每天提交和取消数百万笔交易来操纵市场。其次,因其超快的速度,高频交易公司能够通过每天上传和取消数百万笔交易来操纵市场,以此来辨别其他投资者的意图。⑧ 这些公司的交易量占股市交易量的一半,但它们却提交了99%以上的订单。⑨

---

① *Id.* at 70 - 84.

② *Id.* at 79.

③ *Id.*

④ *See id.* at 51 - 55, 180 - 85; *see also* Order Instituting Administrative and Cease-and-Desist Proceedings, *In re* New York Stock Exchange LLC, Exchange Act Release No. 67857 (Sept. 14, 2012)(讨论纽约证券交易所的各种适当信息源); Scott Patterson, *Speed Traders Get an Edge*, WALL ST.J. (Feb. 6, 2014, 8:49 PM), http://online.wsj.com/articles/SB10001424052702304450904579367050946606562 [https://perma.cc/GTP7-77E4]

⑤ LEWIS, *supra* note 8, at 180 - 85.

⑥ *Id.*

⑦ *Id.* at 52.

⑧ *Id.* at 171.

⑨ *See id.* ("尽管他们只完成了美国股市所有交易的一半,但他们提交了99%以上的订单。").

最后,高频公司凭借其卓越的速度和技术,可以操控客户订单,将其转至相较于其客户更有利于公司本身的交易场所。[①]

根据这本书,高频公司为了自己的利益操纵了整个美国股市,这样他们就总是赢,而其他人都会输(或多或少)。[②] 刘易斯讲述,"这个曾经是世界上最公开、最民主的金融市场,但在精神上却变得更像是私人观赏被盗艺术品的场所"。[③]

3. 英雄人物

如果说高频交易员是故事中的反派人物,那么英雄就是由加拿大银行家布拉德·胜山(Brad Katsuyama)领导的一群格格不入的人。这本书记录了这群人如何揭露高频交易员的机械化操纵行为,以及他们如何寻求扭转市场的不公平现象。

胜山是加拿大皇家银行的一名交易员,这家加拿大投资银行并不被认为是高级金融界中的一流机构。[④] 2007 年左右,胜山开始发现他的股票订单无法按照要求的数量和价格规格完成。例如,以每股 22 美元的价格购买 10 000 股英特尔(Intel)股票的订单,看似在市场上有出售,但在他进入交易的那一刻就消失了。[⑤] 就好像在他说出自己的愿望之前,市场就已经知道了。胜山决定进行调查,发现华尔街其他资深的交易员也面临着同样的问题。

胜山与他的同事罗布·帕克(Rob Park)和罗南·瑞安(Ronan Ryan)——华尔街的两位不速之客——一起,决定进一步探索美国股市的内部运作,以便更好地了解。通过仔细的试验,胜山、帕克和瑞安发现,微秒或百万分之一秒的微小时间单位正是交易问题的关键所在。[⑥] 他们发现,高频交易公司正在利用购买速度和准入方面的优势,以操纵竞争环境,使其对自己有利。这些公司通过采取主机托管、高速电缆线路和客户订单流等特殊方式,获得比市场上其他人更多的信息和更优的执行时间。[⑦] 这意味着,本质上高频公司总是能比其他投资者掌握更好的、可操作的信息,他们总是能比其他投资者更快地执行交易。这就好比餐厅里的一位顾客看到你向服务员点了一个 10 美元的汉堡,抢在你的订单完成前,用他们战略性的安排,快速自动地买下了所有 10 美元的汉堡,这样你就无法完成你想要的订单,除非你以更高价购买。

---

① *Id.* at 111.

② *Id.* at 180 - 85.

③ *Id.* at 69.

④ *Id.* at 23.

⑤ *Id.* at 30.

⑥ *Id.* at 49.

⑦ *Id.* at 60 - 64.

在发现这一令人不安的情况后,胜山试图挑战高频公司。与直觉相反的是,胜山和他的团队并没有试图提高交易速度,而是决定降低交易速度。他们开发了一个名为"雷神"(Thor)的程序,将延迟订单传输,以便订单同时到达各个交易所的服务器。① 通过这种方式减缓订单传输速度,可以确保高频交易公司无法在一家交易所看到他们的订单,并利用其超快速度在另一家交易所完成订单。② "雷神"是针对高频交易者掠夺性行为的有效对策,但在高频交易主导的现代市场中,其影响有限。

为了扩大影响,胜山和他的团队决定辞去舒适且薪金丰厚的工作,创办自己的交易所 Investors Exchange,简称 IEX。③ IEX 不允许主机托管、特殊数据访问或订单回扣,并对所有买方和卖方收取同一费率。④ IEX 旨在平等对待所有投资者,并保护投资者免受高频交易者掠夺性行为的影响。

4. 后果

尽管此前也有文章著作对高频交易和市场操纵进行过报道,⑤但没有一本书能像《高频交易员》那样引起广泛关注并产生政策上的影响。⑥《高频交易员》出版后,私诉当事人、纽约总检察长、司法部、美国参议院和美国证券交易委员会都宣布了调查美国股票市场交易行为的倡议和举措。⑦ 尽管《高频交易员》在宣传和政策上都产生了有利影响,但也不乏存在批评者。金融业内外的许多观察家认为,《高频交易员》过

---

① *Id.* at 50.

② *Id.* at 49.

③ *Id.* at 164.

④ *Id.* at 173 - 77.

⑤ *See* SAL ARNUK & JOSEPH SALUZZI, BROKEN MARKETS: HOW HIGH FREQUENCY TRADING AND PREDATORY PRACTICES ON WALL STREET ARE DESTROYING INVESTOR CONFIDENCE AND YOUR PORTFOLIO 68 - 78 (2012); PATTERSON, *supra* note 2, at 233 - 78.

⑥ *The New York Times Best Sellers*, N.Y. TIMES (May 11, 2014), https://www.nytimes.com/books/bestsellers/2014/05/11/ [https://perma.cc/UDF6-UTFF]. *About the Author*, MICHAEL LEWIS, http://michaellewiswrites.com/index.html#top (last visited Mar. 30, 2017); *see also* MICHAEL LEWIS, LIAR'S POKER: RISING THROUGH THE WRECKAGE ON WALL STREET (1989); MICHAEL LEWIS, MONEYBALL: THE ART OF WINNING AN UNFAIR GAME (2003); MICHAEL LEWIS, THE BIG SHORT: INSIDE THE DOOMSDAY MACHINE (2010); MICHAEL LEWIS, THE BLIND SIDE: EVOLUTION OF A GAME (2006).

⑦ *See*, *e.g.*, *High Frequency Trading's Impact on the Economy: Hearing Before the Subcomm. on Sec.*, *Ins.*, *and Inv. of the H. Comm. on Banking*, *Hous.*, *and Urban Affairs*, 113th Cong. 3 (2014) [hereinafter *Hearings*]; Michael Mackenzie, Kara Scannell & Nicole Bullock, *Share Trades: Murky Pools*, FIN. TIMES (June 27, 2014, 6:42 PM), https://www.ft.com/content/a22603c4-fde1-11e3-acf8-00144feab7de [https://perma.cc/AH53-T4RG]; Scott Patterson & Jenny Strasburg, *High-Speed Trading Firms Face New U.S. Scrutiny*, WALL ST. J. (Mar. 18, 2014, 8:27 PM), https://www.wsj.com/articles/SB10001424052702303287804579447610625554506 [https://perma.cc/DY2W-6FSB]; Mary Jo White, Chair, Sec. & Exch. Comm'n, Address at the Sandler O'Neill & Partners, L.P. Global Exchange and Brokerage Conference: Enhancing Our Equity Market Structure (June 5, 2014), http://www.sec.gov/News/Speech/Detail/Speech/1370542004312#.U_Ju28ZP8pF.

于简化了现代市场，不公平地诋毁了高频交易员。① 该书的批评者与推崇者之间的争论是关于这本书本身的合理辩论，但也是对正在出现的新兴金融现实内部运作的更大争论的一部分。

## 二、新的金融现实

"闪电崩盘"和《高频交易员》是近代史上的两大热点，反映了我们的金融市场发生的一场巨变。金融技术的创新和进步使市场参与者和监管者面临着新的金融现实。"闪电崩盘"和《高频交易员》中提到的新的市场操纵方法，最好是在更广泛的背景下理解，即围绕新金融市场的创新、治理和运营的更大法律和政策问题以及早期的监管对策。

### （一）新的市场

"闪电崩盘"和《高频交易员》是人工智能、自动化和其他形式的先进技术在金融领域应用兴起这一更大故事中的一部分。在围绕"闪电崩盘"和《高频交易员》的讨论中，人们没有充分认识到一个事实，即在我们的金融市场中，除了股票交易之外，在运行算法程序上智能、自主、高速的机器已经逐渐接管了金融业的许多方面。② 尽管"闪电崩盘"和《高频交易员》事件的影响主要集中在高频交易和算法交易程序等新金融技术方面的弊端上，但新金融现实的更广泛、未形成的背景，为金融业正在进行的转型勾画了一幅更加平衡且复杂的图景。

在过去二十年里，信息技术和金融监管的进步导致金融业的性质和运作模式发生了转型。③ 人类的努力和人工的分析逐渐被计算机自动化和人工智能所取代，

---

① *See*, *e.g.*, Michael J. de la Merced & William Alden, *Scrutiny for Wall Street's Warp Speed*, N.Y. TIMES (Mar. 31, 2014, 9: 30 PM), https://dealbook.nytimes.com/2014/03/31/scrutiny-for-wall-streets-warp-speed/? [https://perma.cc/X6E7-AHB8]（引用了这本书的几位评论家的话）; *Hearings*, *supra* note 82（资本市场监管委员会主任 Hal S.Scott 的声明）.

② *See* Tom C.W. Lin, *National Pastime(s)*, 55 B.C. L. REV. 1197, 1207-09 (2014)（论智能机器在金融业的兴起）; Salmon & Stokes, *supra* note 54（"算法在我们的金融系统中已经根深蒂固，没有它们，市场就无法运作。"）; Gregory Scopino, *Do Automated Trading Systems Dream of Manipulating the Price of Futures Contracts? Policing Markets for Improper Trading Practices by Algorithmic Robots*, 67 FLA. L.REV. 221, 222-24 (2015)（"现在，金融市场的几乎所有部分，包括期货和其他衍生品市场，都在某种程度上实现了计算机化和自动化，从交易所到交易员。"）.

③ *See*, *e.g.*, Robert DeYoung, *Safety*, *Soundness*, *and the Evolution of the U.S. Banking Industry*, 92 FED. RES. BANK OF ATLANTA ECON. REV., First and Second Quarters 2007, at 41, 42-44; Loretta J. Mester, *Commentary: Some Thoughts on the Evolution of the Banking System and the Process of Financial Intermediation*, 92 FED. RES. BANK OF ATLANTA ECON. REV., First and Second Quarters 2007, at 67, 67-72; Arthur E. Wilmarth, Jr., *The Transformation of the U.S. Financial Services Industry*, *1975—2000: Competition*, *Consolidation*, *and Increased Risks*, 2002 U. ILL. L. REV. 215.

形成了一个机器与人同等重要的行业。[1] 这种转变从根本上改变了现代金融业,使之成为所谓的"赛博金融"(cyborg finance),即机器与人类共享运营影响力与权力的行业。[2]

现代金融向"赛博金融"的转变几乎涉及了金融业的每一个领域。[3] 虽然交易因"闪电崩盘"和《高频交易员》事件而备受关注,但金融业的其他基本功能,如风险分析和财富管理,也因自主智能机器在金融业的兴起而发生了变化。[4] 如今,几乎所有重要的金融机构都使用某种先进的人工智能模式进行风险分析和投资管理,而这两项金融工作以前主要由人类完成。[5] 对冲基金使用自主算法软件阅读新闻推送、分析数据并挑选股票,以获得持续的正向收益。[6] 贝莱德(BlackRock)是世界上最大的资产管理公司,它使用一种名为"阿拉丁"(Aladdin)的专有人工智能程序来管理风险,并代表其机构客户进行投资分配。[7] 在2008年金融危机期间,贝莱德公司利用"阿拉丁"程序协助联邦政府做出了关键而棘手的决定,对美国国际集团(AIG)、贝尔斯登(Bear Stearns)和花旗集团(Citigroup)等陷入困境的公司进行了救助。[8] 最近,像Wealthfront和Betterment这样的初创公司专门使用算法程序来管理投资者的资产,完全放弃了传统的财务顾问模式。[9] 随着自动交易平台开始取代债券交易员和债券柜台,甚至连古板的俱乐部式的公司债券市场也被新的金融技术所

---

① *See, e.g.*, Concept Release on Risk Controls and System Safeguards for Automated Trading Environments, 78 Fed. Reg. 56,542, 56,573 app. 2 (Sept. 12, 2013) ("我们见证了市场从人工交易向高度自动化电子交易的根本转变。").

② *See* Tom C.W. Lin, *The New Investor*, 60 UCLA L. REV. 678, 681 - 82 (2013) (引入赛博金融的概念).

③ *See* FIN. CRISIS INQUIRY COMM'N, THE FINANCIAL CRISIS INQUIRY REPORT: FINAL REPORT OF THE NATIONAL COMMISSION ON THE CAUSES OF THE FINANCIAL AND ECONOMIC CRISIS IN THE UNITED STATES, at xvii, 44, 58 (2011) [hereinafter FINANCIAL CRISIS INQUIRY REPORT] (讨论金融科技日益重要); PATTERSON, *supra* note 2, at 36 - 38 (记载金融业超级计算机的发展).

④ *See* Timothy Lavin, *Monsters in the Market*, THE ATLANTIC (July/August 2010), https://www.theatlantic.com/magazine/archive/2010/07/monsters-in-the-market/308122/ [https://perma.cc/AD3G-4RPQ].

⑤ Gerding, *supra* note 7, at 130 - 35.

⑥ *See, e.g.*, PATTERSON, *supra* note 2, at 322 - 23; Bradley Hope, *How Computers Trawl a Sea of Data for Stock Picks*, WALL ST. J. (Apr. 1, 2015, 10:30 PM), http://www.wsj.com/articles/how-computers-trawl-a-seaof-data-for-stock-picks-1427941801 [https://perma.cc/JF4K-YWJV]; Seth Stevenson, *The Wolf of Wall Tweet*, SLATE (Apr. 20, 2015, 4:12 PM), http://www.slate.com/articles/business/moneybox/2015/04/bot_makes_2_ 4_million_reading_twitter_meet_the_guy_it_cost_a_fortune.html?wpsrc=fol_tw [https://perma.cc/9SCR-8H XX].

⑦ *See* Sheelah Kolhatkar & Sree Vidya Bhaktavatsalam, *The Colossus of Wall Street*, BLOOMBERG (Dec. 9, 2010, 5:00 PM), https://www.bloomberg.com/news/articles/2010-12-09/the-colossus-of-wall-street [https:// perma.cc/2M2F-UD93].

⑧ *Id.*

⑨ John F. Wasik, *Sites to Manage Personal Wealth Gaining Ground*, N.Y. TIMES (Feb. 10, 2014), https://www.nytimes.com/2014/02/11/your-money/sites-to-manage-personal-wealth-gaining-ground.html?_ r = 0 [https://perma.cc/HR3Q-L2QB].

颠覆。[①] 总之,金融业的技术变革使许多老牌的金融公司表面上成为高科技公司。此外,金融业中一些最有前途、最令人兴奋的后起之秀被称为“金融科技”公司,因为它们以创新的方式使用技术来挑战和改变传统的金融实践。[②]

这种技术先进的新金融现实的出现既有优点,也有缺点。就优点而言,新金融技术扩大了资本市场,降低了交易成本,降低了企业的资本成本,并为投资者和消费者提供了便捷的新工具。[③] 例如,虽然高频交易可能存在严重的缺陷,但在许多情况下,它也增加了流动性,加快了执行速度,缩小了价格差距,降低了投资者的交易成本。[④]以前需要花费数小时的时间和向经纪人支付数百乃至数千美元佣金才能完成的交易,现在只需在手机上轻点几下,就能在几秒钟内以几美元的成本完成。据报道,2017 年,货币交易商使用智能手机的应用程序进行了 1 亿美元的交易。[⑤]

在缺点方面,新金融市场对速度、连通性和技术的高度重视为市场参与者带来了与速度、连通性和复杂性相关的新的连锁风险。首先,类似于金融机构规模的扩大导致了“大而不倒(too big to fail)”的系统性风险,[⑥]日益强调金融交易需要速度更快,也带来了“太快而无法拯救”(too fast to save)的系统性风险。[⑦] 正如“闪电崩盘”和《高频交易员》事件所证明,金融交易的速度以毫秒为单位,快得令人难以置信。虽然金融交易速度的加快带来了系统性的优势,但它也增加了任何人都无法阻止的

---

① *See* Nathaniel Popper, *Shouts on Bond-Trading Floor Yield to Robot Beeps*, N.Y. TIMES (Oct. 19, 2014, 8:09 PM), https://dealbook. nytimes. com/2014/10/19/shouts-on-bond-trading-floor-yield-to-robot-beeps/ [https://perma. cc/FX82-R9Y5]; Shawn Tully, *The Man Behind the $7.7 Trillion Bond Revolution*, FORTUNE (Dec. 4, 2014), http://fortune.com/2014/12/04/marketaxess-holdings-ceo-rick-mcvey/ [https://perma.cc/BY64- BB6K].

② *See* Andrew Ross Sorkin, *Fintech Firms Are Taking On the Big Banks, but Can They Win?*, N.Y. TIMES (Apr. 6, 2016), https://www. nytimes. com/2016/04/07/business/dealbook/fintech-firms-are-taking-on-the-bigbanks-but-can-they-win.html?rref=collection%2Fspotlightcollection%2Fdealbook-special-section [https://perma.cc/QJR6-9R5E].

③ *See*, *e.g.*, Korsmo, *supra* note 7, at 549 – 50 (cataloguing benefits relating to high-frequency trading); Donald C. Langevoort & Robert B. Thompson, "*Publicness*" *in Contemporary Securities Regulation After the JOBS Act*, 101 GEO. L.J. 337, 347 (2013) (“如今,在传统交易所之外,流动性变得更加可能。在新的千年中,廉价的信息和低通信成本扩大了市场……”).

④ *See*, *e.g.*, FRANK PARTNOY, WAIT: THE ART AND SCIENCE OF DELAY 43 (2012) (讨论高频交易如何提高流动性); Jonathan Brogaard, Terrence Hendershott & Ryan Riordan, *HighFrequency Trading and Price Discovery*, 27 REV. FIN. STUD. 2267, 2267 (2014) (强调高频交易如何提高价格); Joel Hasbrouck & Gideon Saar, *Low-Latency Trading*, 16 J. FIN. MKTS. 646, 648 (2013) (表明高频交易具有稳定市场的作用); Korsmo, *supra* note 7, at 549 – 50 (注意到高频交易的各种益处).

⑤ Emily Glazer, *Behind J.P. Morgan's $100 Million Cell Phone Trade*, WALL ST. J. (Apr. 5, 2017), https://blogs.wsj.com/moneybeat/2017/04/05/behind-j-p-morgans-100-million-cell-phone-trade/ [https://perma.cc/3GT3-TREL].

⑥ *See* S. PERMANENT SUBCOMM. ON INVESTIGATIONS, WALL STREET AND THE FINANCIAL CRISIS: ANATOMY OF A FINANCIAL COLLAPSE 15 – 17 (2011) (报告“大而不倒”的监管挑战); ANDREW ROSS SORKIN, TOO BIG TO FAIL: THE INSIDE STORY OF HOW WALL STREET AND WASHINGTON FOUGHT TO SAVE THE FINANCIAL SYSTEM FROM CRISIS—AND THEMSELVES 538 – 39 (2009) (讨论“大而不倒”机构的系统性风险).

⑦ *See* Lin, *supra* note 87, at 711 – 14 (引入“too fast to save”的概念).

疏忽大意、恶意行为和技术中断对金融机构和金融体系带来损害的可能性。[①] 在金融动荡和困难时期,自动化程序可以通过快速消除市场上的交易头寸来加剧波动性和降低流动性。[②] 对速度的强调也意味着为了更快的速度而牺牲了体制保障,这使得预防体制和系统性伤害变得更加困难。[③] 在当代高速的自动化市场中,一个信息错误的交易者、一位恶意的行为者或一个程序错误,更容易造成重大的体制损害和系统损害。例如,2008 年,一名流氓交易员在几个月的时间里未经授权持仓 690 亿美元,几乎摧毁了法国著名的投资银行——法国兴业银行(Société Générale)。[④] 三年后的 2011 年,瑞士著名投资银行瑞银集团(UBS)的另一名交易员造成了 23 亿美元的损失。[⑤] 2014 年,美国国债市场在几分钟内经历了 37 个基点的波动,这是有史以来单个交易时段内最大的波动之一,而且没有任何明显的原因。[⑥] 虽然这种波动和损失在其他时期也有可能发生,但当今市场的金融速度使这种不良行为的影响更大,也更难防范。

其次,新的金融现实非常强调连通性,这造成了"关联太紧密而不倒(too linked to fail)"的系统性风险。[⑦] 在新的金融市场中,机构、行业和手段工具都在一个单一的高科技金融网络中实现了前所未有的中介和互联。[⑧] 与"大而不倒"不同的是,这种新

---

① *See* Floyd Norris, *In Markets' Tuned-Up Machinery, Stubborn Ghosts Remain*, N.Y. TIMES (Aug. 22, 2013, 8:38 PM), https://dealbook. nytimes. com/2013/08/22/in-markets-tuned-up-machinery-stubborn-ghostsremain/ [https://perma. cc/C67P-FLPE]; *see also* Haldane, *supra* note 16 ("金融史上第一次机器执行交易的速度远远快于人类的干预速度。"); Andrei A. Kirilenko & Andrew W. Lo, *Moore's Law Versus Murphy's Law: Algorithmic Trading and Its Discontents*, 27 J. ECON. PERSPS., Spring 2013, at 51, 60 ("自动化交易系统在管理大型投资组合方面提供了巨大的规模经济和范围经济,但交易错误现在可以在被人类发现和纠正之前以光速积累损失。").

② PARTNOY, *supra* note 98, at 43.

③ Frank J. Fabozzi, Sergio M. Focardi & Caroline Jonas, *High-Frequency Trading: Methodologies and Market Impact*, 19 REV. FUTURES MKTS. 7, 11 (2011).

④ Nicola Clark, *Rogue Trader at Société Générale Gets 3 Years*, N.Y. TIMES (Oct. 5, 2010), http://www.nytimes.com/2010/10/06/business/global/06bank.html [https://perma.cc/FB3L-G9RV].

⑤ Julia Werdigier, *UBS Says Trading Losses Were Closer to $2.3 Billion*, N.Y. TIMES (Sept. 18, 2011), http://www.nytimes.com/2011/09/19/business/global/ubs-says-trading-losses-closer-to-2-3-billion.html [https://perma.cc/AVP2-Q2BX].

⑥ U.S. DEP'T OF TREASURY ET AL., JOINT STAFF REPORT: THE U.S. TREASURY MARKET ON OCTOBER 15, 2014 (2015), http://www.treasury.gov/press-center/press-releases/Documents/Joint_Staff_Report_Treasury_10-15-2015.pdf.

⑦ *See* Lin, *supra* note 87, at 714–16 (引入"关联太紧密而不倒 too fast to save"的概念).

⑧ *See* Markus K. Brunnermeier, *Deciphering the Liquidity and Credit Crunch 2007—2008*, 23 J. ECON. PERSPS., Winter 2009, at 77, 96–97 (讨论金融体系中"相互交织的金融义务网络"); Robin Greenwood & David S. Scharfstein, *How to Make Finance Work*, HARV. BUS. REV. (Mar. 2012), https://hbr.org/2012/03/how-to-make-finance-work; HAL S. SCOTT, COMM. ON CAPITAL MKTS. REGULATION, INTERCONNECTEDNESS AND CONTAGION (2012), http://www.aei.org/files/2013/01/08/- interconnectedness-and-contagion-by-hal-scott_153927406281.pdf.

出现的“关联太紧密而不倒”的系统性风险包括较小的参与者和产品，他们的行为和失败都可能因其关联性而波及整个系统，无论其个体价值或规模如何。① 更为复杂的是，新市场中许多相互关联的金融参与者都参与了类似且相互依存的策略。② 因此，一个参与者的失败或不足不仅会对其他参与者产生不利影响，还可能随着贸易的层出不穷在整个金融体系中造成波动的恶性循环，并产生带来严重后果的反馈循环和溢出效应。③ 例如，Waddell & Reed 并不是一家具有系统重要性的金融机构，但由于新金融市场的连通性，该公司的一笔交易成为“闪电崩盘”的重要催化剂，一度造成万亿美元的损失。④

最后，新的金融现实严重依赖复杂的技术系统，这也带来了除速度和连通性之外的新风险。正如查尔斯·佩罗(Charles Perrow)在其关于技术风险的开创性研究《正常事故》(*Normal Accidents*)中所描述的那样，像驱动我们金融市场发展的复杂技术系统本身就容易发生事故。⑤ 因此，随着金融市场越来越依赖于复杂的高科技系统，“正常的金融事故”将会变得更加常见。⑥ 在过去几年中，纽约证券交易所和纳斯达克都曾经历了严重的技术故障，导致在原本正常的交易日中交易中断了数个小时。⑦ 此外，新的金融现实对技术的严重依赖使市场面临新形式的失职、渎职和操纵行为，

① *See*, *e.g.*, Steven L. Schwarcz, *Systemic Risk*, 97 GEO. L.J. 193, 200 (2008)(讨论金融中介和金融脱媒造成的系统性风险).

② Concept Release on Equity Market Structure, Exchange Act Release No. 34-61358, 75 Fed. Reg. 3594, 3611 (Jan. 21, 2010) (codified at 17 C.F.R. pt. 242) (“任何自营公司都可能参与类似或关联的交易策略,如果这些策略同时产生重大损失,可能会使许多自营公司陷入财务困境,并导致市场价格大幅波动。”); Bernard S. Donefer, *Algos Gone Wild: Risk in the World of Automated Trading Strategies*, 5 J. TRADING, Spring 2010, at 31, 31.

③ *See* BROWN, *supra* note 57, at 7; PATTERSON, *supra* note 2, at 9－10 (讨论恶性的自我强化反馈循环的金融风险); Louise Story & Graham Bowley, *Market Swings Are Becoming New Standard*, N.Y. TIMES (Sept. 11, 2011), http://www.nytimes.com/2011/09/12/business/economy/stock-marketssharp-swings-grow-more-frequent.html [https://perma.cc/TX93-NLRX]; Surowiecki, *supra* note 46 (“高速交易公司往往会模仿彼此的交易策略,在危机时期,这会加剧价格波动。”).

④ *See supra* Part I.A.1.

⑤ *See* CHARLES PERROW, NORMAL ACCIDENTS: LIVING WITH HIGH-RISK TECHNOLOGIES 4－5 (1999).

⑥ Marc Schneiberg & Tim Bartley, *Regulating or Redesigning Finance? Market Architectures*, *Normal Accidents*, *and Dilemmas of Regulatory Reform*, *in* MARKETS ON TRIAL: THE ECONOMIC SOCIOLOGY OF THE FINANCIAL CRISIS: PART A 281, 284－89 (Michael Lounsbury & Paul M. Hirsch eds., 2010).

⑦ *See* E.S. Browning & Scott Patterson, *Market Size + Complex Systems = More Glitches*, WALL ST. J. (Aug. 22, 2013, 10:49 PM), https://www.wsj.com/articles/SB10001424127887323980604579029342001534148 [https://perma.cc/EC6K-JCSQ]; Nathaniel Popper, *Pricing Problem Suspends NASDAQ for Three Hours*, N.Y. TIMES (Aug. 22, 2013, 12:52 PM), https://dealbook.nytimes.com/2013/08/22/nasdaq-market-haltstrading/ [https://perma.cc/5MAK-JHN3]; Nathaniel Popper, *The Stock Market Bell Rings*, *Computers Fail*, *Wall Street Cringes*, N.Y. TIMES (July 8, 2015), https://www.nytimes.com/2015/07/09/business/dealbook/new-yorkstock-exchange-suspends-trading.html [https://perma.cc/D734-NEZ3].

而这些在以前的时代在技术上是不可能的。[①] 例如,仅在过去几年中,黑客入侵的社交媒体账户和输入美国证券交易委员会 EDGAR 电子归档系统的虚假数据就被用来操纵美国股市。[②] 2016 年,美联储主席(Federal Reserve Chairwoman)珍妮特・耶伦(Janet Yellen)在国会作证时表示,金融业遭受的网络攻击是美国"面临的最重大风险之一"。[③]

总之,"闪电崩盘"事件和《高频交易员》所讲述的故事是关于人工智能、自动化和其他形式的技术在新金融市场中的崛起,是一个更大的、正在展开的故事的一部分。随着企业家和技术人员继续推动以实现更快的速度、更紧密的连接和更好的技术,金融市场将获得众多好处,同时也将面临许多危险,包括新的系统性风险和市场操纵的新形式。[④]

### (二) 早期监管的回应

政策制定者和监管者已经认识到金融市场正在发生结构性的变化,并已开始应对这些根本性变化。[⑤] 未来几年,政策制定者和监管者的主要任务之一是如何以最好的方式升级 20 世纪的金融基础设施,以适应 21 世纪的金融创新,如高频交易和算法财富管理。政策制定者需要确保金融基础设施的安全性、稳定性和可持续性,以适应市场的发展。这一责任就好比要确保为马车世界建造的交通系统对高速的自动驾驶的汽车世界来说是安全、稳定和可持续的。监管机构对新的市场金融现实的早期反应表明,政策制定者和监管机构可能会加强自身的技术能力,谨慎地瞄准市场的关键组成部分,并利用市场导向的监管模式来更好地管理新的金融市场。

---

① *See*, *e.g.*, Chiara Albanese, Daniele Lepido & Giles Turner, '*Anonymous*' *Joins Hacker Army Targeting Central Banks for Cash*, BLOOMBERG (Mar. 17, 2017, 4: 33 AM), https://www.bloomberg.com/ news/articles/2017-03-17/-anonymous-joins-hacker-army-targeting-central-banks-for-cash [https://perma.cc/ Q6K4-46SZ].

② *See*, *e.g.*, Chozick & Perlroth, *supra* note 48; Goldstein, *supra* note 3.

③ Albanese, *supra* note 117.

④ *See*, *e.g.*, Concept Release on Equity Market Structure, Exchange Act Release No. 34 - 61358, 75 Fed. Reg. 3594, 3609 - 10 (Jan. 21, 2010) (codified at 17 C.F.R. pt. 242) (突显金融市场的加速发展); A. D. Wissner-Gross & C. E. Freer, *Relativistic Statistical Arbitrage*, 82 PHYSICAL REV. 056104 - 1, 056104 - 1 to - 2 (2010) (研究接近光速的交易套利); Graham Bowley, *The New Speed of Money*, *Reshaping Markets*, N.Y. TIMES (Jan. 1, 2011), http://www.nytimes.com/2011/01/02/ business/02speed.html [https://perma.cc/P7E3-W379] (报道前所未有的金融交易速度的竞赛); Quentin Hardy, *A Strange Computer Promises Great Speed*, N.Y. TIMES (Mar. 21, 2013), http://www.nytimes.com/2013 / 03/22/technology /testing-a-new-class-of-speedy-computer.html [https://perma. cc/9HP4-UBW9]; Jesse Westbrook & Sam Mamudi, *Wall Street Buys NATO Microwave Towers in Quest for Speed*, BLOOMBERG (July 16, 2014, 2: 49 PM), https://www.bloomberg.com/news /articles/2014-07-15/wallstreet-grabs-nato-towers-in-traders-speed-of-light-quest [https://perma.cc/J7EN-KCJW].

⑤ *See*, *e.g.*, Concept Release on Risk Controls and System Safeguards for Automated Trading Environments, 78 Fed. Reg. 56,542, 56,546 - 48 (Sept. 12, 2013).

在“闪电崩盘”之后，在《高频交易员》出版之前的几年里，政策制定者和监管机构就像美国证券交易委员会的那些人一样，已经开始关注新技术下金融市场的诚信问题。而在《高频交易员》一书出版引起的轩然大波之后，他们重新集中精力继续关注这一问题。政策制定者和监管机构一直致力于提高自身的技术能力，以更好地管理市场。近年来，美国证券交易委员会开发了更多量化和技术的能力与举措，如风险与定量分析中心（the Center for Risk and Quantitative Analytics）、国家检测分析工具（the National Exam Analytics Tool，简称 NEAT）和市场信息数据分析系统（the Market Information Data Analytics System，简称 MIDAS），以跟上不断变化的市场。[①] 此外，2014 年，美国证券交易委员会通过了《系统合规性与诚信条例》（Regulation Systems Compliance and Integrity，简称 SCI 条例），以更新市场的监管框架，适应由不同电子系统驱动的更分散、更技术化的市场。[②]《SCI 条例》建立在《另类交易系统条例》（Regulation Alternative Trading System）和《全国市场系统条例》（Regulation National Market System）的基础之上，这两套规则是过去十年间制定的，为今天的电子驱动市场开了先河。[③]《高频交易员》事件后，美国证券交易委员会和其他机构继续努力为新的金融市场制定保障措施和规则。[④] 他们已经提出并实施了一些机制，例如新的熔断机制（circuit breakers）和断路开关机制（kill switches），以防止市场的加速和波动。[⑤] 还有人提议并实施“最小报价单位”实验和综合审计追踪系统等，这些机制将向监管机构提供更多有关暗池和其他替代交易平台活动的信息。[⑥]

鉴于现代市场参与者和平台的多样性，在制定新的规则和条例时，政策制定者很

---

① *See* Scott Patterson, *Meet the SEC's Brainy New Crime Fighters*, WALL ST. J. (Dec. 14, 2014, 10: 39 PM), http://www.wsj.com/articles/meet-the-secs-brainy-new-crime-fighters-1418601581 [https://perma.cc/ U5K6-CTJK]; Press Release, U.S. Sec. & Exch. Comm'n, SEC Announces Enforcement Initiatives to Combat Financial Reporting and Microcap Fraud and Enhance Risk Analysis (July 2, 2013), http://www.sec.gov/News/ PressRelease/Detail/PressRelease/1365171624975#.VJm7DEAQE; Mary Jo White, Chair, U.S. Sec. & Exch. Comm'n, Speech at the 41st Annual Securities Regulation Institute: The SEC in 2014 (Jan. 27, 2014), http://www.sec.gov/News/Speech/Detail/Speech/1370540677500#UvUmcPldV8E.

② Regulation Systems Compliance and Integrity, Exchange Act Release No. 34 - 73639, 79 Fed. Reg. 72,252, 72,252 (Dec. 5, 2014) (codified at 17 C.F.R. pts. 240, 242, 249).

③ *See* 17 C.F.R. § 242.300(a) (2017); 17 C.F.R. § 242.601; *see also* Lin, *supra* note 7, at 572 - 73 (描述这两项法规如何在过去十年中促进现代金融创新).

④ *See*, *e.g.*, White, *supra* note 82.

⑤ *See* Luis A. Aguilar, Comm'r, Sec. & Exch. Comm'n, Speech at Practicing Law Institute's SEC Speaks in 2013 Program: Addressing Market Instability Through Informed and Smart Regulation (Feb. 22, 2013), https://www.sec.gov/News/Speech/Detail/Speech/1365171492386#.U_OoCMZP8pE; *Investor Bulletin: Measures to Address Market Volatility*, SEC. & EXCHANGE COMMISSION, http://www.sec.gov/investor/alerts/circuitbreakersbulletin.htm (last visited Jan. 31, 2017).

⑥ *See* 17 C.F.R. § 242.613; Press Release, Sec. & Exch. Comm'n, SEC Approves Pilot to Assess Tick Size Impact for Smaller Companies (May 6, 2015), https://www.sec.gov/news/pressrelease/2015-82.html.

可能会从传统的、全方位的、以政府为导向的金融监管模式转向更有针对性的、以市场为导向的监管模式。这种监管态势的转变可以为市场带来不少的重大优势。其一,针对性的监管有助于减少"一刀切"式综合监管所带来的一些有害的、意想不到的后果。[①] 有少数几个公共交易所占主导地位的时代已经被一个由复杂的通信网络连接在一起的众多公共和私人交易平台的时代所取代;因此,对于当今多样化的金融生态系统来说,一个自上而下的监管体系可能过于生硬。在这种环境下,针对不同参与者和平台制定有针对性的规则更为合适。政策制定者和监管机构的早期行动表明,金融监管正朝着更有针对性的方向发展。例如,2015年,美国金融业监管局(Financial Industry Regulatory Authority,简称FINRA)对其现有规则提出了一项有针对性的修正案,作为监管算法交易的一种手段,美国证券交易委员会随后于2016年批准了该修正案。[②] 美国金融业监管局并没有针对算法交易的兴起寻求一套全面的规则,而是试图对行业中的某些重要群体来精心制定一项有针对性的规则。

其二,考虑到当代的政治因素和金融创新的活力,在许多情况下,更加市场导向的监管模式可能比传统的以政府为导向的监管模式更适合实现决策者的监管目标。[③] 更加面向市场的监管模式,可以合理地调动公共和私人资源,还能打破国内和国际政府监管机构面临的管辖权、起源和资源稀缺等结构性障碍。[④] 以市场为导向的监管已经在金融监管中发挥了重要作用;因此,基准问题不是建立以市场为导向的监管,而是如何做得更好。[⑤] 这一明智的市场导向型监管的建议并不是要放松监管,而是要更好地将政府力量的相对优势与市场力量的相对优势匹配起来。[⑥] 例如,考虑到其缺乏

---

① *See* J. B. Ruhl & James Salzman, *Mozart and the Red Queen: The Problem of Regulatory Accretion in the Administrative State*, 91 GEO. L.J. 757, 814 (2003) ("因此,规则的意外后果来自于全套规则与其激励的人类行为之间的复杂互动。"); Whitehead, *supra* note 7, at 1270 ("……新规则确实有可能产生意想不到的后果,尤其是在当今金融市场这样一个复杂的系统中。").

② *See Regulatory Notice 15 - 06: Registration of Associated Person Who Develop Algorithmic Trading Strategies*, FIN. INDUS. REG. AUTH. (Mar. 2015), http://www.finra.org/sites/default/files/notice_doc_file_ref/ Notice_Regulatory_15-06.pdf.

③ Levitin, *supra* note 7, at 2068.

④ *See* Lin, *supra* note 7, at 590 - 95 (论公法在规范现代金融中的局限性).

⑤ *See* William A. Birdthistle & M. Todd Henderson, *Becoming a Fifth Branch*, 99 CORNELL L. REV. 1, 12 (2013); Roberta S. Karmel, *Should Securities Industry Self-Regulatory Organizations Be Considered Government Agencies?*, 14 STAN. J.L. BUS. & FIN. 151, 151 (2008); Omarova, *supra* note 7, at 413.

⑥ *See*, *e.g.*, WILLIAM D. EGGERS & PAUL MACMILLAN, THE SOLUTION REVOLUTION: HOW BUSINESS, GOVERNMENT, AND SOCIAL ENTERPRISES ARE TEAMING UP TO SOLVE SOCIETY'S TOUGHEST PROBLEMS 3 - 16 (2013); MARIANA MAZZUCATO, THE ENTREPRENEURIAL STATE: DEBUNKING PUBLIC VS. PRIVATE SECTOR MYTHS 9 - 15 (2015); Leo E. Strine, Jr., *Our Continuing Struggle with the Idea That For-Profit Corporations Seek Profit*, 47 WAKE FOREST L.REV. 135, 136 (2012) ("最终,政策制定者不应该自欺欺人地认为公司有能力监管自己;政府在制定规则方面仍然发挥着关键作用。").

成熟的技术,美国证券交易委员会从市场上招募了私营公司来帮助自己建立市场信息综合审计追踪数据库,而不是通过政府机构来建立数据库。[1] 纯粹的公共监管可能既缓慢又迟钝,相比之下,以市场为导向的监管在某些情况下对瞬息万变的市场行为更有远见,反应更迅速。[2] 更多以市场为导向的监管还可能带来额外的好处,如鼓励市场中的试验和竞争。[3] 毕竟,是布拉德·胜山和他的团队,而不是政府机构,通过私人研究为高频交易和市场操纵等弊端创造了一种可行的、有竞争力的解药。

总之,监管机构对市场巨变的早期反应表明,政策制定者和监管机构很可能会提高自身的技术能力,仔细瞄准市场中的关键要素,并利用以市场为导向的监管模式作为更好地管理新金融市场的手段。尽管前景光明,但监管机构对事态发展的早期反应也表明,要保障市场的诚信度,使其免受新出现的固有系统性风险和新的外部市场操纵手段的影响,仍有许多工作要做。

---

① Matthew Philips & Silla Brush, *SEC Computer Called CAT Will Peer into Dark Pools*, *Track Orders*, BLOOMBERG (Aug. 7, 2014, 12: 24 PM), https://www.bloomberg.com/news/articles/2014-08-07/sec-computercalled-cat-will-peer-into-dark-pools-track-orders [https://perma.cc/3M27-Y8DN].

② *See*, *e.g.*, Henry T.C. Hu, *Swaps*, *the Modern Process of Financial Innovation and the Vulnerability of a Regulatory Paradigm*, 138 U. PA. L. REV. 333, 412 (1989)(注意到在一些复杂的金融产品方面缺乏监管专业知识).

③ 关于监管和政策试验的一般性讨论, see, e.g., JIM MANZI, UNCONTROLLED: THE SURPRISING PAYOFF OF TRIAL-AND-ERROR FOR BUSINESS, POLITICS, AND SOCIETY 209 - 11 (2012); Michael Abramowicz, Ian Ayres & Yair Listokin, *Randomizing Law*, 159 U. PA. L. REV. 929, 933 - 34 (2011); Zachary Gubler, *Experimental Rules*, 55 B.C. L. REV. 129, 136 - 37 (2014); Yair Listokin, *Learning Through Policy Variation*, 118 YALE L.J. 480, 483 - 84 (2008); Charles F. Sabel & William H. Simon, *Minimalism and Experimentalism in the Administrative State*, 100 GEO. L.J. 53, 60 - 61, 78 (2011).

# 绿证期货的国际经验研究

朱　涛*

党的二十大报告明确提出,“积极稳妥推进碳达峰碳中和”。实现双碳目标,能源是主战场,电力是主力军,可再生能源则是主方向。绿证机制是支持可再生能源发展、引领绿色电力消费的国际通行做法,美国、日本、英国、法国、瑞典、丹麦等20多个国家均开展了绿证交易。我国绿证制度自2017年实施以来,在促进可再生能源发展、缓解补贴拨付压力、助力企业绿色电力消费认定等方面取得了一定的积极成效。作为一种环境类产品,绿证标准化程度较高,已有不少地区上市了相关期货衍生品。本文主要介绍国际绿证期现货市场设计及运行情况,提出我国绿证市场发展建议。

## 一、国际绿证现货市场发展情况

20世纪90年代,美国加利福尼亚州在讨论可再生能源标准时,首次提出将环境属性从电能分离的概念,推出绿证交易。随着绿证机制在美国的成功施行,其他国家也开始推广绿证交易。目前,典型的国际绿证主要包括美国REC(Renewable Energy Certificate)、欧盟GO(Guarantees of Origin)以及以亚洲和拉美为主的I-REC(International Renewable Energy Certificate)和APX TIGR(APX Tradable Instrument for Global Renewable)等。

### (一)美国:已有30个州实施绿证制度

美国REC与可再生能源配额制共同发展。在美国,不少州政府制定实施了可再

* 广州期货交易所研究规划部经理。

生能源配额制，规定了售电企业售电量中的绿色电量占比要求。售电企业可自行生产可再生能源电量，或者从其他可再生能源发电企业购买 REC 来满足配额要求，不能履约的主体将受到缴纳罚金等惩罚(各州 10—50 美元/兆瓦时不等)。截至 2021 年 2 月，美国有 30 个州和哥伦比亚特区实施配额制和绿证制度(图 1)，合计用电量占全美 58%左右，其中，以美国东北部较为活跃。

绿证核发与注销方面，美国各州 REC 核发范围不一，但基本都包括太阳能发电、风电和生物质发电等。电力监管部门对发电企业每生产 1 兆瓦时可再生能源电量核发 1 个 REC①。同时，美国建立了 REC 追踪机制②，实现签发、交易和注销全过程的跟踪，避免 REC 环境权益的重复计算。售电企业完成可再生能源配额时，需要在系统中注销相应 REC。

交易机制方面，REC 既可"证电捆绑"销售，即可再生能源发电企业与售电企业签订购电合同，确定电量和 REC 价格等；也可"证电分离"销售，即单独进行 REC 交易。值得关注的是，美国 REC 交易区域性特征明显。如新泽西和马里兰州认可来自 PJM(Pennsylvania-New Jersey-Maryland)地区及与 PJM 电能互联区域的 REC，而宾夕法尼亚州仅认可来自 PJM 地区的 REC。

市场运行方面，2020 年美国配额制下的 REC 市场规模达到 3 500 亿千瓦时左右③，价格则随产地、种类等不同而呈现较大差异。美国 REC 均价约为 30 美元/兆瓦时，其中，非太阳能 REC 的价格一般介于 1—50 美元/兆瓦时之间；太阳能 REC 价格较高，介于 150—680 美元/兆瓦时区间。除了配额制下的 REC 市场外，美国还同时运行自愿 REC 市场。自愿市场是指企业/个人基于履行绿色消费社会责任等需求，自愿参与绿证交易的市场。2020 年美国自愿市场的 REC 交易量为 1920 亿千瓦时，价格通常远远低于配额制下的 REC 市场，均价在 3 美元/兆瓦时左右。

### (二) 欧盟：21 世纪初开始实施绿证制度

欧盟 GO 于 2002 年开始实施，适用于所有欧盟成员国以及挪威、瑞士。欧盟 GO 主要目的是向用户提供使用可再生能源电量的证明，并不用于直接推动成员国实现绿电生产或消费的目标，因此实际上是自愿绿证市场。

绿证核发与注销方面，欧盟 GO 核发范围主要包括太阳能发电、风电、水电、生物

① 本文后述的欧盟 GO，I-REC 和 APX TIGR 等绿证，1 个绿证均对应 1 兆瓦时电量，故不再赘述。

② 美国的配额制政策由各州分别制定。相应地，绿证追踪系统也是区域性的。目前美国共建有 10 个绿证追踪系统，分别适用于不同地区的用户和发电机组。

③ https://www.epa.gov/green-power-markets/us-renewable-electricity-market。

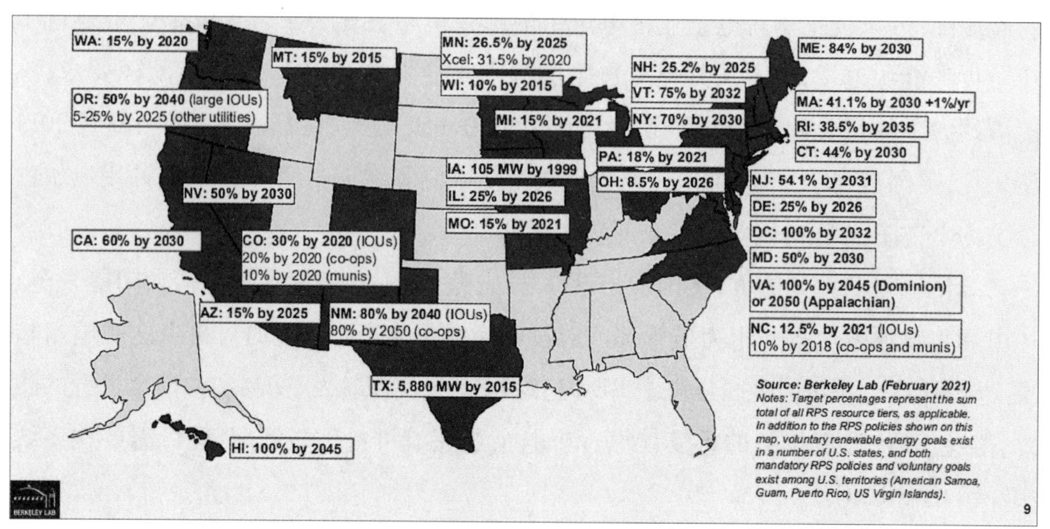


**图 1　美国各州配额制实施情况**

数据来源：美国劳伦斯伯克利国家实验室

质发电等。欧盟要求所有成员国必须建立国家 GO 登记处,追踪每一个 GO 的发行、转让和撤回。如果电力消费者购买了 GO,并作为交付或消费绿色电力的证明,则在证书登记处就相应注销 GO,避免重复计算。GO 有效期为自出具之日起 12 个月。

交易机制方面,持有 GO 的可再生能源发电企业和电力用户可进行双边交易,交易可与电力交易相互独立(即证电分离)。由于 GO 交易的物理限制较电力市场少,欧盟境内 GO 市场一体化程度高。

市场运行方面,2021 年,欧盟可再生能源发电量为 1.54 万亿千瓦时,当年绿证签发量为 8 700 亿千瓦时。欧洲不同国家绿证价格差异较大,但基本不超过 5 欧元/兆瓦时。

(三)其他国际绿证:主要面向北美和欧洲以外国家/地区,市场规模较小

除了美国 REC 和欧盟 GO 这两种政府“背书”的绿证外,典型的国际绿证还包括 I-REC 和 APX TIGR 等第三方机构签发的绿证,但市场规模均较小。

I-REC 由总部位于荷兰的非营利基金会负责签发,北美和欧洲以外地区的太阳能发电、风电、水电、生物质发电等项目可以申领。2023 年之前,I-REC 可以向有补贴项目核发,导致其环境属性存在被重复计量的问题。I-REC 成交价格一般为 2—6 元/兆瓦时左右。

APX TIGR 由美国签发机构创建,主要负责新加坡、印度尼西亚、中国等亚洲国家

的绿证核发。核发项目类型主要包括太阳能发电、风电、水电、地热能、生物质发电等。APX TIGR 仅针对无补贴项目核发,代表的环境权益归属更加明确,受到大型跨国企业的认可。APX TIGR 成交价一般为 30 元/兆瓦时左右。

## 二、国际绿证期货市场相关情况

绿证期货主要以美国绿证产品为标的。目前,绿证期货主要在洲际交易所和 Nodal 交易所交易①。其中,洲际交易所上市绿证期货 23 种,涵盖了美国马里兰、新泽西、马萨诸塞特、德州等 9 个州/地区;Nodal 交易所上市绿证期货 61 种,除洲际交易所绿证期货所覆盖地区外,还包括俄亥俄、宾夕法尼亚、弗吉尼亚等其他 11 个州/地区。由于美国各州配额制对不同类型、年份的可再生发电量占比要求不同,因此,各州往往有多种类型的绿证,分别对应于不同的期货品种。以马里兰州为例,绿证期货包括一级绿证(Maryland Tier 1 REC)、二级绿证(Maryland Tier 2 REC)和太阳能绿证期货(Maryland Solar REC)3 种。在马里兰州 2023 年度配额制政策中,一级(含太阳能)、二级和太阳能可再生电量占比要求分别为 31.9%、2.5%和 6.0%(图 2),且一级和太阳能可再生电量占比要求逐年提高,是重点发展方向。值得关注的是,2024 年 9 月,欧洲能源交易所上市了以欧盟 GO 为标的物的绿证期货,包括水电、风电及太阳能发电 GO 等 4 种产品。

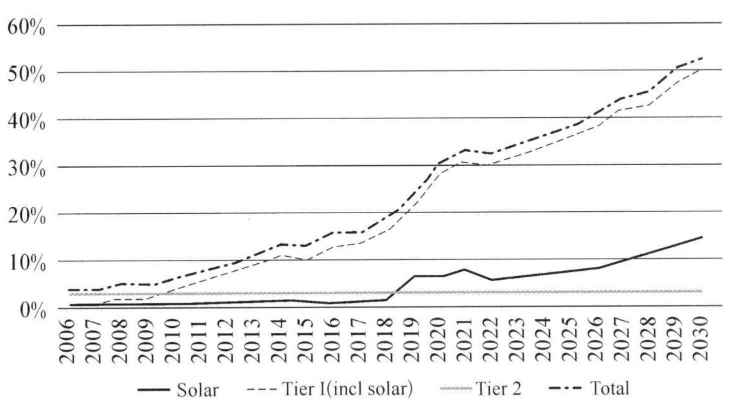


**图 2　马里兰州配额制对可再生电量的比例要求**

数据来源: PJM EIS

① 洲际交易所和 Nodal 交易所分别于 2010 年和 2018 年左右上市绿证期货。

绿证期货合约设计与各州现货政策/运行情况密切相关。以 Nodal 交易所上市的绿证期货为例,交易单位为每手 10 个到 1 000 个绿证不等,其中 100 个/手为主流,这主要与各州绿证的价格水平有关,对于太阳能等价格较高的绿证,交易单位以 10 个/手为主;最小变动价位为 0.001 美元到 0.01 美元不等,其中 0.01 美元为主流;合约月份为仅包括单个月份到覆盖全年或多年不等,各州差异较大,这主要与各州配额制关于履约月份的具体规定有关。此外,各州绿证期货在交割等方面的规定较为一致。交割方式均为实物交割,由交易所负责期货交割配对,后续双方自行在现货追踪系统完成绿证转移,并在交易所进行确认登记;持仓限额方面,Nodal 交易所对各期货品种均规定了当月合约持仓限额、单月合约持仓限额和品种合计持仓限额,不同产品持仓限额为 516 手到 69 600 手不等,主要与品种活跃程度密切相关,PJM、加州和德州等地区绿证期货较为活跃,持仓限额也较高。

绿证期货以服务产业客户为主,投机属性较弱。根据 Nodal 交易所官网数据显示,2023 年 6 月底绿证期货持仓 233 567 手,折合可再生能源发电量约 668 亿千瓦时。其中:与 PJM 各州相关的绿证合约总持仓量 142 374 手;德州绿证合约总持仓量 49 861 手;新英格兰电力联营体绿证合约总持仓量 37 327 手。从美国商品期货交易委员会公布的持仓结构看,各州绿证期货基本以产业客户持仓为主。以德州和新泽西州为例,其产业客户持仓占比均超过 70%。与持仓规模相比,绿证期货成交不太活跃,从 Nodal 交易所官网发布的 2024 年日行情数据看,绿证期货日成交量基本不足 1 万手①,换手率较低。

## 三、启示与建议

2024 年 8 月,国家能源局印发《可再生能源绿色电力证书核发和交易规则》,进一步明确了绿证市场下一步发展方向。在此基础上,本文提出绿证市场建设建议如下。一是优化我国可再生能源电力消纳责任权重机制,激发绿证消费潜力。与我国可再生能源发电体量相比,绿证市场规模仍较小,2023 年我国绿证交易量占风、光总发电量的比例仅 7%左右。从国际经验看,可再生能源配额制等有效激发了绿证消费潜力,促进绿证市场发展。建议从消纳责任权重分配、监管与考核力度等方面着手,

---

① ICE 情况类似,以 2024 年 3 月 1 日为例,PJM3 级绿证总持仓量 238 026 手,当日成交量 900 手。

逐步完善我国可再生能源电力消纳责任权重机制,构建符合我国国情的绿证市场体系。二是持续跟踪现货市场发展,条件成熟时推动绿证期货市场建设。绿证期货是国际环境类衍生品板块的重要组成,产业客户参与度较高。建议适时开展绿证期货研发上市工作,充分发挥期现市场合力,更好助力可再生能源高质量发展。